河南博物院院刊

Henan Museum Journal

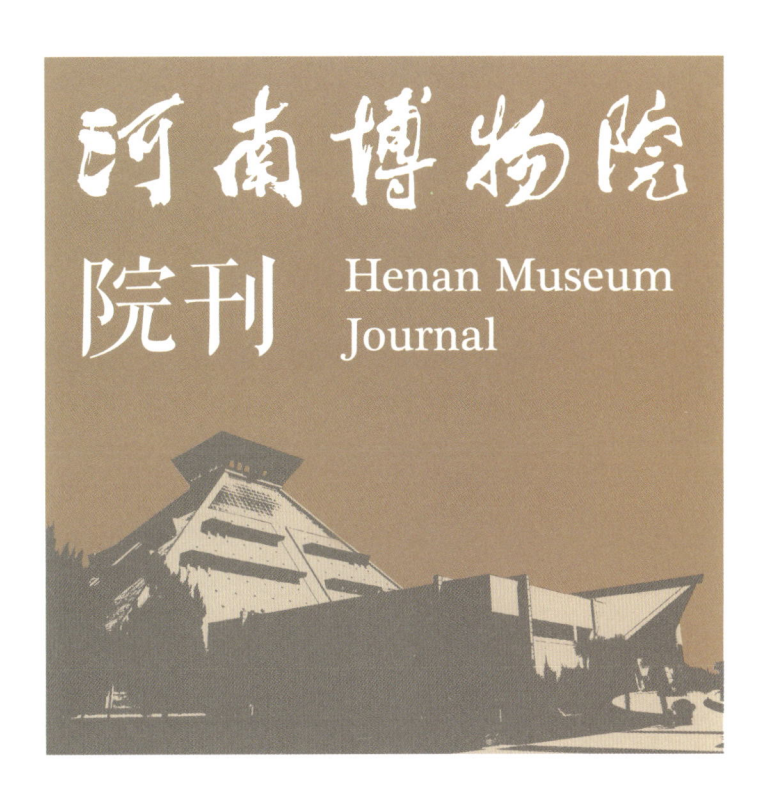

第二辑

河南博物院 编

中原出版传媒集团
中原传媒股份公司

大象出版社
·郑州·

图书在版编目(CIP)数据

河南博物院院刊.第二辑/河南博物院编.—郑州：大象出版社,2020.7
ISBN 978-7-5711-0640-9

Ⅰ.①河… Ⅱ.①河… Ⅲ.①博物馆-河南-丛刊 Ⅳ.①G269.276.1-55

中国版本图书馆CIP数据核字(2020)第107790号

河南博物院院刊（第二辑）
HENAN BOWUYUAN YUANKAN(DIERJI)
河南博物院　编

出 版 人	王刘纯
责任编辑	郑强胜
责任校对	李婧慧　牛志远
装帧设计	王　敏

出版发行	大象出版社(郑州市郑东新区祥盛街27号　邮政编码450016)
	发行科　0371-63863551　总编室　0371-65597936
网　　址	www.daxiang.cn
印　　刷	河南瑞之光印刷股份有限公司
经　　销	各地新华书店经销
开　　本	890 mm×1040 mm　1/16
印　　张	10
字　　数	222千字
版　　次	2020年7月第1版　2020年7月第1次印刷
定　　价	48.00元

若发现印、装质量问题,影响阅读,请与承印厂联系调换。
印厂地址　武陟县产业集聚区东区(詹店镇)泰安路与昌平路交叉口
邮政编码　454950　　　　电话　0371-63956290

《河南博物院院刊》编委会

主　任：万　捷　马萧林

委　员：（按姓氏笔画排序）

丁福利　王海锋　史自强　冯　威　司秀琳
左俊涛　刘振江　刘　康　李政育　李　琴
张得水　张建民　武　玮　林晓平　单晓明
荆书剑　信木祥　徐　雷　龚大为　葛聚朋
翟红志

主　编：马萧林
副主编：张得水　武　玮
编　辑：向　祎　王莉娜

杜岭方鼎

商代（前 1600 年—前 1046 年）

通高 87 厘米，口长宽 61 厘米，耳高 17 厘米，足高 25.5 厘米，重约 64.25 千克

1974 年河南郑州张寨南街出土

河南博物院藏

目录 | CONTENTS

玉文化专题

001　湖南出土的新石器时代玉佩饰研究　　　　　　　　　　　　喻燕姣

015　瑶山、反山良渚文化墓地及相关问题研究　　　　　　　　　闫付海

028　汉代圆雕人物和动物玉器艺术成就试析　　　　　刘云辉　刘思哲

041　王侯的威仪
　　　　——以汉代玉牌贝带为中心　　　　　　　　　　　　　李银德

文物品鉴

059　父乙角赏析兼说青铜角　　　　　　　　　　　　　　　　　张俊儒

064　试论周代墓葬中的"朱干玉戚"　　　　　　　　　杨广帅　石　磊

史学发微

076　北朝时期中原佛教艺术概说　　　　　　　　　　　　　　　武　玮

092　宋代权六部尚书、侍郎的设立与废罢考述　　　　　　　　　杨计国

098　近代河南及各地区行政中心的变迁　　　　　　　董源格　张子伟

博物馆学

105　博物馆继续教育工作研究　　　　　　　　　　　　　　　　司秀琳

110　博物馆陈展职能发挥的基础功效　　　　　　　　　　　　　赵　乐

116　从微信看融媒体时代下博物馆传播方式的转型　　　　　　　王苏佳

121　文博类学术期刊与新媒体融合初探　　　　　　　　　　　　宋　锐

展览评议

125 以新理念提升博物馆的展示水平
 ——"周风虢韵：虢国历史文化陈列"的策展思路　　李清丽

文化遗产与保护

136 浙江衢州庙山尖土墩墓出土青铜器初步检测分析

　　王志雄　姚　兰　王海明　李存信　余金玲　王　晓　黄昊德

142 一批征集雕版的防虫防霉保护
 ——RP保护系统在文物防虫防霉保护中的应用　　申艾君

147 油画的加固保护与加固剂的运用研究　　陈晓琳　王　诺

湖南出土的新石器时代玉佩饰研究

喻燕姣
湖南省博物馆

> **摘要**：湖南地区的新石器时代玉器文化比较发达，从彭头山文化、大溪文化、屈家岭文化，到后石家河文化，时间为距今9000年到距今3800年。出土的玉佩饰，种类较丰富，有坠饰、珠管、璜、笄、玦、环、动物形玉佩等，以大溪文化和后石家河文化时期为最多，其中靖州斗篷坡文化遗址出土玉佩饰最有特色。早期玉佩饰受长江下游的影响很大，到后石家河文化时期，也受到其他文化的影响，这表明当时各种文化之间的融合交流较频繁。晚期的玉佩饰出现了龙凤形佩等神秘色彩玉饰，标志着以等级制度为核心的礼制时代的肇始。
>
> **关键词**：湖南；新石器时代；玉器；种类；来源；特点

长江中游地区的彭头山文化与下游的河姆渡文化、马家浜文化都是南方新石器时代的起始地。湖南新石器时代玉佩饰主要分布在湘水、资水、沅水、澧水及洞庭湖区域内，以大溪文化、屈家岭文化、后石家河文化时期的为多。湖南新石器时代在湘北的环洞庭湖区域有完整的文化发展序列，从彭头山文化（距今约9000年—7900年）—大溪文化（距今约6500年—5300年）—屈家岭文化（距今约5300年—4500年）—石家河文化、后石家河文化（距今约4500年—3800年）。这一区域的文化发展从未中断过，出土玉器数量也是最多的。从目前发表的资料可知，湖南新石器时代佩饰种类主要有璜、珠、管、玦、坠、环、笄、动物形佩等，大多无纹饰。材质主要有玉、玛瑙、绿松石等。本文在简要概述出土玉佩饰的基础上，对几种主要佩饰和一些新公布的玉佩饰进行重点分析，并就湖南这一时期的玉佩饰的来源和特点进行论述。

一、出土玉器概况

1. 彭头山文化遗址出土的玉佩饰

从目前考古发现的情况看，湖南最早的玉佩饰出土于距今约9000年—7900年的澧县彭头山文化遗址。1993年澧县八十垱遗址出土属于彭头山文化时期的穿孔绿松石珠和玛瑙珠各1件[1]。此外，彭头山遗址出土了56件、八十垱遗址出土了162件黑色燧石磨制的质软、外表乌黑铮亮的各类长条形棒饰、石管、石珠等装饰品[2]。彭头山M37出土了5件石管，两端呈多边形，整器呈圆柱形，放置在墓主盆骨中央，是目前已知最早的管串饰[3]。

此时玉佩饰的总体特点是个体较小，器形简单、不规则，光素无纹，材质、做工粗糙。可见，当时人们已有较强的审美意识，并寻找美石加工为佩饰。这说明湖南地区先民崇尚美石的传统至少可以追溯到新石器时代早期。

2. 大溪文化遗址出土的玉佩饰

大溪文化（距今约6500年—5300年）早期的澧县丁家岗M26出土了2件玉璜[4]，位于墓主胸部；澧县城头山古城址墓葬和地层出土玛瑙璜2件、玉玦4件、绿松石坠1件、玉坠1件、玉笄1件等玉佩饰[5]；益阳资阳区木兰园出土4件玛瑙璜、农机修配厂出土3件玛瑙璜、茶盘洲农场出土1件玛瑙璜等[6]；湘潭堆子岭、汉寿马栏嘴分别出土有残玉璜、玉玦各1件[7]。

大溪文化晚期玉佩饰有华容车轱山遗址出土玉璜和玉环各1件[8]；洪江高庙M26出土环条形玉璜和桥形条玉璜2件、玉玦1件[9]；益阳茶盘洲农场玉竹垱出土玛瑙玦1件、梯形玉玦1件、玛瑙笄1件[10]。

湖南大溪文化的玉佩饰以条形璜、玦为最多，少量坠、环等，材质主要为玉和玛瑙，也有绿松石。目前发现的大溪文化玉璜共有16件，有玛瑙和玉质两种材质。璜在制作技艺与选料上较精致，两端均有对琢的小孔，用于穿系。绝大多数的璜出土时位于墓主的颈下或胸前，所以玉璜的佩戴方式应为单件或组合悬挂于颈胸间。璜这种形制的佩饰由河姆渡遗址和跨湖桥遗址西传至此，从大溪文化开始在长江中游环洞庭湖地区流行。

大溪文化玉玦有8件，质地为玉和玛瑙，环形或梯形，有缺口，通体光素无纹。玉玦是大溪文化主要耳饰之一。

大溪文化坠饰仅澧县城头山古城址出土2件，有玉和玛瑙材质的，均有穿孔。

腕饰为孔径较大的玉环，华容车轱山遗址出土1件，横截面扁平，乳白色，局部受沁。

大溪文化玉佩饰整体来看，主要采用敲打或磨擦切割成大体形状，然后再加以打磨、钻孔、抛光。器物光素无纹，制作比彭头山文化玉佩饰精致许多，风格质朴。

3. 屈家岭文化遗址出土的玉佩饰

屈家岭文化（距今约5300年—4500年）玉佩饰有澧县城头山遗址出土玉环1件、玉璜1件、玉坠2件、绿松石坠2件[11]；怀化高坎垄遗址出土玉璜3件、玉镯1件[12]；湘乡岱子坪新石器文化遗址出土玉笄1件[13]。

玉佩饰的种类有环1件、璜4件、坠4件、镯1件、笄1件，数量不多。屈家岭文化玉佩饰雕琢不甚精致，器物光素无纹。

4. 后石家河文化遗址出土的玉佩饰

后石家河文化（距今约4200年—3800年）出土玉器目前发表的主要有两批。一批是1991年澧县孙家岗7座墓共出土玉器26件[14]，经过对这批玉器进行研究，可称为玉佩饰的有玉璜3件、龙凤玉佩2件、玉笄7件、玉坠6件。其余尺寸较大的玉璧和其他器形的玉器，包括孙家岗M14作为明器的小玉璧、小玉管（琮形管）[15]均除外。

另一批是2017年10月至2018年1月澧县孙

家岗新出土玉器，共 98 座墓（其中 1 座为瓮棺墓），22 座长方形竖穴土坑墓和瓮棺墓共出土玉器 77 件[16]，其中完整器物只有 14 件，11 件可分辨或拼合出器形，52 件残件不能分辨出器形。这批玉器可分为动物形玉器、装饰玉器、玉工具、玉残件。动物形玉器中，3 件有孔的虎首形玉饰、1 件有孔的蛙形玉饰属于佩饰玉；装饰玉器中，玉笄 5 件、玉环 1 件、玉珠 1 件、玉柄形器 1 件属于佩饰玉。

在后石家河文化阶段，玉佩饰的种类逐渐丰富起来，仍然以璜、笄、坠为主，但出现了精致的动物形佩。

后石家河文化玉佩饰片雕、圆雕均有表现，已出现复杂纹饰，雕刻有浅浮雕、透雕、阴线雕刻、阳线雕刻等技法。

5. 靖州斗篷坡文化遗址出土的玉佩饰

怀化市靖州县新厂乡金星村斗篷坡文化遗址的年代最早一期遗存的相对年代约在新石器时代中晚期，最晚一期遗存的相对年代与商代初期大致相当，距今约 5000 年—3600 年[17]。出土的玉佩饰已公布的有觿形玉坠、铲形玉坠、钺形玉坠、凸领玉玦、长条形玉玦等[18]。

另有一些新石器时代玉佩饰因没有发表详细报告，文化面貌不甚清楚，现附之于下：

华容车轱山遗址出土玉笄（原报告称之为玉饰）残件 1 件[19]；益阳县（今益阳市）石湖遗址 M1 发现玉璜 1 件、玉环 1 件、玉串饰 1 件，断面呈方形，中有穿孔，当为佩饰[20]；安仁南坪何古山遗址发掘了 1 件玉环，残存约五分之一[21]；1999 年南县涂家台新石器时代遗址 M7 出土一件绿玉坠[22]；2009 年中方县岩匠屋新石器时代遗址出土有水晶石和绿松石饰品[23] 等。

二、种类与来源

从以上可知，湖南新石器时代玉佩饰主要有璜、笄、玦、环、镯、珠管、坠饰、动物形佩等，因笔者已对其部分佩饰进行过初步梳理研究[24]，在此只作简要概括，重点论述动物形玉佩饰及靖州斗篷坡文化遗址玉佩饰。

1. 坠饰及珠管

坠饰及珠管是湖南新石器时代玉佩饰最多的一类，从彭头山文化到后石家河文化时期均有，除后石家河文化的玉坠饰、玉珠外，其余坠饰均为就地取材，利用玛瑙、绿松石、广义上的玉等美石随形制作而成，无规制，应是本地玉文化的传承。1991 年澧县孙家岗后石家河文化 M14 出土一套 5 件玉坠饰，根据其出土位置，可以复原成 1 件串饰（图 1），应是作项饰，但其中 2 件坠饰穿孔未透，故不是实用器，只能作明器使用。其中条状玉坠和圆片状玉坠，与南京北阴阳营新石器时代墓葬出土的玉坠从

图 1　1991 年湖南澧县孙家岗后石家河文化 M14 出土一套 5 件玉坠饰

形制到尺寸均极为接近[25]，条形玉坠同样也见于崧泽文化阶段的湖州昆山墓葬[26]。北阴阳营新石器文化、崧泽文化均早于后石家河文化，显然孙家岗M14玉坠受到了长江下游地区北阴阳营文化和环太湖地区的崧泽文化的影响。2017年—2018年澧县孙家岗M79∶1玉珠（图2），直径0.8厘米，厚0.4厘米。保存完整，黄色透明，略呈扁圆球形，从上至下有穿孔相通，打磨光滑。与薛家岗文化、良渚文化、湖北后石家河文化晚期玉珠均有相似之处，应是当时在广泛地域流行的玉佩饰，南方地区的玉珠受长江下游江淮地区原始文化的影响较深。

2. 璜

璜是湖南新石器时代玉佩饰数量第二多、也是最典型的器物，目前已发现有21件，从大溪文化时期至后石家河文化时期都有，以大溪文化时期的玛瑙璜数量居多。早期多为弧条桥形，之后才出现折角形、半环形、半璧形，均为两端钻孔。玉璜起源于长江下游地区，浙江萧山跨湖桥遗址T302出土了一件属该遗址第三期的弧条桥形石璜，距今约7200年—7000年，是迄今所见最早的璜[27]。湖南地区的桥形和半璧形璜与长江下游地区所出的玉璜形态几乎一致，说明从早期以弧条桥形璜为主到晚期的半环形、半璧形璜，整个长江中下游流域玉璜的发展轨迹是基本一致的，并呈现出彼此交流传播的文化现象。

早期玉璜或作为颈饰，既有单璜，也有如澧县城头山M678双璜并列（图3），或如益阳木兰园遗址墓葬中4件玉璜依次组合的胸饰。晚期佩戴位置下移至胸腹部。其作用已不单纯只是具有装饰美化功能，可能更多具有宗教、礼仪的社会功能。

从材质、工艺特点分析，早期玛瑙璜可能直接

图2　2017年—2018年湖南澧县孙家岗玉珠（M79∶1）

图3　湖南澧县城头山M678玛瑙璜出土情况

从长江下游地区输入，晚期玉璜大部分为本地生产。如澧县孙家岗玉璜M14∶2形式比较特殊（图4），璜内外呈扉棱状和齿状，像箍形，较少见。这种带扉棱的玉器，在沅水流域的洪江高庙M27大溪文化（距今约6300年—5300年）墓葬出土了两侧带扉棱的玉戚[28]，这是迄今所见最早的带扉棱的玉器。（图5）因此孙家岗这件带扉棱的玉璜受到了湖南本地传统文化的影响，而且这件玉璜中部钻有两孔，佩戴时只能是两端朝下，与其他新石器时期玉璜两端钻孔、佩戴时两端朝上的方式不

孙家岗后石家河文化时期墓群出土玉笄最多，目前已发现12件，形制各异，应是受到了不同文化的影响。如1991年孙家岗M33∶采1玉笄似良渚文化的玉锥式柄形饰，刻纹非常有特点，器体截面呈扁圆形，云雷纹下方的竖平行线两侧各有两个扉牙，应与良渚文化玉器有一定渊源；1991年孙家岗M33∶采2玉笄和M14∶8玉笄造型似后世柄形器，应是夏商时期柄形器的始祖之一，但M14∶8玉笄出土时却位于墓主的头骨部位，此时还是作为笄用；1991年澧县孙家岗M9∶1玉笄具有后石家河文化鹰形笄的基本轮廓，应是其早期的形制[31]。而2017年—2018年澧县孙家岗M120∶15玉笄（图6）、M136∶7玉笄（图7）已是比较成熟的鹰形玉笄，类似湖北荆州肖家屋脊M012出土玉笄1件[32]。2017年—2018年澧县孙家岗M64∶1玉笄（图8），上端部分与1991年澧县孙家岗M33∶采2玉笄造型相似，下端部分与1991年澧县孙家岗M14∶8玉笄、肖家屋脊W6∶51玉笄[33]。这些玉笄部分器身钻有小孔，或在下端，多在器身中部。目前学界对这类器物的功能众说纷纭。但从1991年孙家岗M14的两件玉笄均出土在墓主头部位置分析，它们应是发笄。

4. 玦

只在大溪文化的墓葬和地层中出土8件玉、玛瑙玦，环形或梯形，有缺口，圆孔基本在中央，通体光素无纹。内蒙古地区的兴隆洼、兴隆沟遗址出土的玉玦被认为是目前最早的玦[34]。长江中下游是史前玉玦的四个主要分布地区之一，马家浜文化、河姆渡文化早期、大溪文化早期是我国南方新石器时代目前已知最早出土玦的考古学文化。早期玉玦一般为双耳饰，也有"以玉示目"现象，

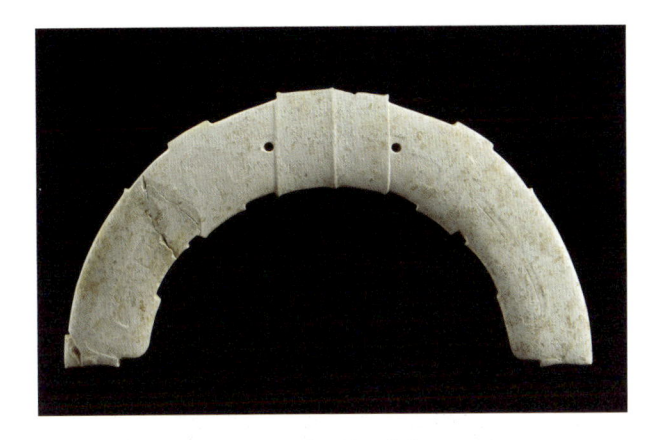

图4　1991年湖南澧县孙家岗出土的玉璜（M14∶2）

图5　湖南洪江高庙上层文化遗址M27出土的玉戚

同。这种玉璜在史前时期极少见，但在西周及其后的组玉佩中可起到珩的作用。有学者认为其两侧雕琢的构形非常接近凤鸟结构，而中部的"带箍饰"应该是"介"字形冠顶端的结构[29]。此件玉璜形制、佩戴方式独特，可能为单独使用的佩饰。

3. 笄

笄是束发用的实用装饰品。玉笄在湖南大溪文化—屈家岭文化—后石家河文化一直传承下来，如孙家岗后石家河文化M14∶5玉笄与1989年益阳茶盘洲农场玉竹垱大溪文化遗址出土的玛瑙笄形制一致[30]。

图6　2017年—2018年湖南澧县孙家岗出土的玉笄（M120∶15）

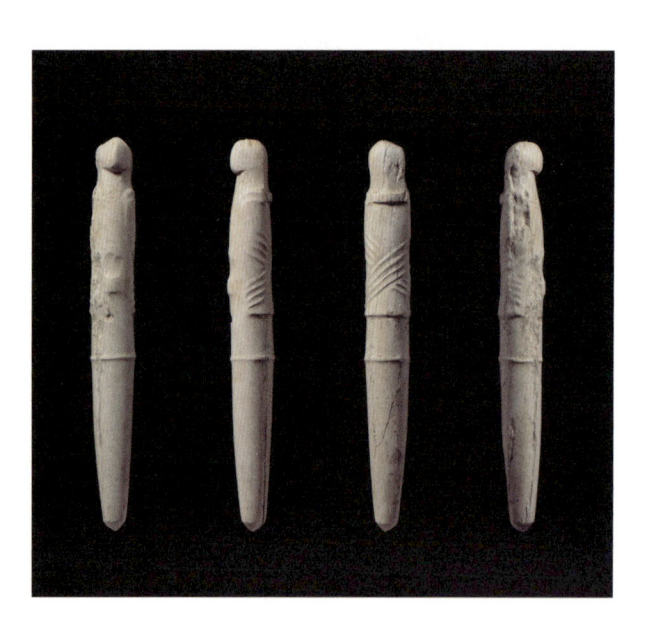

图7　2017年—2018年湖南澧县孙家岗出土的玉笄（M136∶7）

图8　2017年—2018年湖南澧县孙家岗出土的玉笄（M64∶1）

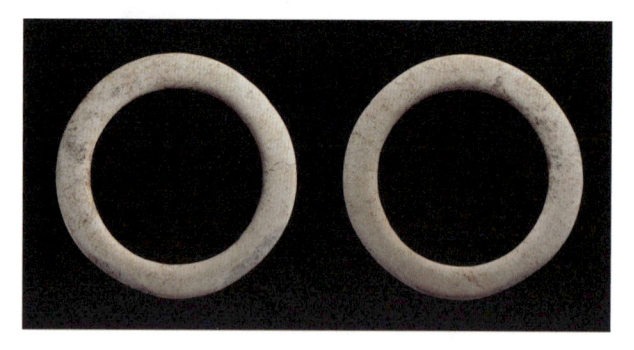

图9　2017年—2018年湖南澧县孙家岗出土的玉环（M120∶10）

即嵌玉为睛的做法[35]。邓聪先生等学者研究认为玦起源于东北地区，然后向南传播[36]。湖南新石器时期玉玦均属于大溪文化时期，同早期玉璜一样，可能是由长江下游地区输入，仍是大溪文化的主要耳饰之一。

5. 环

玉环在大溪文化、屈家岭文化、后石家河文化时期（图9）各发现1件，尺寸分别为7.5厘米、7厘米、14厘米，环边较窄，中间皆为大圆孔，应该是手镯或臂环。华容车轱山大溪文化遗址M104∶4玉环，就出土于墓主人骨架左手部位。3件环的形制均为扁平圆形，风格一脉相承，类似器物在史前南方各区域文化均有出土，是南方地区比较流行的佩饰。

6. 动物形玉佩

均见于后石家河文化时期的孙家岗墓葬群。1991年澧县孙家岗M14龙形和凤形玉饰各1件，均出土于墓主人头部位置右侧，在其附近还出土

有 2 件玉笄。笔者认为，龙形首玉饰、凤形首玉饰与 2 件玉笄可能为组合使用的玉发笄，为头饰。（图 10、图 11）

2017 年—2018 年澧县孙家岗墓葬群出土了 3 件有孔的虎头像、1 件有孔的蛙形玉饰，均属于佩饰玉。M71 瓮棺墓出土 2 件玉虎头像，形制、大小相似。M71：2 玉虎头像长 1.3 厘米，宽 1 厘米，厚 0.6 厘米；（图 12）M71：3 玉虎头像长 1.5 厘米，宽 1 厘米，厚 0.5 厘米。（图 13）均雕于一块较厚的方形玉上，反面光平，横向贯穿一大孔。虎鼻大且长，延伸至下端边缘。宽眉大眼，均用阴线刻画，眼角较尖，眼珠呈圆形。宽额，浅浮雕大耳向上翘，内有小耳蜗。头顶平直。主体为鸡骨白色，局部受沁呈棕红色。类似的玉虎头像在湖北后石家河文化玉器中多见，如湖北荆州肖家屋脊 010 虎头像、湖北荆州枣林岗 WM37：1 虎头像[37]。另一件片状玉虎头形饰出土于 M87：6（图 14），玉受沁呈鸡骨白色，作老虎头的侧面像。双面雕，虎昂首抬头作啸吼状，龇牙咧嘴，嘴中有圆孔。其形象与湖北石家河谭家岭 W9：47 扁体玉虎头部[38]极为相似。M71 瓮棺墓还出土玉蛙（M71：5）1 件（图 15），保存完好，片状，外形如蛙，略呈长方形，受沁呈鸡骨白色，上有黄褐色斑，正面以阴线刻出圆形眼睛，以弯曲阴线刻出四肢，正中部刻一菱形纹，反面平整，身体两侧各有一单面钻孔。长 4.3 厘米，宽 3.2 厘米，厚 0.3 厘米。器形与 1977 年江苏吴县张陵山 M4：01 玉蛙相似[39]，但造型之优美、制作之精致，更甚于良渚文化张陵山墓出土的玉蛙。

孙家岗出土的这 3 件玉虎头、2 件圆雕虎头属于具象型横筒状，背面平整，脸颊两侧横向贯穿一大孔，可以缝在衣服上或缀缚在某种物品上进

图 10　龙形首玉笄　　　　图 11　凤形首玉笄

图 12　2017 年—2018 年湖南澧县孙家岗出土的玉虎头像（M71：2）

图 13　2017 年—2018 年湖南澧县孙家岗出土的玉虎头像（M71：3）

图14 2017年—2018年湖南澧县孙家岗出土的玉虎头形饰（M87∶6）

图15 2017年—2018年湖南澧县孙家岗出土的玉蛙（M71∶5）

行使用；片状玉虎头嘴部有穿孔，可系挂。玉蛙，腹部两侧有小孔，应是缝在衣服或绑在某一物品上。这些带有穿孔的小型玉饰，此时已不是单纯的装饰品。张绪球先生认为："史前时代的雕像都是宗教美术品，因此无论是人物雕像，还是动物雕像，它们所代表的都不是普通的人或动物，而是都属于神灵的范畴。"[40]动物形玉器是根据当时人们现实生活中常见的动物形象加以抽象化、夸张化的艺术渲染而创作出来的玉器种类，具有原始宗教和巫术特征。早在新石器时代的红山文化中，以玉猪龙为代表的各种动物形玉饰非常流行，它们不仅是作为装饰品使用，同时也与原始的意识形态、宗教信仰有着密切关系，属于宗教活动的重要用器。在古人的原始宗教信仰中，万

物有灵，动物崇拜非常盛行。自然界的虎、猪、鸟、鹰、蝉、鹿、羊、鱼、龟、蛙、蜥蜴、蟾蜍等飞禽、走兽、水生和两栖类动物，都是先民信奉的灵物，经过巫觋的神化而变为神灵，可以帮助巫觋与神鬼沟通，成为巫觋通神的工具，并借此达到丰收、富足、祛灾、辟邪、趋吉避凶、克敌、祈福的效果。它们都是巫觋用于沟通人神的装饰物。先民通过拥有、佩戴动物形玉器，除穿戴好看、象征权力身份之外，也能发挥它们的神力，从而得到它们的庇护，同时它们也应该会用于欢庆丰收、宗教祭祀等场合。

7. 靖州斗篷坡文化遗址玉佩饰

靖州斗篷坡文化遗址玉佩饰已公布的主要有坠和玦饰两类。坠有觿形坠5件，钺形坠2件，铲形坠1件。

觿形玉坠，尺寸较小，1件长3厘米，宽1.8厘米（图16）；1件长1.7厘米，宽1.6厘米（图17）；1件长3厘米，宽2.3厘米（图18）；1件长1.9厘米，宽1.6厘米（图19）；1件长2厘米，宽1.7厘米。（图20）玉坠似弯曲的短牛角，一端宽大，一端细尖，宽端一侧或中央有一圆形钻孔，当为系挂之用。内弯的部分有一面斜刃，均素面无纹，打磨较精致。《说文解字》曰："觿，佩角，锐可以解结。"这句话包含了两层意思，一是觿的形状是尖角形，从旧石器时代人类佩戴的兽骨、兽牙发展而来；二是觿有佩戴和解结两个功能。从目前考古发现材料来看，新石器时代早期的黑龙江小南山遗址（图21）、兴隆洼遗址109号墓（图22）出土的玉弯条形器[41]，均似兽牙，已接近我

图 16　湖南靖州斗篷坡文化遗址出土的觿形玉坠（一）

图 17　湖南靖州斗篷坡文化遗址出土的觿形玉坠（二）

图 18　湖南靖州斗篷坡文化遗址出土的觿形玉坠（三）

图 19　湖南靖州斗篷坡文化遗址出土的觿形玉坠（四）

图 20　湖南靖州斗篷坡文化遗址出土的觿形玉坠（五）

图 21　黑龙江小南山遗址出土的玉弯条形器

图 22　内蒙古兴隆洼遗址 109 号墓出土的玉弯条形器

们所说的觿形，但并不典型，头端稍粗有孔，尾端稍细且圆钝，应是玉觿的祖形。我们现所见到的典型玉觿是商代晚期的，河南安阳殷墟妇好墓（M5：1293）（图23）、郭家庄（M281：3）、滕州前掌大（M38：23、M30：24）都有发现，但如与斗篷坡文化遗址觿形玉坠比较，已显得更为成熟，制作也更为精致。两者相比较，斗篷坡文化遗址觿形玉坠显得更古拙，年代可能要更早些，它们应是目前发现最早的典型觿形玉佩饰。

钺形玉坠2件，1件长2.5厘米，宽1.7厘米。（图24）受沁成鸡骨白色，器略呈钺形，上窄下宽，上端为长方形，下端为扇面形，片雕，光素无纹。上端中部有一圆形穿孔可供系挂；1件长1.4厘米，宽0.9厘米。（图25）受沁成黄白色，器略呈梯形，上窄下宽，微束腰。上端中央有一双面钻孔，可供佩系。

铲形玉坠1件，长2.7厘米。（图26）受沁呈黄白色，器略呈铲形，上面两侧收缩较窄，下面较宽，片雕，素面无纹。窄端上部有一穿孔可供系挂。

铲形玉坠和钺形玉坠应是由铲、钺工具演变而来。各地的新石器时代文化遗址都出土有类似的玉质礼仪工具。湖南本地的大溪文化、屈家岭文化、后石家河文化遗址中也有出土，应该是受本地传统文化影响而制作的。

玉玦3件，其中长方形耳饰玉玦1件，凸领玉玦1件，圆形玉玦1件。

长方形耳饰玉玦，长6.2厘米，宽2.8厘米，厚0.3厘米。（图27）受沁呈黄白色。器呈长方形，片雕，玦孔位于玦体上端。玦孔由两面对钻而成。

凸领玉玦，通径3.5厘米，孔径1厘米。（图

图23 河南安阳殷墟妇好墓出土的玉觿（M5：1293）

图24 湖南靖州斗篷坡文化遗址出土的钺形玉坠（一）

图25 湖南靖州斗篷坡文化遗址出土的钺形玉坠（二）

图26 湖南靖州斗篷坡文化遗址出土的铲形玉坠

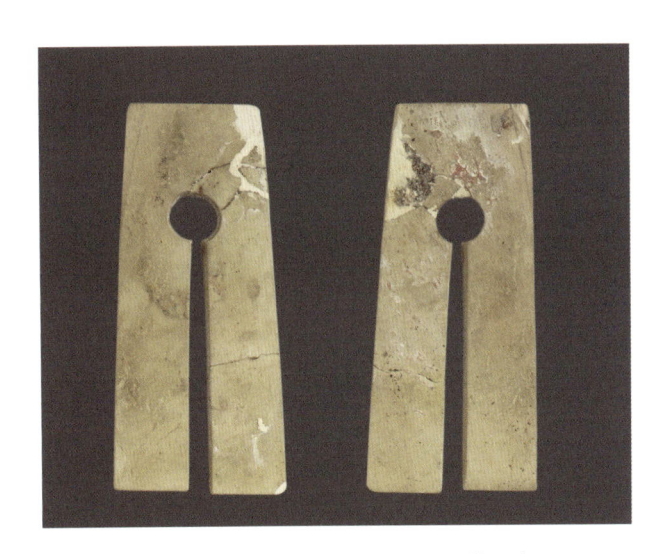

图27 湖南靖州斗篷坡文化遗址出土的长方形耳饰玉玦

图28 湖南靖州斗篷坡文化遗址出土的凸领玉玦

图29 湖南靖州斗篷坡文化遗址出土的圆形玉玦

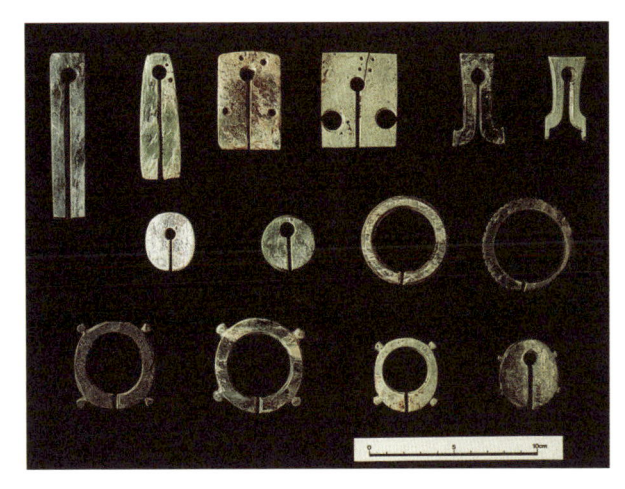

图30 台湾卑南文化遗址出土的玉玦

28）受沁呈鸡骨白色。器呈圆形，片雕，玦孔位于玦体中央，玦口两侧向外稍凸，似为有领玉环改制而成。玦口直线斜切，笔直光滑。

圆形玉玦，直径4.4厘米，孔径0.9厘米，厚0.1厘米。（图29）受沁呈黄白色。器呈圆形，片雕，玦孔位于玦体上端，玦口直线规整、平直。

纵观这三种玦形耳饰，圆形玉玦较为多见，但玦口位于玦体一端、玦口甚长的玉玦形制不多见，但在河姆渡文化遗址、日本的绳纹时代遗址、台湾的卑南文化遗址[42]均出土有类似玉玦，只是制作没有斗篷坡文化遗址的规整，显得更古朴些。

长方形耳饰玉玦在湖南是第一次发现，台湾卑南文化遗址也有出土[43]。（图30）

凸领玉玦目前最早的也仅见此件，凸领玉环、玉璧已是商代典型的玉器形制，可能是由凸领玉玦演化而来。

关于玉玦的传播途径，杨建芳先生有深入的研究。他指出：以玉石玦作为耳饰的习俗，于距今七八千年前起源于辽宁西部及内蒙古东部的查海文化。其后逐渐向外传播，东至日本，南至东南沿海一带，继之向西及于长江中游、中原、岭南和西南地区，最后甚至传入越南、泰国、菲律宾等国[44]。斗篷坡文化遗址正好处于这条传播带上，其所出土玉玦应是在接受外来玉玦因素的基础上由当地人制造出来的具有本地特色的佩饰。

由于靖州斗篷坡文化遗址发掘报告尚未发表，对这批玉佩饰出土地层不甚清楚，要判断其准确年代还有待新资料的公布。但根据其器形和制作工艺进行综合分析，其年代下限应该进入了铜石并用时期，即夏商时期。玉玦玦口平直且长，可能是由金属工具制作而成。这批玉佩饰个性极强，地方特色鲜明，应是本地土著人留下来的遗存。怀化地区从洪江高庙大溪文化遗址，到怀化高坎垄屈家岭文化遗址，再到靖州斗篷坡新石器时代晚期遗址，都出土了一批非常有地方特色的器物。有学者根据高坎垄屈家岭文化遗址出土的器物特点，认为这里是属于三苗集团信奉盘瓠（犬）图腾的部落遗存，这个部落的先祖至少在旧石器时代晚期就已经活动在五溪（武陵）一带了，其后裔直至元、明乃至今天仍有一部分活动在这块土地上[45]。据此，这批玉佩饰可能是由三苗信奉盘瓠图腾的部落接受了周边文化和本地传统文化的影响而独创的有自己风格的器形。

三、特点

第一，以彭头山和八十垱为代表的彭头山文化遗存出土的石棒、石管、绿松石和玛瑙珠等美石器，应是湖南新石器时期玉佩饰出现的先声。此时期出土的玉材、石材均为就地取材的美石，做工粗糙，器形简单，应为本地居民随意制作。

第二，湖南大溪文化早期玉佩饰相对数量较多，虽种类较少，但具有一定特色。玦和璜是其主要品种。这种璜、玦也最多见于长江下游的河姆渡文化、马家浜文化、北阴阳营文化，故其主要受到长江下游地区影响。何介钧根据陶器的传播区域，认为在距今6000多年前长江中下游地区之间已存在贸易往来[46]。因此，湖南大溪文化早期玉器主要受到长江下游地区影响也理所当然。

第三，湖南大溪文化晚期至屈家岭文化时期的玉佩饰发现很少，远不及大溪文化早期玉佩饰，究其原因可能是正处于文化转型时期，风尚发生变化。也可能下游直接输入的途径因某种因素减少，而本地自身的玉器制作尚属初创阶段。这从湖南此时所出玉佩饰形式仍和长江下游一样得到证明，如华容车轱山大溪文化晚期所出半璧形玉璜（图31）和江苏吴县草鞋山崧泽文化出土玉璜[47]、安徽潜山河镇乡永岗村M32薛家岗文化出土玉璜[48]形制基本相同，但玉质不同。说明这里的玉器制作是受到长江下游强烈影响而开始形成的。这一时期玉器偏少还有另外两个原因：一是可能受限于本地区的玉矿资源；二是可能缺少中心聚落遗址的发掘，或在中心聚落遗址中，高等级墓葬还没有发现。

第四，到了后石家河文化时期，湖南出土玉器数量猛增，而且制作精美，成为湖南新石器时期玉器典型代表，品种丰富，既有代表墓主身份地位的玉璧、玉琮、玉钺，又有集装饰功能、精神信仰为一体的佩饰。它们受本地区域文化、江淮地区的原始文化、良渚文化、山东龙山文化、湖北后石家河文化的影响比较大，是多种文化在相当长的历史时期内互相交流与融合的产物，且也影

图31 湖南华容车轱山大溪文化晚期出土的半璧形玉璜

响到其他地区。

第五，靖州斗篷坡文化遗址出土的玉佩饰，展现出浓厚的区域特色，表明生活在这一带的三苗土著先民在接受外来文化因素的基础上创造了属于自己特色的玉佩饰。而且这些器物部分对后世玉器产生了影响，由于篇幅有限，将另辟专文对此进行论述。

总之，湖南新石器时代玉佩饰主要分布在湘水、资水、沅水、澧水或洞庭湖区域内，以大溪文化、后石家河文化时期的为多。个体较小，主要是玦、璜、笄、珠、动物形佩等人体佩戴饰件，大多数光素无纹。出土的玉佩饰说明湖南地区先民对美的追求可追溯到新石器时代早期，并一直延续下来。湖南新石器时代玉佩饰，早期受长江下游的影响很大，如玉璜、玉玦，到后石家河文化时期，也受到其他地区文化的影响，说明当时各种文化之间的融合交流频繁。后石家河文化出现了龙凤形佩等神秘色彩玉饰，这让我们可以看到玉器如何从装饰品向神秘化、神圣化演变的进程，从母系氏族社会发展到父系氏族社会，社会的贫富分化逐渐明显，也使美石制作出来的佩饰从普通的、随处可得的、粗糙的物品向神圣的、贵重的、精致的物品转变，这也标志着以等级制度为核心的礼制时代的肇始，象征着持有者特殊的权力和地位，符合中国新石器时代玉器所表现出来的特点。

---

[1][3] 湖南省博物馆. 湖南出土珠饰研究 [M]. 长沙：湖南人民出版社，2018.

[2] 湖南省文物考古研究所. 彭头山与八十 [M]. 北京：科学出版社，2006.

[4] 湖南省博物馆. 澧县东田丁家岗新石器时代遗址 [M] // 湖南考古辑刊（第1集）. 长沙：岳麓书社，1982；喻燕姣. 湖湘出土玉器研究 [M]. 长沙：岳麓书社，2013.

[5] 湖南省文物考古研究所. 澧县城头山——新石器时代遗址发掘报告 [M]. 北京：文物出版社，2007.

[6] 益阳市文物管理处. 益阳市李昌港麻绒塘新石器时代遗址调查报告 [M] // 湖南考古·2002. 长沙：岳麓书社，2004；何介钧. 湖南史前玉器 [M] // 东亚玉器. 香港：香港中文大学，1998；卜珩一. 益阳市博物馆藏玉鉴识 [J]. 收藏界，2012（12）.

[7] 湖南省文物考古研究所. 湖南湘潭县堆子岭新石器时代遗址 [J]. 考古，2000（1）；湖南省文物考古研究所，汉寿县文物管理所. 湖南汉寿马栏咀遗址新石器时代遗存 [M] // 湖南考古辑刊（第9集）. 长沙：岳麓书社，2011.

[8][19] 岳阳地区文物工作队. 华容车辘山新石器时代遗址第一次发掘简报 [M] // 湖南省博物馆，湖南省考古学会. 湖南考古辑刊（第3集）. 长沙：岳麓书社，1986.

[9][28] 湖南省文物考古研究所. 湖南洪江高庙新石器时代遗址 [J]. 考古，2006（7）.

[10] 益阳地区博物馆. 沅江市玉竹垇新石器时代遗址 [N]. 中国文物报，1989-03-01；卜珩一. 益阳市博物馆藏玉鉴识 [J]. 收藏界，2012（12）.

[11] 湖南省文物考古研究所. 澧县城头山——新石器时代遗址发掘报告 [M]. 北京：文物出版社，2007.

[12] 湖南省文物考古研究所，怀化地区文物工作队. 怀化高坎垄新石器时代遗址 [J]，考古学报，1992（3）.

[13] 湖南省博物馆. 湘乡岱子坪新石器时代遗址 [M] // 湖南考古辑刊（第2集）. 长沙：岳麓书社，1984.

[14] 湖南省文物考古研究所，澧县文物管理处. 澧县孙家岗新石器时代墓群发掘简报 [J]. 文物，2000（12）；喻燕姣. 湖湘出土玉器研究 [M]. 长沙：岳麓书社，2013.

[15] 喻燕姣. 湖南澧县孙家岗M14石家河文化玉器研究三则 [M] // 湖南省博物馆. 湖南出土珠饰研究. 长沙：湖南人民出版社，2018.

[16] 赵亚锋. 首批探方发掘完工揭露七座史前墓葬——孙家岗遗址2017年度发掘简讯（一）[OL]. http://www.hnkgs.com/show_news.aspx?id=1566；赵亚锋. 澧县孙家岗遗址揭示出一座随葬玉器瓮棺墓——孙家岗遗址2017年发掘通讯（二）[OL]. http://www.hnkgs.com/show_news.aspx?id=1622；赵亚锋. 澧县孙家岗遗址2017年度田野发掘工作完工——孙家岗遗址2017年度发掘通讯（三）[OL]

http：//www. hnkgs. com/show_news. aspx?id=1623；赵亚锋. 澧县孙家岗遗址新石器时代墓地初步认识——孙家岗遗址 2017 年度发掘通讯（四）［OL］. http：//www. hnkgs. com/show_news. aspx?id=1624；赵亚锋. 澧县孙家岗遗址 2017、2018 年考古发掘［C］// 湖南省文物考古研究所编. 2018 湖湘文化考古之旅，2019-01-16 "2018 湖南考古汇报会" 会议材料；赵亚锋. 虞夏时期洞庭湖区一处大型聚落的公共墓地——湖南澧县孙家岗遗址墓地的发掘［N］. 中国文物报，2019-02-22（6-7）；喻燕姣、张婷婷、赵亚锋. 湖南澧县孙家岗新出土后石家河文化玉器初探［J］，待刊.

［17］该遗址文化面貌，无论是出土的玉石器和陶器，与洞庭湖区不同，与两广和云贵地区有别，显露了鲜明的地方特色。因此该遗址出土玉佩饰本文单独论述.

［18］湖南省文物考古研究所. 靖州县斗篷坡新石器时代遗址［M］// 中国考古学年鉴·1989. 北京：文物出版社，1990；湖南省文物考古研究所. 靖州县斗篷坡新石器时代至商代遗址［M］// 中国考古学年鉴·1991. 北京：文物出版社，1992. 湖南省博物馆. 湖南出土珠饰研究［M］. 长沙：湖南人民出版社，2018.

［20］盛定国. 益阳县石湖、新兴古遗址的调查试掘［M］// 湖南省博物馆，湖南省考古学会编. 湖南考古辑刊（第 3 集）. 长沙：岳麓书社，1986.

［21］湖南省博物馆. 湖南安仁新石器时代遗址试掘简报［J］. 考古，1960（6）.

［22］湖南省文物考古研究所，南县文物管理所. 南县涂家台新石器时代遗址［M］// 中国考古学年鉴·2000，北京：文物出版社，2002.

［23］张兴国. 中方县岩匠屋新石器时代遗址［M］// 中国考古学年鉴·2010. 北京：文物出版社，2011.

［24］喻燕姣. 湖湘出土玉器研究［M］. 长沙：岳麓书社，2013；河南省博物馆. 湖南出土珠饰研究［M］. 长沙：湖南人民出版社，2018.

［25］罗宗真. 南京北阴阳营新石器时代遗址出土玉器的初步研究［M］// 东亚玉器. 香港：香港中文大学，1998.

［26］［29］陆建芳主编，方向明著. 中国玉器通史·新石器时代南方卷［M］. 深圳：海天出版社，2014.

［27］浙江省文物考古研究所，萧山博物馆. 跨湖桥［M］. 北京：文物出版社，2004.

［30］益阳地区博物馆. 沅江市玉竹垱新石器时代遗址［N］. 中国文物报，1989-03-01（2）；卜珩一. 益阳市博物馆藏玉鉴识［J］. 收藏界，2012（12）；喻燕姣. 湖湘出土玉器研究［M］. 长沙：岳麓书社，2013.

［31］喻燕姣. 湖南澧县孙家岗 M14 石家河文化玉器研究三则［M］// 湖南省博物馆. 湖南出土珠饰研究. 长沙：湖南人民出版社，2018.

［32］［33］［37］［40］荆州博物馆. 石家河文化玉器［M］. 北京：文物出版社，2008.

［34］［41］中国社会科学院，香港中文大学中国考古艺术研究中心. 玉器起源探索——兴隆洼文化玉器研究及图录［M］. 香港：香港中文大学中国考古艺术研究中心，2007.

［35］郭大顺. 从以玉示目看西辽河流域与贝加尔湖地区史前文化关系——兼论红山文化玉料来源［M］// 杨伯达主编. 中国玉文化玉学论丛（第四编）. 北京：紫禁城出版社，2006.

［36］邓聪. 润物细无声——八千年玉玦扩散之路［M］// 中国社会科学院考古研究所，香港中文大学中国考古艺术中心. 玉器起源探索——兴隆洼文化玉器研究及图录. 香港：香港中文大学中国考古艺术研究中心，2007.

［38］孟华平等. 湖北天门石家河谭家岭城址 2015—2016 年发掘简报［J］. 江汉考古，2017（5）；阮文清. 石家河遗址谭家岭新发现玉器鉴赏［J］. 收藏家，2017（8）.

［39］浙江省文物考古研究所，上海市文物管理委员会，南京博物院. 良渚文化玉器［M］. 北京：文物出版社，香港：两木出版社，1989.

［42］［44］杨建芳. 耳饰玦的起源、演变与分布：文化传播及地区化的一个实例［M］// 杨建芳. 杨建芳古玉论文选集. 台北：众志美术出版社，2017；中国玉器全集编辑委员会. 中国玉器全集·原始社会. 石家庄：河北美术出版社，1993.

［43］［47］［48］中国玉器全集编辑委员会. 中国玉器全集·原始社会［M］. 石家庄：河北美术出版社，1993.

［45］舒向今. 怀化高坎垄新石器时代遗址族属初探［J］. 民族论坛，1988（4）.

［46］何介钧. 湖南史前玉器［M］// 东亚玉器. 香港：香港中文大学，1998.

瑶山、反山良渚文化墓地及相关问题研究

闫付海
郑州市文物考古研究院

摘要：瑶山和反山墓地是两处良渚文化最高等级的墓葬区，出土了极为丰富、极富特色的良渚文化玉器。通过对瑶山和反山墓地高等级良渚文化墓葬及随葬品的研究和重新认识，也是对良渚文化社会结构和文化变迁研究一个新的进步。

关键词：瑶山墓地；反山墓地；年代顺序

瑶山和反山墓地是两处良渚文化最高等级的墓葬区，是良渚文化相关研究绕不开的存在。欲进行长江下游地区史前时期文明起源与文化演进的研究，则必先进行良渚文化社会结构和文化变迁的研究。因此，在进行良渚文化变迁研究之前，先对瑶山和反山墓地进行研究，得到一个新的认识，为进一步的研究提供一个良好的开端。

一、瑶山墓地

瑶山位于良渚遗址群的东北角。1987年至1998年，考古工作者先后进行了五次发掘，发现了良渚文化时期的祭坛和13座高等级墓葬（图1），分别为M1-M12、M14，M13为东周时期的墓葬。《良渚遗址群考古报告之一：瑶山》（以下简称《瑶山报告》）已于2003年出版，书中详细介绍了相

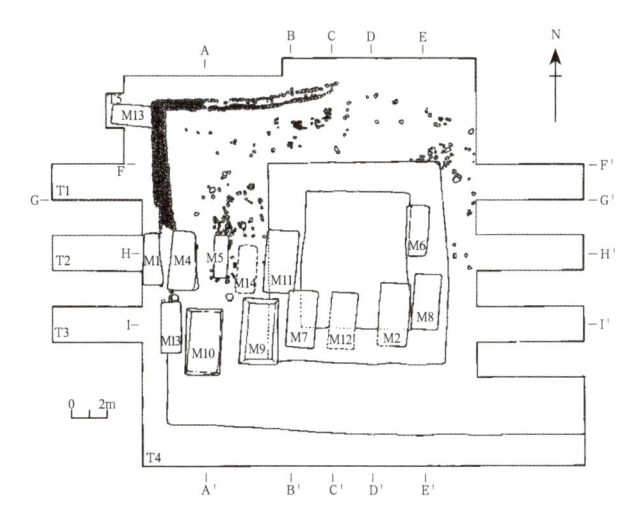

图1 瑶山墓葬及相关遗迹平面图

关的考古资料[1]。以下关于瑶山基本的考古资料均出自该报告，不再单独注释。

良渚文化时期的祭坛和墓葬均开口于表土层下。

祭坛平面呈方形，有里外三重土色。最里面的是一座"红土台"，平面略呈方形，基本为正

南北方向；南边两端被多个墓葬打破；表面基本平整，部分红土中夹杂少量砾石块，未发现其他遗迹；从打破"红土台"的扰坑壁面观察，也没有发现夯筑现象。第二重土为灰色土，围绕在"红土台"四周，平面呈"回"字形；堆积剖面呈方角沟状，沟壁较直，平底；围沟内灰色填土疏松，未见任何遗物。在第二重灰土围沟的西、北、南三面，是黄褐色斑土筑成的"土台"，台面上散见较多的砾石，大小不一，推测"土台"原来可能铺有砾石台面；东面为自然山土；南面的"台面"由于历年垦殖已遭破坏，仅残存高约0.2米的"土坎"。在砾石黄土台的西、北边缘，各有一道由砾石叠砌而成的石坎，石块叠筑整齐，自土台向外呈斜坡状分布，分别编号西1石坎和北1石坎；石坎外侧面还叠压着褐色斑土，较为坚硬，但未见夯筑痕迹。

13座高等级墓葬，均为长方形土坑竖穴，基本南北走向，头向朝南，呈南北两排分布，均出土较为丰富的玉器和少量的陶器。

另外，在1987年的发掘中，T3西端，也就是南排西端墓葬M3西侧，表土层中出土有冠形器残件、锥形器残件、管、珠等。1987年8月，在同一排更西侧紧邻位置出土了一批良渚文化遗物，其中包括玉冠形器1件、成组锥形器1组、三叉形器1件、钺2件。《瑶山报告》根据出土的2件玉钺，推测这批器物可能属于两座墓葬。因为玉冠形器、三叉形器均为1件，所以本文在下面论述中按一座墓计算，便于研究和论述，且把这座墓葬编号为M15。

关于瑶山墓地墓葬的年代，《瑶山报告》依据墓葬内出土陶器的相关分期，推断为良渚文化的中期偏早阶段。通过对墓葬随葬玉器主要种类和数量的统计，南北两排墓葬存在着明显的规律：每座墓葬均随葬冠形器1件；南排墓葬随葬有三叉形器、成组锥形器、钺、石钺、琮，这些随葬品不见于北排墓葬；北排墓葬随葬有璜和圆牌，这些又不见于南排墓葬。《瑶山报告》根据玉（石）钺、璜和圆牌，包括纺轮的随葬情况，判断南排墓葬的墓主人为男性，北排墓葬的墓主人为女性。

关于瑶山墓地的性质、社会结构及相关问题，学者们多认为是家族墓地，两三代人使用的[2]，也有学者对大墓埋葬的先后顺序进行排序[3]。张忠培先生认为北排墓葬是对应位置的南排墓葬的妻子，在同一家族同一代人中，执掌最高权力者，只能有一人，因此瑶山墓地当是安葬一定时期统管一方的某一家族的几代掌权人包括他们中某些人的妻子的墓地[4]。

二、反山墓地

反山位于良渚遗址群偏西部的中心地区。1986年5月至10月，浙江省文物考古研究所对反山西部进行了考古发掘，发现了良渚文化时期的疑似祭坛痕迹和多座高等级墓葬。发掘报告《良渚遗址群考古报告之二：反山（上、下）》（以下简称《反山报告》）已于2005年出版，详细介绍了相关的考古资料[5]。以下关于反山基本的考古资料均出自该报告，不再单独注释。

依据《反山报告》，反山是在一处比较平坦的开阔地上人工堆筑营建的土台，分为良渚文化中期和晚期两个部分。中期的土台发现有一处暗红色硬面，即所谓的疑似祭坛痕迹。另发现有M12、M14—M18、M20、M22、M23共9座良渚文化贵族墓葬。（图2）图中编号为M24的墓葬，除了填土中发现了1件完整的玉管外，别无他物，坑深60厘米，推测为预先挖就的"墓穴"但并未埋葬。编号为M13的墓葬，方向是东西向，无遗物，推测为祭奠坑。据土台上9座墓葬随葬陶器的组合和特点等分析，基本属于良渚文化中期偏早阶段。晚期部分，残高1.6米，M19和M21是晚期的2座墓葬。反山东部尚有60余米长的大土台，未做工作，情况不明，从各方面的迹象分析，似还存在另一座土台，应属良渚文化。

本文仅分析良渚文化中期的9座贵族墓葬，必要时会提及M24。9座墓葬大体呈南北两排分布，北排4座，分别为M18、M20、M22、M23；南排5座，分别为M15、M16、M12、M17、M14。均出土较为丰富的玉器和少量的陶器。

关于反山墓地的性质、社会结构及相关问题，依据随葬玉器的主要种类和数量的不同，《反山报告》认为，M12、M20、M14、M16、M17等5座墓葬的墓主人都应为男性贵族，M22和M23分别是M12和M14的配偶，M15、M18的等级略低，似属以M12为中心的上层贵族的"臣僚""巫觋"一级的人物，他们生前有密切的宗亲关系，又非出自同一宗族，他们来自多个强盛的宗族，共同构成了以M12墓主人为中心的"反山贵族集团"。学术界普遍接受认可这一观点。另外，方向明先生根据随葬玉器的类型学分析排列了墓葬的埋葬顺序，并认为和瑶山墓葬有一定的共存时间，瑶山墓葬开始早结束早，反山墓葬开始晚结束晚[6]。

三、关于墓葬性质和排列顺序的新认识

笔者在《论文化因素分析与文化变迁》一文中提出"征服统治和人群迁徙产生考古学文化的变化"这一新的考古学文化变迁理论，并提到"统一的权力、相对封闭的环境、稳定的农业和手工业业态导致考古学文化的稳定和相对静止"的前提论断[7]；在《论考古发现中的毁墓与人殉》一文中提出"史前时期墓地的大型墓葬是聚落首领的墓葬，和历史时期的王陵和皇陵性质是一致的，其中可能包含一部分首领配偶的墓葬，是有按男性墓葬前后相继的顺序的"[8]论断。在《权力、环境、文明与国家的起源》一文中提出了中国文明的"一元起源"和"伞状扩张"理论，论证了中国史前社会权力的唯一性以及可能存在的社会结构情况[9]。

根据上述对于史前时期墓地的大型墓葬是聚落首领的墓葬存在按男性墓葬前后相继的顺序的论断，瑶山和反山墓地相距较近，应该是良渚文化中期同一处中心聚落的首领墓葬，并存在按男性墓葬前后相继的顺序。今根据瑶山和反山墓地墓葬的排列和随葬玉器等相关情况，分析论证这些墓葬存在按男性墓葬前后相继的埋葬顺序，则可以证明它们是良渚文化中期同一处中心聚落首

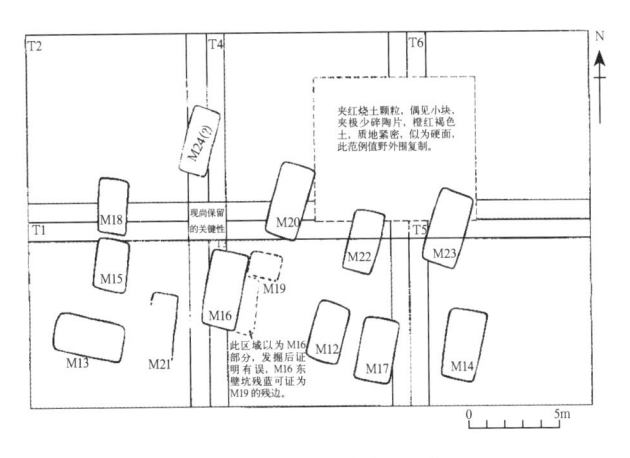

图2 反山良渚文化时期墓葬及相关遗迹平面图

领的墓葬并存在按男性墓葬前后相继的埋葬顺序。

(一) 瑶山墓地

在讨论瑶山墓地之前,需要先对所谓的瑶山"祭坛"有一个简要的说明。

根据墓葬打破"祭坛"遗迹的情况来看,两者不是一个目的的存在。根据"祭坛"北部平面上散乱的石块来看,"祭坛"表面可能被破坏的并不严重,散乱的石块可能与"石坎"遗迹有关。赵晔先生认为,祭坛废弃后堆土形成圜丘状墓地[10],笔者认同这一说法。

关于"祭坛"的近方形红土台、"回"字形灰土带和石坎遗迹,刘斌先生认为可能是用来观测天象进行纪年授时的场所[11]。汇观山祭坛的结构也是一致的,仅在"回"字形东边的灰土带上南北平均地分布着三个东西向长方形小坑[12]。根据笔者对陶寺城址天文观测遗迹ⅡFJT1基址的研究[13],认为瑶山祭坛和汇观山祭坛应该是良渚文化时期先民对太阳回归年的精确日历观测系统,观测系统的详情依然无法推知,安徽含山凌家滩墓地87M4[14]出土的长方形玉片(87M4:30)上的图案可能也与此有关,有待进一步研究。

上述分析,该大型遗迹从太阳回归年精确日历观测系统转变为最高等级的墓葬区,表现了一次明确的权力变化。最大的几座墓葬并没有位于所谓"祭坛"的中心位置,部分墓葬的深度较浅,基于这两点,可以推断上述提到祭坛废弃后堆土形成圜丘状墓地的说法应该是正确的。因此,以下在谈论瑶山墓地的墓葬及相关问题时,和所谓的"祭坛"是没有关系的。

笔者认可瑶山墓地南排墓葬墓主人为男性,北排墓葬墓主人为女性的推测,也认可张忠培先生关于北排墓葬墓主人是对应南排墓葬墓主人配偶的推测。基于此进行以下研究。

所有的墓葬均出土冠形器1件;南排墓葬随葬的主要玉器的种类是一致的,包括带盖柱形器、三叉形器、成组锥形器、玉钺、石钺、玉琮、小琮等。除M3和M8两座墓随葬的玉器和陶器数量略少外,M7的随葬品数量为679件,M10为562件,M12为344件,M9为268件。如此之多的精美器物,不可能同时分属于几个不同的主人,这几个墓葬的主人必不共存。如果不是聚落的首领,则必然存在至少一个同级别同随葬品数量的墓葬主人,那么同时的首领墓葬应该随葬什么种类和多少数量的玉器呢?而且,同时存在的几个众多精美玉器占有和分配的权力主体必不能共存或长期共存。因此,这些随葬有众多精美玉器的墓葬主人必然是一个中心聚落的不同代首领,那么M3和M8的墓葬主人也是不同代首领。

南排墓葬排列紧密整齐,北排墓葬的西部也排列紧密整齐,只有M11和M6之间缺乏和M12、M2对应的墓葬,合理的推测是,原本的墓葬是存在的,空间是两个不亚于M11墓葬的位置,因为埋葬较浅,被毁坏殆尽。同样的问题存在于南排墓葬的西部、M3的西部,表土层中出土有玉长管和冠形器残件,在更西的位置出土了一组玉器且包含2个玉钺,前文提到把该组玉器所属的墓葬编号为M15,那么M15和M3之间至少还存在2座墓葬,与其对应的北排M1西侧应该也存在3座墓葬。如此,完整的墓地应该包含南排10座墓葬、北排11座墓葬,一共10组墓葬,其中2组已经完全无存,可供研究的8组墓葬,分别为:M15组、M3-M1组、M10-M4组、M9-M5-M14

组、M7—M11组、M12组、M2组、M8—M6组。

根据随葬玉器研究分析这8组墓葬的前后顺序，有几个重要的特征变化，分别是冠形器、三叉形器、玉琮等种类形制的不同，还有整体纹饰的总体性变化情况，以及其他一些局部的参考指征。需要说明的是，前文已述这些墓葬是不同代首领的墓葬，存在不共存和前后相继的顺序，则基本不存在前代的玉器流传到后代的情况，可能会存在少量相邻两代的流传情况；相邻两代玉器特征的变化总体上是有规律的，随机的特征变化也占有很大比例。

1. 三叉形器

三叉形器，仅出土于南排墓葬，且每座墓葬仅出土1件，共出土8件，规律较为明显。存在纹饰的有M3、M10、M9、M7，纹饰也存在差异，中叉的长短也存在规律，两侧叉稍有不同。（图3）

总体上看，三叉形器有纹饰的墓葬早于没有纹饰的墓葬。从中叉和两侧叉的高差和中叉的长短来看，8座墓葬的规律明确，从早到晚的顺序依次是M10、M9、M3、M7、M12、M2、M15、M8，M10是最早的墓葬，后代的墓葬先东侧再西侧依次排列在M10的东西两侧，存在着明显的昭穆顺序。

冠形器、琮、带盖柱形器、钺、璜、圆牌等其他器形，也都存在着同样的墓葬排列顺序，只是明显程度不同。

2. 纹饰

玉器纹饰研究，是良渚文化研究的一项重要内容。本文仅就瑶山和反山墓地出土玉器的纹饰进行简要的类比研究，更深一步的研究待在良渚文化变迁研究中进行。

瑶山墓地所出玉器的刻纹主题是神人兽面纹，还有龙首纹和鸟纹，相关的技法有浅浮雕、阴线刻和镂孔。

神人兽面纹有完整与残缺、写实与抽象、繁细

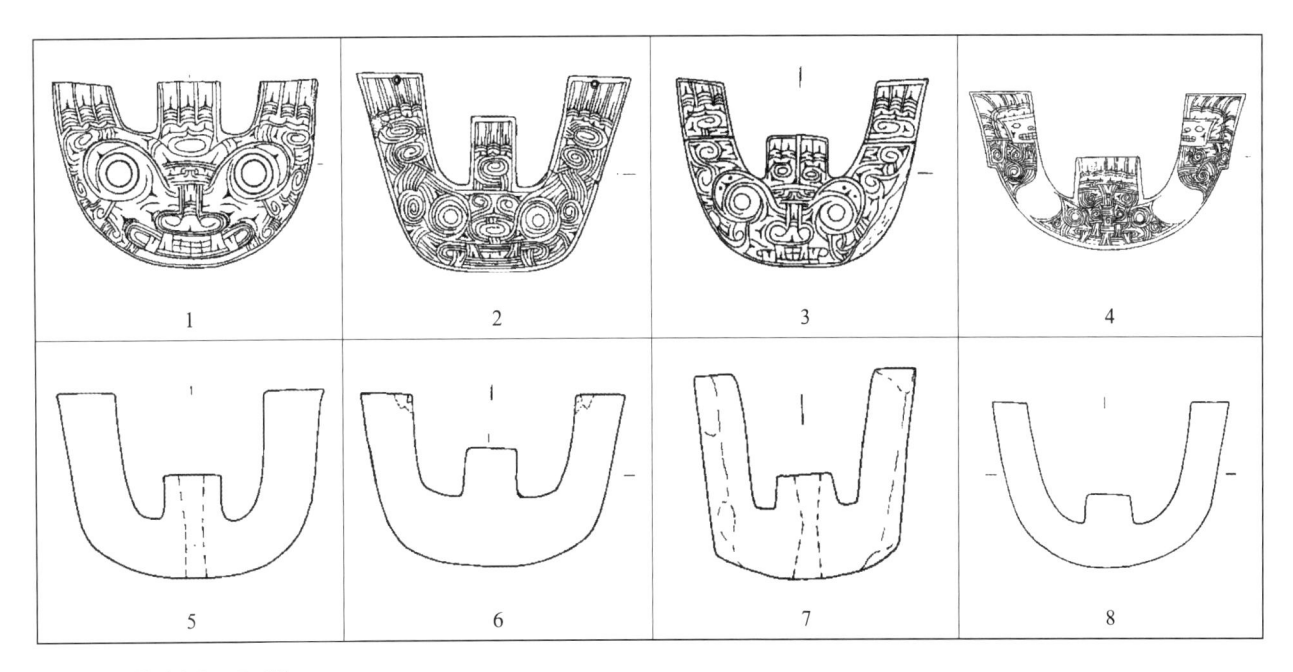

图3 瑶山墓地出土三叉形器
1. M10:6; 2. M9:2; 3. M3:3; 4. M7:26; 5. 2807（M12）; 6. M2:6; 7. 2851（M15）; 8. M8:8

与简化之分，一方面与纹饰所在器类有关，锥形器和小玉琮上均为简化兽面纹；另一方面如果所在器类相同，玉琮、三叉形器、冠形器、璜、圆牌等，则应该与年代早晚有关。

龙首纹也有写实与抽象、繁细与简化之分，所在器类较为一致，主要与年代早晚有关。

鸟纹出现较少，可能具有特别的含义，而且在反山墓地出土较多。

以下对各墓组的纹饰进行简要概括。（图4）

M10-M4组：M10纹饰见于三叉形器、琮、刻纹管、牌饰上，M4见于璜上；纹饰最为繁细，写实精致；除鸟纹外，神人面纹、兽面纹、龙首纹、双弦纹带、绹纹等各种纹饰类型具在；倒梯形神人面纹和兽面纹组合出现在牌饰上。

M9-M5-M14组：M9纹饰见于三叉形器、琮、带盖柱形器、刻纹管上，M5和M14无纹饰；纹饰较为繁细精致，较M10-M4组纹饰明显简化；不见弦纹带和绹纹，不见倒梯形神人面纹；刻纹管上龙首纹抽象变形明显。

M3-M1组：M3纹饰见于三叉形器上，为兽面纹，M1见于镯形器上，为龙首纹；纹饰较为繁细精致；M1镯形器上的龙首纹繁细写实，中心的双菱形纹中间有一个小的椭圆，不同于前墓组提到刻纹管上的龙首纹。

M7-M11组：M7纹饰见于三叉形器、琮、钺冠饰端饰上，M11见于冠形器、璜、圆牌、柱形器、刻纹管上；纹饰繁细精致，繁简分化，再见双弦纹带。M7三叉形器上出现倒梯形神人面纹，两分

M10-M4组	1	2	3	4	5
	6	7			
M9-M5-M14组	8	9	10	11	
M3-M1组	12	13			

图4 瑶山墓地出土玉器纹饰

1. M10:6三叉形器；2. M10:15琮；3. M10:16琮；4. M10:19琮；5. M10:21刻纹长管；6. M10:20牌饰；7. M4:34璜；8. M9:2三叉形器；9. M9:4琮；10. M9:1-2柱形器；11. M9:5刻纹管；12. M3:3三叉形器；13. M1:30镯形器；14. M7:26三叉形器；15. M7:34琮；16. M7:50琮；17. M7:31钺冠饰；18. M7:55牌饰；19. M11:86冠形器；20. M11:64柱形器；21. M11:94琮；22. M11:59圆牌；23. M11:84璜；24. 2784琮；25. 2785琮；26. 2786琮；27. 2787琮；28. 2788琮；29. 2789琮；30. 2790琮；31. 2826-1刻纹管；32. 2837匕形器；33. 2808长管；34. M2:1冠形器；35. M2:22琮；36. M2:23琮；37. M2:17圆牌；38. M2:7刻纹长管；39. 2841琮；40. 2842琮；41. 2845琮；42. 2844琮

于两侧叉上端；M11冠形器上首次出现纹饰,繁细；弧边十字形和三角形镂孔纹饰首次出现,在M7牌饰和M11璜上；M7琮上兽面纹主体纹饰与底纹繁简分化明显。

M12组：纹饰见于琮上,为兽面纹,三叉形器上未见纹饰；兽面纹主体纹饰变复杂精致,倒梯形框应为神人面纹的简略。

M2组：纹饰见于冠形器、琮、刻纹管、圆牌上；纹饰繁细精致。冠形器形制特殊,神人兽面纹倒梯形人面上无一周带纹,双臂向上收于腋下,没有扶在兽面的角上,下部有一条卷云纹的带区,两角各有一个鸟纹,鸟纹为首次出现。琮上兽面纹主体纹饰复杂精致,双弦纹带间有卷云纹。圆牌上龙首纹较为繁细写实精致；刻纹管上龙首纹简化抽象。

M15组：纹饰见于琮上,兽面纹简化抽象。

M8-M6组：无纹饰。

综上所述,无论从各墓葬出土的主要玉器的形制变化还是玉器纹饰的变化,都可以表现出各墓葬组同一的年代早晚关系。墓葬的大小、随葬玉器的丰富程度、玉器上纹饰的复杂精致程度都表现了该墓葬主人所在时代中心聚落权力实体的兴盛程度。M10-M4组,为创世首领,M9-M5-M14组,为第二代首领；M3-M1组,墓葬相对较小,随葬品较少,明显衰落；M7-M11组,随葬品最为丰富,种类最多,纹饰繁细精致,变化也较多,为该家族统治时代的最为兴盛一代；M2组,仍较为兴盛,首次出现了鸟纹,应该存在着特别的含义；M8-M6组明显最差,又位于墓葬区的边缘,应该是该家族统治时代的末代首领。

（二）反山墓地

反山墓地,墓葬分为南北两排,排列情况及随葬品种类数量等方面不及瑶山的规整。北排M18、M24、M20、M22、M23,南排M15、M16、M12、M17、M14,其中M24是空墓。M15和M18相距较近,随葬品数量最少,配对明显。M14和M23对应整齐,配对也明显,当无异议。M22应为女性贵族墓,和南排的M12、M17相距较近,《反山报告》结语部分认为和M12为一对,笔者认为应和M17是一对。另外,M20位于北排,却出土有三叉形器、玉钺,似是男性,实际仍是女性,和M12一对。如此则可以配为5对,也是同一中心聚落首领的墓葬。

通过随葬器物的观察研究,5组墓葬按年代早晚顺序依次为：M17-M22组、M12-M20组、M14-M23组、M16-M24组、M15-M18组。

其中有几个问题需要解释：1.M17和M22为何是一组？2.M20为何为女性墓葬,为何与M12是一组？3.M17-M22组为何是最早的一组？4.M12-M20组为何是第二组,早于M14-M23组？接下来,按照随葬玉器种类形制纹饰变化的情况,分析回答以下几个问题。

1.三叉形器

南排墓葬除M15未出土外,每墓出土1件；北排墓葬除M20出土1件外,均未出土,共出土5件。其中特别是M20和M14出土2件。

M20:91,素面,形制特殊,三叉均短,上端平齐,背面有凸块。（图5:1）

M14:135,中叉略短,有纹饰,正面中叉下有兽面纹,两侧叉上部有鸟纹,背面三叉端和中叉下部有凸块,均有纹饰。（图5:2,3）

从变化的情况看,M14是M20的进一步发展,可以推断M20早于M14。

2. 冠形器

除 M24 未出土外（以下不再提 M24 未出土），各墓均出土 1 件，共出土 9 件。其中特别是 M17、M22、M16、M15 出土 4 件。

M17：8，中部有兽面纹，器体显短宽，上端尖凸短平，其下镂孔为扁长条形，近似瑶山同类器特征。（图 5：5）

M22：11，中部有兽面纹显抽象，上端尖凸短平，其下镂孔为扁椭圆形，上部左右两角有鸟纹。（图 5：6）

M16：4，透雕，纹饰特别，兽面纹居中，倒梯形神人面纹饰一分为二分居两侧。（图 5：7）

M15：7，透雕，形制特殊，阴线刻多纹，纹饰粗糙。（图 5：8）

M17 和 M22 两墓所出土有纹饰，且 M17 无鸟纹而 M22 有鸟纹，这可以算是 M17—M22 组为年代最早的一组墓葬的一个表现；另外，M16 和 M15 两墓所出土为透雕，从相关情况推断，M16 早于 M15。

3. 玉琮

除 M22 和 M15 未出土外，其余 7 座墓葬均有出土。

M17 琮上纹饰接近瑶山墓地晚期，M22 未随葬琮，同瑶山墓地女性墓葬不随葬琮的习惯一致，因此可以推断 M17—M22 组为年代最早的一组墓葬，且晚于瑶山墓地。

4. 玉璧

玉璧，相比于瑶山墓地，是反山墓地新出土的器形。反山墓地除 M17 和 M18 未出土外，其余各墓葬均有出土，素面，各墓葬所出数量差别较大，也可以表示一定的早晚顺序。

M17 未出土，同组的 M22 出土 3 件；M12 出土 2 件，同组的 M20 出土 45 件；M14 出土 26 件，同组的 M23 出土 54 件；其后的 M16 出土 1 件，最后的 M15 出土 1 件。

在最初的 M17—M22 组时，玉璧还是女性墓葬所属器物；到第二组 M12—M20 组时，男性墓葬开始随葬，且女性墓葬随葬数量大幅度增加；到第三组 M14—M23 组时，两座墓葬均随葬大量的玉璧；其后的 M16 组至 M15—M18 组，各墓葬均随葬 1 件。

5. 玉钺

南排墓葬除 M15 未出土外各墓葬均出土 1 件，北排墓葬除 M20 出土 1 件外，各墓葬均未出土。

M15 未出玉钺，仅随葬石钺 3 件，应该是末代首领；M20 所出玉钺长条形（图 5：4），与其他 4 件玉钺器体较方正相比，明显偏女性审美，应该是掌握权力的首领配偶，且随葬有数量较多的石钺；其后的 M14 也随葬较多的石钺，也是晚于 M20 的一个表现。

6. 半圆形饰

出土半圆形饰的墓葬有四座，分别为 M12、M20、M14、M23，均为一组 4 件。

从半圆形饰的情况看，M12 和 M20 一组，且早于 M14 和 M23 组。

7. 纹饰

反山墓地的纹饰有神人兽面纹、鸟纹、龙首纹。神人兽面纹有各种不同表现形式，有浅浮雕、阴线刻和透雕技法。（图 6）

M17—M22 组：M17，无神人兽面纹组合；兽面纹繁细，在冠形器上；神人面纹和兽面纹略简，在琮上。M22，神人兽面纹精致繁细，在璜上；

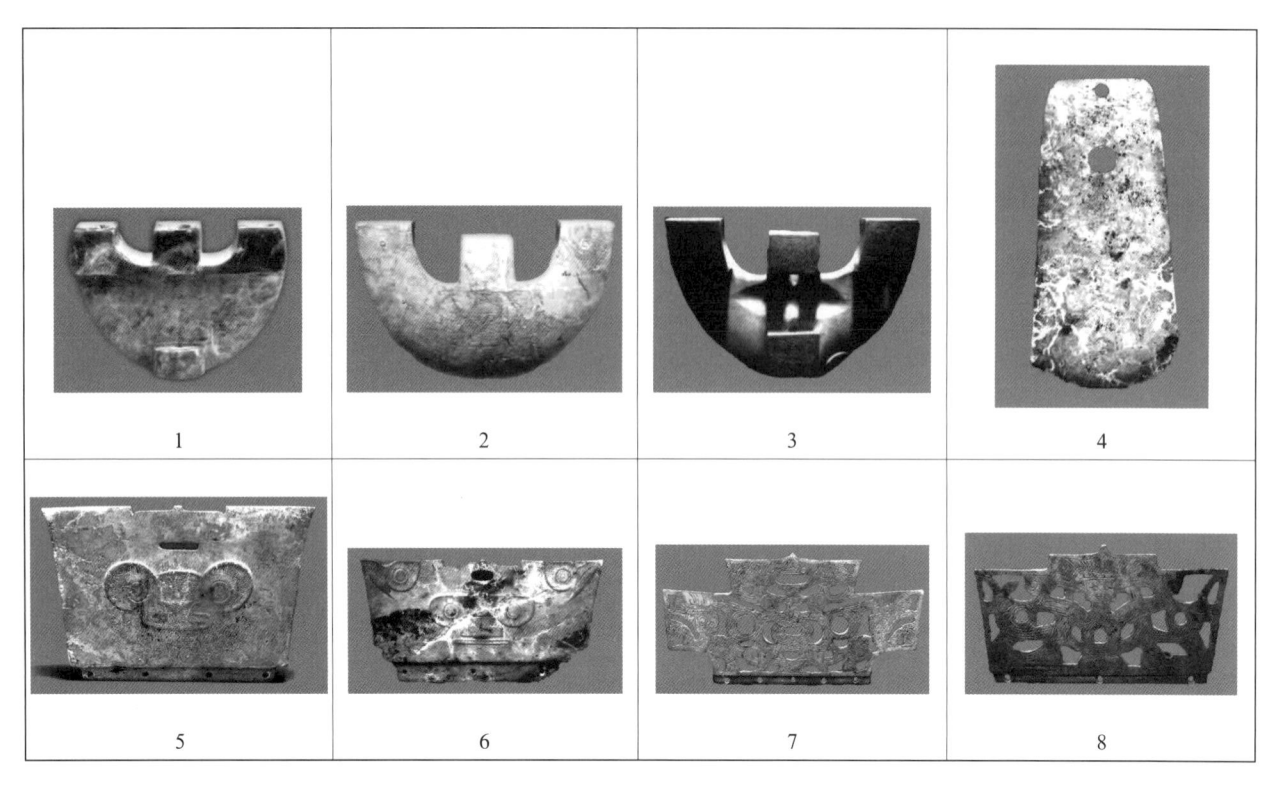

图 5 反山墓地出土三叉形器、钺和冠形器
1. M20:91 三叉形器；2. M14:135 三叉形器正面；3. M14:135 三叉形器背面；4. M20:144 石钺；5. M17:8 冠形器；6. M22:11 冠形器；7. M16:4 冠形器；8. M15:7 冠形器

兽面纹和鸟纹精致繁细，在冠形器上；写实龙首纹在圆牌上。

M12-M20组：M12，神人兽面纹最为全面繁细，写实精致，在琮、钺上；鸟纹繁细精致，在琮、钺上；抽象龙首纹在刻纹管上。M20，无神人兽面纹组合；神人面纹和兽面纹繁细精致，在琮上；鸟纹简略，在琮上。

M14-M23组：M14，神人兽面纹组合出现在玉带钩上，极抽象简略；兽面纹和鸟纹繁细，在三叉形器上；神人面纹在玉琮上，抽象简略。M23，无神人兽面纹组合；神人面纹抽象简略，在琮上；兽面纹和鸟纹抽象简略，在璜上。

M16组：M16，透雕，神人兽面纹，形制特殊，在冠形器上；透雕，太阳神鸟纹在璜上；神人面纹在琮上，抽象简略；抽象龙首纹在带盖柱形器、龙纹管上。

M15-M18组：M15，透雕，倒梯形神人面纹出现在冠形器上，抽象变形严重，粗糙。M18，神人面纹和兽面纹略减，在琮上。

根据上述对每一个墓葬纹饰概况的分析，神人兽面纹仅出现在前三组的M22、M12、M14中，且存在明显的变化，可以表现年代的早晚；鸟纹仅出现在前三组M22、M12、M20、M14、M23中，繁细和简略变化明显；透雕技法主要表现在M16的冠形器和璜以及M15的冠形器上。

通过上述对反山墓地重要玉器按照特定的顺序排列，可以分析并回答之前提到的几个问题。反山墓地墓葬的排列明显不及瑶山墓地的整齐规

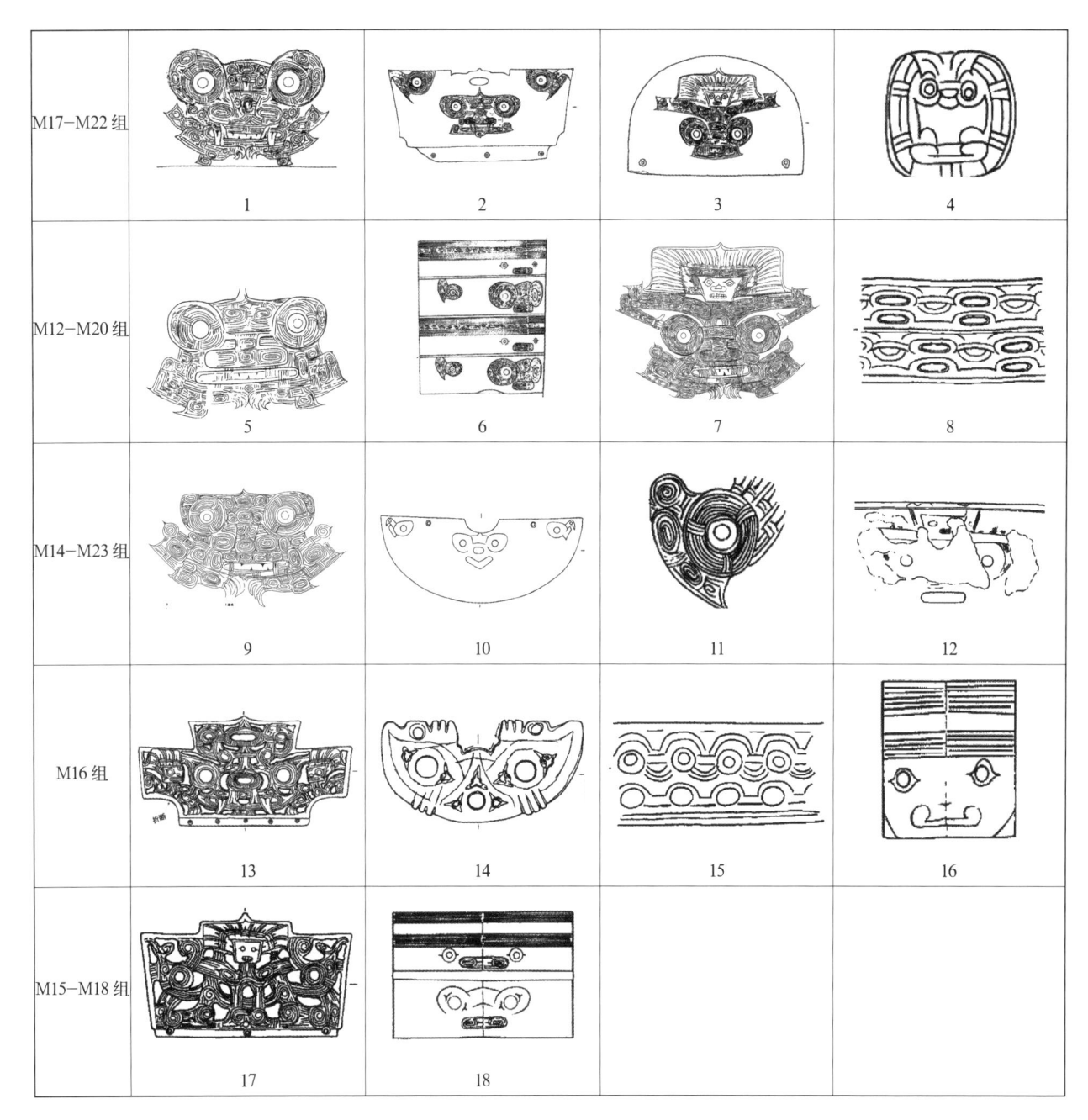

图 6 反山墓地出土玉器纹饰

1. M17:8 冠形器; 2. M22:11 冠形器; 3. M22:8 璜; 4. M22:26-1 圆牌; 5. M12:87 柱形器; 6. M12:98 琮; 7. M12:98 琮; 8. M12:129-2 龙纹管; 9. M14:135 三叉形器; 10. M23:67 璜; 11. M14:135 三叉形器; 12. M14:158 带钩; 13. M16:4 冠形器; 14. M16:3 璜; 15. M16:14 龙纹管; 16. M16:8 琮; 17. M15:7 冠形器; 18. M18:6 琮

则，随葬玉器种类也不及瑶山墓葬的规律明显，前面提到两者都是良渚文化中期同一处中心聚落首领和配偶的墓葬，则可以判断反山墓地整体上晚于瑶山墓地。

反山墓地的 9 座墓葬，根据随葬玉器的丰富情况和排列情况，大体上可以分为东部的 6 座和西部的 3 座。东部的 6 座墓分别是 M17、M22、M12、M20、M14、M23；西部的 3 座墓分别是

M16、M15、M18。

根据随葬半圆形饰墓葬的情况，M12和M20为一组，M14和M23为一组，M17和M22应该为一组；而且M17无璧，M22无琮，其他4座墓葬均琮璧皆出，这也说明M17和M22为一组，而且应该是年代最早的一组，因为瑶山墓地琮为男性墓葬随葬器类，且无璧，可以推断反山墓地的璧最初应该为女性墓葬随葬器类。

M20位于北排，应该为女性墓葬，但是却出土有南排男性墓葬随葬的三叉形器、钺和琮。从出土的钺的形制来看，呈长条形，明显不同于南排男性墓葬所出土的钺，偏女性审美，而且随葬有24件石钺；三叉形器的形制也变化明显，M14所出土的三叉形器又是M20的进一步发展，因此可以推断，M20墓主人为女性，和M12一组，早于M14-M23组。

从随葬三叉形器、钺和琮的情况看，M20的墓主人是一位真正掌握权力的首领配偶，合理的推测是在她的配偶M12墓主人男性首领去世之后，真正掌握着首领的权力。从墓葬的排列位置来看，M17-M22组年代最早，其次为M12；在M12之后，由于M12与M17较近，M20没法接近M22位置埋葬，因而M20的位置就较远；再后的M14-M23组两座墓和M17-M22组的两座墓的排列位置就非常规整。

从神人兽面纹组合的情况来看，M17-M22组最早，其次为M12-M20组，再次为M14-M23组；从鸟纹的情况来看，各墓葬组的早晚顺序也是一致的。

从随葬品的整体情况来看，M17-M22组、M12-M20组、M14-M23组三组墓葬主人首领时期，中心聚落非常强盛，尤其是M12-M20组时期，而M16组和M15-M18组时，衰落明显。从玉璧的情况、神人兽面纹组合和鸟纹存在的情况以及透雕技法的出现情况来看，后两组和前三组应该不是一个系统，存在着非常明显的差别。

四、相关社会状态探讨

关于瑶山墓地墓葬的性质，比较有代表性的观点是张忠培先生认为的"是一定时期统管一方的某一家族的几代掌权人包括他们中某些人的妻子"[15]。关于反山墓地墓葬的性质，最有代表性的观点是《反山报告》结语中所说"以M12墓主人为中心的反山贵族集团"[16]。关于良渚文化墓地所反映的社会状态，张忠培先生在文章中有深入的分析[17]；许鹏飞先生在其博士论文中也有相关内容的进一步研究[18]。纵观这些观点和研究，存在着同样的问题，忽略了大墓的历时性与共时性，忽略了权力的特性，忽略了区域管理控制的原始性。

前面已经分析瑶山墓地和反山墓地的墓葬都是良渚文化中期同一处中心聚落首领和配偶的墓葬，这既符合大墓的历时性与共时性要求，又符合权力唯一性的原则。权力，不管在多大的范围内，都是唯一的，本质在于解决生存问题的能力。所谓的王权、军权、神权、祖先崇拜、原始宗教、礼制，都是权力的表现形式，是维护权力的方式。根据新的文化变迁理论，征服统治和人群迁徙产生考古学文化的变化，在史前时期，任何一个聚落的社会结构就只有统治阶层和被统治阶层；人员的跨聚落流动是不存在的。聚落之间的结构，应该是中心聚落和非中心聚落，即两个聚落层级；

由两个聚落层级上升到三个聚落层级，应当经历了相当长的时间。良渚文化的聚落间结构应该处于由两个聚落层级上升到三个聚落层级之间的状态。因此，把整个良渚文化区域内墓葬分为六个级别和把社会分为四个等级的研究是不合适的。中心聚落之间的战争或者首领的交流、联盟可能是存在的，但人才的跨聚落流动是不存在的；大约直到西周时期才出现部分诸侯国君到都城担任大臣之职的情况，到春秋晚期战国时期才有士的跨聚落流动，也仅是在自己的阶层内流动；除了战争和革命，超越权力体系和阶层是不可能的。

推测瑶山墓地和反山墓地是同一个中心聚落的首领和配偶的墓葬，则可以认为两个墓地的墓葬是一个年代序列。如此，则在一代人的时间内，制作了两三个墓葬中随葬的玉器、嵌玉漆器、丝织品、象牙器等，是更为合理的，也足以表明良渚文化社会的文明程度。

瑶山墓地，墓葬对所谓"祭坛"的变化，包含着一次文化层的变化，是一次确定的权力变更。根据前述分析，反山墓地晚于瑶山墓地，这也是一次确定的权力变更。反山墓地良渚文化晚期的M19和M21对中期的墓葬包含着文化层的变化，也是一次确定的权力变更。反山墓地中后2组墓葬对前3组墓葬的变化，也是一次确定的权力变更。因此，瑶山墓地和反山墓地反映了一个良渚文化中心聚落四次权力变更。这对于良渚文化变迁的研究有着非常重要的参照意义。

（附记：因为瑶山墓地和反山墓地均距离良渚古城较近，笔者起初认为两者均为良渚古城聚落首领的墓葬区；参加会议时，幸得邓淑苹先生的指导，瑶山墓地和反山墓地时期，良渚古城的情况是需要进一步研究确认的，缺乏研究论证过程推测两者为良渚古城聚落首领的墓葬区是不合适的。因此，在成文的过程中，用同一处中心聚落代替良渚古城聚落，隐去两者与良渚古城的关系问题。在此表示感谢!）

---

[1] 浙江省文物考古研究所. 良渚遗址群考古报告之一：瑶山[M]. 北京：文物出版社，2003.

[2] 翟杨. 瑶山墓地编年及相关问题[M]//上海博物馆集刊（第十期），上海：上海书画出版社，2005；吴敬. 瑶山墓地研究[J]. 东南文化，2006（6）.

[3] 张弛. 良渚文化大墓试析[M]//考古学研究（三），北京：科学出版社，1997；方向明. 反山、瑶山墓地：年代学研究[J]. 东南文化，1999（6）.

[4][15][17] 张忠培. 良渚文化墓地与其表述的文明社会[J]. 考古学报，2012（4）.

[5][16] 浙江省文物考古研究所. 良渚遗址群考古报告之一：反山（上、下）[M]. 北京：文物出版社，2005.

[6] 方向明. 反山、瑶山墓地：年代学研究[J]. 东南文化，1999（6）.

[7] 闫付海. 论文化因素分析与文化变迁. 第二届中国考古学大会提交论文，待刊.

[8] 闫付海. 论考古发现中的毁墓与人殉. "中国社会科学论坛·早期都邑文明的发现研究与保护传承暨纪念陶寺考古四十年国际论坛"参会论文，待刊.

[9] 闫付海. 权力、环境、文明与国家的起源. 待刊.

[10] 赵晔. 良渚文化祭坛、墓地及其反映的社会形态初探[A]//浙江省文物考古研究所编. 良渚文化研究——纪念良渚文化发现六十周年国际学术讨论会文集. 北京：科学出版社，1999.

[11] 刘斌. 良渚文化的祭坛与观象测年[M]//浙江省文物考古研究所学刊（第八辑），北京：科学出版社，2006.

[12] 浙江省文物考古研究所，余杭文管会. 浙江余杭汇观山良渚文化祭坛与墓地发掘简报[J]. 文物，1997（7）.

[13] 闫付海. 山西襄汾陶寺城址天文观测遗迹功能新论. 待刊.

[14] 安徽省文物考古研究所. 凌家滩——田野考古发掘报告之一[M]. 北京：文物出版社，2006.

[18] 许鹏飞. 宁镇地区和环太湖地区新石器时代考古学文化研究[D]. 长春：吉林大学，2015.

汉代圆雕人物和动物玉器艺术成就试析

刘云辉[1]　　刘思哲[2]
1.陕西省文物鉴定委员会　2.陕西省考古研究院

摘要：汉代被称为中国历史上的黄金时代，汉代的艺术成就斐然，造型艺术空前绝后，造型艺术中的玉质圆雕作品更占有十分耀眼的地位。汉代圆雕玉器主要分为人物和动物两大类，圆雕人物又可分为真实的人物和具有神性的人物，圆雕动物又可分为真实的动物和具有神性的动物（即神兽）。笔者拟对有明确出土纪年的汉代圆雕玉器中的典型人物和动物形象加以分析，阐述圆雕玉器在汉代所达到的艺术成就。

关键词：汉代；圆雕玉器；圆雕人物；圆雕动物

一、玉质圆雕人物造型风格特征分析

（一）出土玉人

1. 河北中山靖王刘胜墓出土的凭几而坐的圆雕玉人（图1），高5.4厘米。玉人头戴冠，眉清目秀，双手置于几上，正襟凭几而坐，几底座上阴刻10个字："维古玉人王公延十九年。"[1] 从造型特征观察，这件作品风格写实、形象逼真、刻画细腻。徐琳认为这里的"唯古玉人"可能就是文献中所谓真人的化身[2]；左骏认为这里的玉人头戴三梁冠，是诸侯王凭几燕居的形象[3]。

2. 安徽涡阳县石弓山西汉中期崖墓出土的圆雕玉文官俑（图2），高5.75厘米，宽3.23厘米，

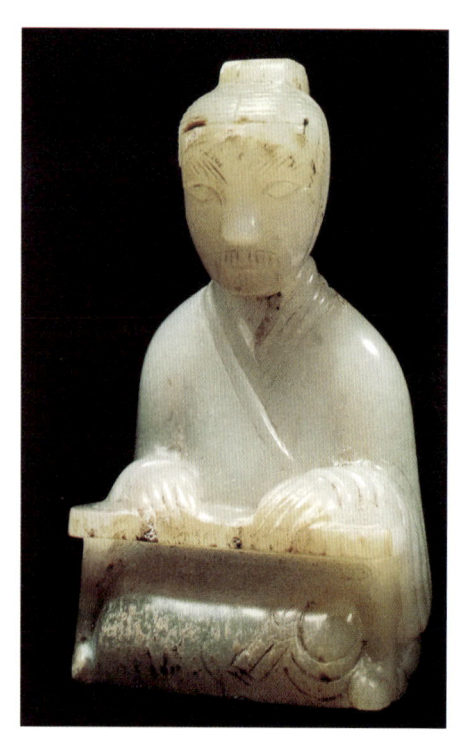

图1　圆雕玉人（刘胜墓出土）

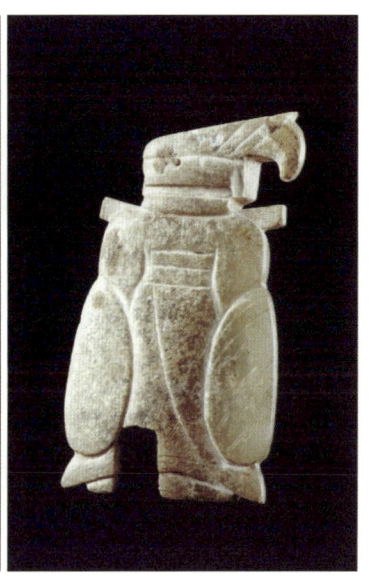

图2 圆雕玉文官俑（石弓山崖墓出土）

图3 圆雕玉人（龚家湾砖厂汉墓出土）

厚0.15～1.08厘米；玉人戴冠，几道阴线雕出五官，褒衣博带，拱手而立，肩上有平板状肩章，腰带上垂下一绢带结绕的玉璧，足蹬履，衣服上的纹样以线刻手法表现，整体造型浑朴圆润，风格具有写实与夸张相结合的特征[4]。

3. 陕西咸阳渭城龚家湾砖厂汉墓出土的穿长裙的圆雕玉人（图3），高4.2厘米。青白玉，玉人似呈跪姿，头部戴冠，双手拱于胸前，其形态近似汉阳陵出土的跪拜俑。而双手上下钻一透孔，身后有拖地的长裙摆，造型仅具人体的大致轮廓，其五官也被略去[5]。

4. 陕西咸阳汉元帝渭陵建筑基址出土的戴冠圆雕玉俑头（图4），高8.5厘米，面宽4厘米；青玉，青绿色，夹有灰绿色水线纹带。玉俑头戴巾冠，五官端正，长眼，眉清目秀，直鼻，嘴唇微启，胡须稀疏，双耳较大，脑后细线阴刻有条不紊的缕缕发丝，颈部下端有断茬。冠顶横钻一个可插发簪的透孔，通体抛磨光亮[6]。此件玉俑头造型风格写实，细节刻画更为细腻，一丝不苟。

（二）出土玉舞人

1. 广州南越王墓出土的圆雕玉舞人（图5），高3.5厘米，宽3.5厘米，厚1厘米。舞者梳右向横出的一螺髻，着右衽长袖衣、绣裙，扭胯并

图4 圆雕玉俑头（渭陵建筑基址出土）

膝而跪，左手扬之脑后，长袖下垂，右手向侧后方甩袖，头向右偏，张口似作歌咏状。舞者衣裙有卷云花边，头顶端有一小孔贯穿透底，当为穿系用。面部有"组"痕，雕工精细，姿态曼妙生动。为出土汉代玉舞人首见的圆雕作品，这件玉舞人虽小，但造型十分生动，可视之为艺术品[7]。

2. 西安市东南郊汉宣帝杜陵建筑基址（陵庙）出土的一对圆雕玉舞人（图6），两玉舞人造型、大小基本相同，系由一块上下两端均带有浅褐色的青玉料雕琢而成。

两玉舞人联袂比肩而立，均眉清目秀，细鼻梁，小嘴，身材修长，婀娜多姿，头上长发圆盘，发辫自然下垂，内穿衣并着裤，外穿长袖曲裾深衣，两条带束于腰际，深衣上接有很长的衣襟在身上缠绕数道，长摆曳地，下摆分别裁成大小不同的四个尖角，上广下狭，宛若燕尾，双脚穿翘头履。左侧玉舞人高10.5厘米，下宽7.8厘米，衣摆厚度6.1厘米，双手提袖拢于腰部，窄长袖紧贴深衣并下飘；右侧玉舞人高10.2厘米，下宽7.8厘米，衣摆厚度6.1厘米，左小臂向上伸直，右手摁于腰部，长袖弯曲下甩。

玉工巧妙利用了玉材上下两端的浅褐色特点，将其作为玉舞人的头发和衣摆及脚部，成为绝佳俏雕。这对玉舞人除采用立体圆雕技法外，还采用镂空透雕和细线阴刻技法，玉工精准地捕捉并生动表现了双人舞女跳舞的瞬间姿态。玉舞人造型形神兼备，栩栩如生，风姿绰约，面部表情刻画细腻，怡然恬静，衣褶自然起伏，线条优美流畅[8]。

（三）出土玉翁仲

传统观点认为玉翁仲始于汉代。李零先生曾撰文指出"翁仲"本来是匈奴的祭天神像，早在秦代和西汉，就被汉族地区引入，当作宫殿装饰物。东汉以来，又专指陵墓前面、神道两侧，用作仪卫的石刻武士像或文武官员像[9]。迄今所见汉代的玉翁仲绝大多数形体较小，作为辟邪之物佩带。东汉时期也有形体高达近20厘米的玉翁仲[10]，当为陈设器。

1. 江苏徐州陶楼蟠桃山刘欣墓出

图5　圆雕玉舞人（南越王墓出土）

图6　圆雕玉舞人（杜陵建筑基址出土）

土翁仲形玉佩（图7），高4.1厘米，宽1.5厘米，厚1厘米，为西汉中期作品。翁仲拱手而立，五官清晰[11]。但徐琳认为此玉人很可能是战国遗物，可备一说[12]。

2. 西安市南郊沙坡汉墓出土圆雕玉翁仲（图8），白玉，翁仲头戴梯形小冠，五官轮廓较为粗犷，深目、大鼻、阔嘴，嘴两旁有胡须，身着长衣，拱手站立。从腰部两侧对钻一圆孔，通体抛光，高2.9厘米，厚0.3厘米。从造型特征观察当为新莽至东汉时制作[13]。

3. 扬州甘泉双山2号东汉广陵王刘荆墓出的圆雕玉翁仲（图9），高4.1厘米，作立体人形，以简洁明快的斜刀技法雕出翁仲眉、目、口、鼻。头戴冠，衣领交叉，腰系带，衣服曳地，腰侧横穿一孔[14]。

图7　翁仲形玉佩（刘欣墓出土）

图8　圆雕玉翁仲（沙坡汉墓出土）

图9　圆雕玉翁仲（刘荆墓出土）

二、玉质圆雕动物造型风格特征分析

（一）依自然界真实动物为原型制作的圆雕作品

1. 陕西蒲城县贾曲村汉代建筑基址出土的圆雕玉牛镇。（图10）通长21厘米，宽7厘米，高7厘米。用一块呈青色、白色夹黑色的玉料雕琢而成。牛呈伏卧姿，四条腿各不相同，右前腿伸开，左前小腿折叠；牛头偏转微抬，颈前伸，双目圆睁，鼻孔歙张，嘴唇微启，神情安详；牛双角后伏，牛尾向下垂卷。牛身上加饰少许简练的阴线，牛神情安详，风格写实，形象逼真。特别是玉工巧妙地利用原玉料上不同颜色进行构思布局，以青色表现牛背，黑色表现牛两侧身躯，白色表现牛腹，制作出一件成功的俏色玉雕[15]。

2. 徐州北洞山楚王墓出土的圆雕玉熊枕。（图11）长20.3厘米，宽8.3厘米，高6.6厘米；以青玉制作伏卧状玉熊，体形肥硕，双目炯炯有神，

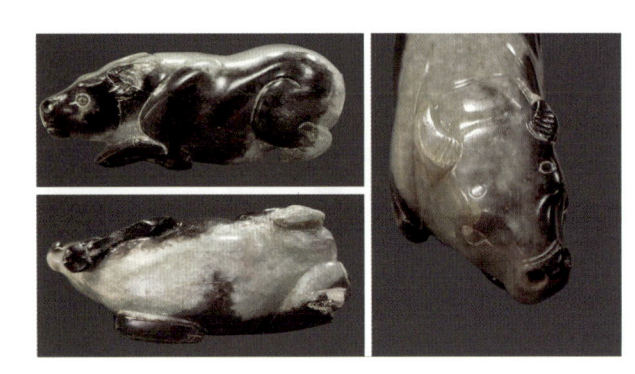

图 10　圆雕玉牛镇（贾曲村汉代建筑基址出土）

图 11　圆雕玉熊枕（北洞山楚王墓出土）

图 12　圆雕猪形枕（汉长安城遗址出土）

图 13　圆雕玉鹰（渭陵建筑基址出土）

表情憨态可掬，颈部戴嵌贝项圈。玉熊采用了圆雕和局部线刻相结合的手法，线条洗练洒脱。乍看玉熊似乎为对称式造型，实际躯体略偏左侧；从腹部观察，左后腿略而未雕，另外3条腿伸摆的位置各不相同，反映了艺术家在圆雕造型中完全脱离了先秦时期对称式的程式化藩篱，以动态表现对象的艺术手法已相当成熟，在造型中克服了对称呆板的表现手法，以动态非对称表现形式，使刻画的对象生动传神[16]。

3. 汉长安城遗址内席王村出土的圆雕猪形枕。（图12）长24.2厘米，宽11厘米，高9厘米。碧玉，枕呈猪形，近似长方体，猪嘴鼻盘以及臀部均平齐，头部上端为斜面，鼻盘上钻两个浅鼻孔，口缝为"U"形折线；眼睛以两个阴线圆圈表示，双耳后抿，以压地隐起法雕琢；耳面略下洼，四肢以简略弧形阴线勾勒；腹部平齐，以作枕底，猪背部平齐，以作枕面，臀部居中压地隐起一条锥形猪尾。此玉枕很可能属西汉宫廷高级贵族使用的遗物[17]。

4. 汉元帝渭陵建筑基址出土的圆雕玉鹰。（图13）长7厘米，宽5厘米，翅宽7.1厘米，尾宽2.6厘米，高2.5厘米。玉呈青白色和少量黄色及部分红璞，玉鹰展双翅呈飞翔状，双腿爪部并拢，收于腹下。圆眼，勾喙，目光凶猛，碾琢出起伏并层层叠压的双翅，羽毛丰满，再饰以长阴线和密集的短阴线，头后和背上阴刻出"V"形纹饰，以示绒羽。该器是汉代玉鹰中的翘楚，圆雕玉器的代表作[18]。

5. 汉元帝渭陵建筑基址出土的圆雕玉熊。（图14）高4.8厘米，长8厘米，前双腿间距3.5厘米。白玉，玉质细腻温润，玉色光亮，有少量红璞。玉熊圆头、圆眼、长吻、粗颈，双耳后抿，四肢短粗有力，足部有阴刻的肉垫，短尾藏于毛发之中，呈蹒跚行走状，憨态可掬，悠闲自在，造型生动逼真，手法写实，以极简练的技法在熊体上雕琢极少的阴线和少许毛发，保持和凸现了和田上乘白玉的莹润之美。该作品无疑是出自宫廷御用玉工之手。[19]

6. 西安大白杨西汉早期墓出土圆雕玉羊。(图15) 长4.5厘米，高3.7厘米，厚1.6厘米。白玉，玉羊呈卧姿，圆眼，昂首，双耳后耸，头上有一双锥形短角，长嘴，短尾，胸肌隆突，蹄足，造型也是打破对称平衡，右前腿折叠呈跪姿，其余腿压于腹下，以阴线勾勒体毛，阴线底部均未抛光，留有毛茬[20]。

7. 玉猪是汉代圆雕玉器中数量最多的一种，从造型风格可分为写实性和写意性两个类型：写实性玉猪主要是西汉前期的居多，汉八刀式突出的写意性玉猪以西汉晚期和东汉时期居多。

（1）西安山门口西汉早期墓葬出土的圆雕玉猪（图16）1对，两件大小相同。长13.5厘米，高5厘米。青玉，因受沁呈灰白色。两头玉猪均是圆眼、大耳、拱嘴、翘鼻、肥体、短尾，其中一头猪双腿向前呈奔跑状，另一头猪前右腿下肢折叠，呈卧伏状。两头猪造型风格写实，除圆雕之外，还采用简洁的线刻技法，将猪之形态神情表现得

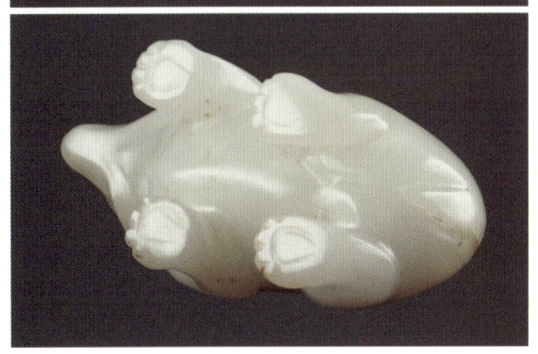

图14　圆雕玉熊（渭陵建筑基址出土）

图15　圆雕玉羊（大白杨西汉墓出土）

惟妙惟肖、栩栩如生，是罕见的玉雕艺术杰作[21]。

（2）西安红旗机械厂东汉墓出土的圆雕玉猪握。（图17）通长10.8厘米，宽2.2厘米，高2.8厘米。白玉，玉色纯净，玉猪呈屈腿伏卧状，以斜刀琢出四肢及叶形大耳，以细线雕出三角形双眼，头部上端斜下，拱嘴翘鼻，臀部平齐呈桃形，尾部呈几何形状，两侧对钻一穿孔，颌下雕出外凸的小三角形，其上钻一孔，鼻孔略而未刻，通体抛磨光亮[22]。

（3）陕西华阴油巷新村东汉刘崎墓出土的圆雕玉猪握。（图18）长10.7厘米，宽2.6厘米，尾高2.1厘米。白玉，洁净无瑕，晶莹润泽，形制近似长方形柱体，猪身、嘴前端、鼻盘、臀部均呈长方形或方形，以斜刀技法雕琢出猪之四腿和耳朵，头顶下斜，鼻孔和双目被略去；以汉八刀在右侧雕出猪双腿，另一侧猪腿被省略，尾部、颌下两侧各切掉三角形斜面，然后再对钻一孔；表面抛磨光滑，腹部未抛光，右侧腹下尚留下一条切割的毛茬[23]。

（二）依据神话信仰或想象所创造的玉神兽

1. 玉辟邪。学术界通常将汉代流行的狮形带翼神兽称为辟邪（或为天禄）。海内外公私收藏

图17　圆雕玉猪握（西安红旗机械厂东汉墓出土）

图16　圆雕玉猪（西安山门口西汉墓出土）

图18　圆雕玉猪握（油巷新村东汉刘崎墓出土）

的汉代圆雕玉辟邪数量不少，但有明确出土记录的仅有以下若干例。

（1）茂陵陵园出土的圆雕蹲姿玉辟邪。（图19）高7.7厘米，宽3.7厘米，长7.2厘米。由乾隆皇帝御题的"咏汉玉马"看，乾隆以为是汉代的玉天马。从玉雕动物头部看是兽头而不是马头，整体形态亦与马有别，故宫学者已将其定名为玉辟邪。因经火烧烟熏，大部已经变黑，局部显露出原有的质地。辟邪昂首挺胸，双耳上耸，头顶竖一小独角，腹两侧雕琢层层叠压的羽翅，仅有一条腿和足爪完整，其余三腿和一尾皆有残缺。在辟邪仅留的一足底上有阴刻的肉垫，其腹部有阴刻的楷书清乾隆御制诗一首。诗首为"咏汉玉马"，诗文为："茂陵万里求天马，既得作歌纪瑞文。看有角为奇弗偶，历无早至镐和汾。肖形刻玉太乙贶，阅也出邙长乐群。漫议水银浸鲜据，汉家常用有前闻。"末署"乙巳次辛"。乙巳即1785年，次辛即2月19日。此玉雕至少是乾隆时发现并进入清宫的[24]。

（2）汉元帝渭陵建筑基址出土的圆雕走姿玉辟邪。（图20）高2.5厘米，长5.8厘米。白玉，有较多红璞。狮形带翼玉辟邪，呈探首行走状。双目炯炯有神，头微偏，张口露齿，有獠牙四颗，余齿各四，鼻孔歙张，双耳竖起，头顶雕一贴伏之长犄角，面颊上雕琢阴线圆圈毛纹，肩生双翼。前腿弓支，一侧腿后蹬，尾巴回卷有力，呈"人"

图19　圆雕蹲姿玉辟邪（茂陵陵园出土）

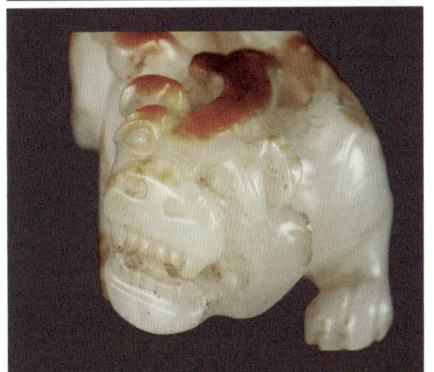

图20　圆雕走姿玉辟邪（渭陵建筑基址出土）

字形，足分四爪，掌部雕有肉垫。该玉雕采用了镂空透雕、高浮雕和线雕等技法，是造型极为生动的汉代玉雕艺术精品[25]。

（3）汉元帝渭陵建筑基址出土的圆雕蹲姿玉辟邪。（图21）高5.4厘米，长7厘米。白玉，有少量红璞。狮形有翼玉辟邪，昂首前视，突胸呈卧姿，张口露齿，鼻端上翘，双孔外露，头生双角而后伏，双耳后耸，面颊饱满，颊后披毛。浮雕"人"字形长髯飘至胸肌上，颈部略长，肩生双翼，翼羽层层叠压，尾部粗壮有力，并回卷成"入"字形。臀部与尾巴上有三个圆形凸起，臀部亦有披毛。腹部肌肉发达，后两腿之间有明显凸起，以示睾丸，四足掌部均琢出肉垫。此器是迄今所见的玉辟邪中最为精美的一件，是西汉圆雕玉器无与伦比的代表作[26]。

（4）陕西黄陵县出土的一件匍匐状玉辟邪。（图22）高4.5厘米，长8厘米。以青白色玉材圆雕而成，玉材中夹有墨色斑纹。呈蹲卧姿，头向左微转，顶有长角，角后段分叉；双目圆睁，张口露齿，神情威猛；肩披两层羽翼，长尾蜷于体侧；四肢踞地，重心略后移，足分四爪；脚掌上有阴刻的肉垫，整体造型浑朴生动[27]。

（5）扬州甘泉老虎墩东汉墓出土辟邪形玉壶。（图23）通高7.7厘米，宽6厘米，厚4.5厘米。以白玉制作跽坐状辟邪。壶口开在辟邪头顶，上置环钮银盖。辟邪右手平托灵芝仙草，左手着地，二目圆睁，张口露齿；舌尖上卷，头上雕出云形双角；双肩雕出羽翼，胸腹浑圆丰满；卷尾和足压在臀下，其中一足掌雕出肉垫。通体多饰阴线圆圈纹和毛发纹。该壶造型独特，集圆雕、镂空、

图21　圆雕蹲姿玉辟邪（渭陵建筑基址出土）

图22　匍匐状玉辟邪（黄陵县出土）

一块较大的玉料雕琢而成。辟邪形象凶猛，昂首挺胸，隆鼻鼓目，双耳后耸，张口露齿，作怒吼状；颌下垂长髯与胸肌相连，头顶有一长方体榫座，背上琢出圆筒状物，并与脑后一股长发相连。辟邪肩生双翼，翼羽层层叠压，后腿上也雕有羽毛。辟邪虽然三肢有残失，但仍可看出原四肢均劲健有力。足部犹如人足，前掌为四趾，侧面为一小趾。辟邪尾部前端平齐，上钻一方形孔，以便插入尾部。辟邪雕琢近乎用了高浮雕、镂孔透雕、钻孔、线雕等多种技法，辟邪全身大量饰有阴线小圆圈纹以及密集的短阴线纹和毛发纹。此玉辟邪虽有部分残失，但造型优美，古意盎然，气度恢宏[29]。

2. 玉羽人骑玉天马。玉羽人先秦时期就已出现，但将羽人和长生不老联系起来，应是秦汉时期的观念。如《楚辞·远游》："仍羽人于丹丘兮，留不死之旧乡。"另外关于天马，《山海经·北山

图23 辟邪形玉壶（扬州甘泉老虎墩东汉墓出土）

浮雕及阴线刻技法为一体，是圆雕玉器的杰作[28]。根据其辟邪基本特征和脚掌雕肉垫综合判断，笔者认为它的制作时间应为西汉晚期，其用途极可能是贮存丹药。

（6）宝鸡金河砖厂东汉早期吕仁墓出土的圆雕玉辟邪。（图24）残高18.5厘米，长18厘米，宽6.7厘米。青玉，有较明显的黑色纹带。采用

图24 圆雕玉辟邪（金河砖厂吕仁墓出土）

经》:"又东北二百里,曰马成之山,其上多文石,其阴多金玉,有兽焉,其状如白犬而黑头,见人则飞,其名曰天马。"但真正的天马艺术形象则是在汉代出现的。

汉元帝渭陵建筑基址出土的圆雕玉仙人骑天马。(图25)高7厘米,长8.9厘米,底宽3.4厘米。用一块纯净无瑕的和田羊脂白玉雕琢出玉仙人骑玉天马立体形象[30]。玉天马呈奔跑状,双耳短小而前耸,额上的鬃毛和颈上的鬣毛呈长条状,并以密集的细线刻画。马眼圆睁,炯炯有神,鼻梁宽而直,张口露牙,上唇外翻,口齿平齐,口裂较深,面颊较高,肩部和胸侧刻出互相叠压的三层羽翅,前膝抬起与前管呈90度。前蹄踏在球状灵芝类瑞草上,左前腿亦屈膝,臀部浑圆,中部沟槽分明,马尾高扬,呈长弧形下垂,并与踏板上云纹球状体相连,马前腿之间有圆雕的蘑菇状灵芝。足踏板底部阴刻粗线并辅以细线互相缠绕的云纹。马阴部浮雕一三角形凸起物,以示马之性别。马背上骑一羽人,头微昂,隆鼻长目,口微张,双耳较大且上耸,头顶后披有长发,双手伸直,一手摁在马颈部,另一手握一双灵芝草,羽人肩部和腰部均雕琢出羽翼,双腿及双足赤裸,羽人实为仙人,神态飘逸。脚踏板下的云气纹,寓意为天马在空中奔驰飞翔。

仙人骑天马玉雕正是汉代帝王求仙升天思想观念的艺术反映,是汉代玉雕中的绝世佳品[31]。

三、汉代圆雕人物和动物玉器的艺术成就

通过对上述汉代典型的圆雕人物和动物造型的分析梳理,对其所达到的艺术成就可做出如下概括。

1. 汉代圆雕玉器的题材更为广泛,既有现实生活中的人物,又有神人;既有现实中的动物,如牛、马、羊、猪、熊、豹等,又有现实中并不存在的狮虎带翼神兽,即所谓辟邪,又如天马等。后两者均是汉代新出现的题材。

2. 汉代圆雕玉器所表现的思想文化内涵更为丰富,体现了儒道互补的精神。根据历史文献,汉代继承儒家贵玉传统,崇尚以玉达礼,提出"玉有六美"思想。诚如卢兆荫先生所言,此时"德"与"美"是统一的、不可分割的。到东汉《说文解字》又将玉释为石之美有五德,将玉的外观美

图25 圆雕玉仙人骑天马(渭陵建筑基址出土)

提高到与玉德并重的地步[32]。玉羽人和玉天马是以道家思想观念创造的艺术形象。玉辟邪是按照避除不祥的思想以及受西亚等外来文化影响所创造的艺术形象，玉辟邪形丹药壶正是汉代统治者倡导和践行道家长生不老观念的物证。

3. 汉代圆雕玉器不论动物或人物的造型，除玉翁仲汉八刀式的玉猪握之外，绝大多数都突破汉代以前圆雕玉器正面对称式的藩篱。众所周知，从史前诸文化至商周春秋战国，玉质圆雕动物或人物的造型几乎都是对称的正面式样，缺乏生动性。而汉代圆雕玉器中尤其是动物造型几乎都是非对称式，要么头微偏或扭转，四肢的动作姿态或位置并不相同，如上述西安山门口两头猪均是圆眼大耳、拱嘴翘鼻、肥体短尾，其中一头猪双腿向前呈奔跑状，另一头猪前右腿下肢折叠，呈卧伏状。又如徐州北洞山玉熊，粗看似乎为对称造型，但从背部观察，头微偏；从腹部观察，一条腿有意略而不刻，另3条腿伸摆的位置也不相同，以非对称的造型，达到了前所未有的新的平衡。

4. 汉代圆雕玉器人物和动物更强调形态和动作，如南越王墓出土的玉舞人扭胯并膝而跪，左手扬之脑后，长袖下垂，右手向侧后方甩袖，头向右偏，张口似作歌咏状，姿态极为生动。杜陵一对玉舞人，右侧者右手撂于腰部，长袖弯曲下甩，左小臂向上伸直；左侧者双手提袖拢于腰部，窄长袖紧贴深衣并下飘，右小臂与右侧舞人小臂相连。玉工将两个舞女动作的不同，但又彼此呼应的瞬间状态表现得栩栩如生。又如汉渭陵的玉熊，在造型上选择了熊低头蹒跚行走的特定动作，揭示熊憨态可掬的性格特征。渭陵走姿玉辟邪在造型上选择辟邪探首聚神，前肢屈伸一侧，后腿弓蹬，精准表现了辟邪捕食前瞬间凶猛机警的形态神情。

汉代圆雕玉器中的人物面部表情均为自然平静状态，不靠声容笑貌来表现性格，甚至有时会忽略细节的真实，如咸阳龚家湾玉人，连五官都被略去。这种粗轮廓的写实，缺乏对细部的忠实描绘，便构成了汉代圆雕玉器中部分人物形象的古拙外貌。

5. 汉代圆雕玉器中的动物形象除以动作和形态表现之外，动物的头部面部是特别注重刻画的对象，如北洞山玉熊双目炯炯有神，渭陵玉熊从面部能感受其憨态可掬，渭陵玉鹰双目和勾喙表现了雄鹰的力量，渭陵和吕仁墓的3件玉辟邪其头部和面部均表现了辟邪的威武和凶猛。渭陵的玉仙人所骑的玉天马除了"蹑浮云"肩生翼之外，其头部刻画更是令人赞叹，头方耳小，目光明亮，鼻宽而直，鼻孔大张，张口露齿，上唇外翻，其神韵再现了睥睨后世的大汉气象。

6. 汉代圆雕玉器俏雕手法的应用比先秦时期更加广泛和成熟，如杜陵玉舞人，玉工巧妙利用了玉材上下两端的浅褐色特点，将其作为玉舞人的头发和衣摆及脚部，成为罕见的双人立体俏雕；蒲城玉牛镇上玉工巧妙地利用原玉料上青下黑底部灰白的特征雕琢，形成玉牛背部青色、身躯黑色、腹部白色，制作出一件绝妙的俏色玉雕。

7. 汉代圆雕玉器所用材质比先秦时期更为优良，尤其是从张骞出使西域之后，汉代帝王所用玉，较多采用新疆和田上等优质子玉。如渭陵的玉仙人骑天马，白如凝脂；渭陵的玉鹰、玉熊以及走姿玉辟邪和蹲姿玉辟邪，都带有程度不同的红璞，是脂光内蕴、晶莹光洁、温润纯厚、细腻秀美的极品白玉。

8. 汉代许多圆雕玉器，如杜陵联袂比肩玉舞人，渭陵蹲姿玉辟邪、走姿玉辟邪、玉仙人骑天马，均是将圆雕、镂空透雕、浅浮雕、阴刻技法巧妙结合；又是将玉材佳、造型艺术美、文化内涵深厚有机融为一体的典范。

9. 汉代圆雕玉器中的精品，最为典型的几乎都是出自西汉帝王陵园之中，由此也证实了西汉时期最具代表性的艺术是皇家宫廷的艺术，皇家宫廷所用圆雕玉器，无疑是选用新疆和田上等美玉，由御用工匠（艺术家）不计成本、精心雕琢的形神兼备的作品，为汉代玉器中的代表作。

---

[1] 中国社会科学院考古研究所，河北省文物管理处. 满城汉墓发掘报告[M]. 北京：文物出版社，1980.

[2][12] 徐琳. 汉代王侯墓葬出土的玉器研究[D]. 南京：南京大学博士论文，2003.

[3] 李则斌，左骏. 长毋相忘——读盱眙大云山江都王陵[M]. 南京：译林出版社，2013.

[4] 安徽省文物局. 安徽省出土古玉精粹[M]. 台北：众志美术出版社，2004；安徽省地方志编纂委员会编安徽省志（文物志）[M]. 北京：方志出版社，1998.

[5][6][13][22][31] 刘云辉. 陕西出土汉代玉器[M]. 北京：文物出版社，台北：众志美术出版社，2009.

[7] 广州市文物管理委员会，中国社会科学院考古研究所，广东省博物馆. 西汉南越王墓[M]. 北京：文物出版社，1991.

[8] 刘云辉，刘思哲. 汉宣帝杜陵陵区出土的玉杯和玉舞人[J]. 文物，2012（12）.

[9] 李零. 入山与出塞[M]. 北京：文物出版社，2004.

[10] 此玉翁仲曾在洛阳市博物馆举办的八大古都文物展上展出，现存杞县文管会.

[11] 徐州博物馆. 古彭遗珍徐州博物馆馆藏文物精选[M]. 北京：国家图书出版社，2011.

[14] 扬州博物馆，天长市博物馆. 汉广陵国玉器[M]. 北京：文物出版社，2003：图版124.

[15] 陶仲云. 蒲城县出土玉雕水牛[J]. 考古与文物，1981（4）；韩建武. 神韵与辉煌陕西历史博物馆国宝鉴赏（玉杂器卷）[M]. 西安：三秦出版社，2006.

[16] 徐州博物馆，南京大学历史系考古专业. 徐州北洞山西汉楚王墓[M]. 北京：文物出版社，2003.

[17] 西安市文物保护考古所.西安文物精华（玉器）[M].西安：世界图书出版西安公司，2004.

[18] 咸阳市文物局. 咸阳文物精华[M]. 北京：文物出版社，2002；刘云辉. 陕西出土汉代玉器[M]. 北京：文物出版社，台北：众志美术出版社，2009.

[19] 咸阳市文物局. 咸阳文物精华[M]. 北京：文物出版社，2002；刘云辉. 陕西出土汉代玉器[M]. 北京：文物出版社，台北：众志美术出版社，2009.

[20] 刘云辉. 陕西出土汉代玉器[M]. 北京：文物出版社，台北：众志美术出版社，2009.

[21] 西安市文物保护考古所.西安文物精华（玉器）[M].西安：世界图书出版西安公司，2004.

[23] 杜葆仁，夏振英，呼林贵. 东汉司徒刘崎及其家族墓的清理[J]. 考古与文物，1986；刘云辉. 陕西出土汉代玉器[M]. 北京：文物出版社，台北：众志美术出版社，2009.

[24] 周南泉. 故宫博物院藏文物珍品全集（玉器上）[M]. 北京：生活、读书、新知三联书店，1996.

[25] 咸阳市文物局. 咸阳文物精华[M]. 北京：文物出版社，2002；刘云辉. 陕西出土汉代玉器[M]. 北京：文物出版社，台北：众志美术出版社，2009.

[26] 咸阳市文物局. 咸阳文物精华[M]. 北京：文物出版社，2002；刘云辉. 陕西出土汉代玉器[M]. 北京：文物出版社，台北：众志美术出版社，2009.

[27] 韩建武. 神韵与辉煌陕西历史博物馆国宝鉴赏（玉杂器卷）[M]. 西安：三秦出版社，2006.

[28] 扬州博物馆，天长市博物馆. 汉广陵国玉器[M]. 北京：文物出版社，2003.

[29] 王红武. 宝鸡市金河砖厂汉墓[J]. 文物资料丛刊（4），1981；刘云辉. 陕西出土汉代玉器[M]. 北京：文物出版社，台北：众志美术出版社，2009.

[30] 王丕忠. 咸阳市新庄出土的玉奔马[J]. 文物，1979（3）.

[32] 卢兆荫. 玉振金声——玉器·金银器考古学研究[M]. 北京：科学出版社，2007.

王侯的威仪
——以汉代玉牌贝带为中心

李银德
中华炎黄文化研究会

摘要：汉代的人体带具无论是材质还是形制都丰富多样，其中王侯等高等级的带具主要使用黄金和玉质带头，并在皮、绢质腰带上缝缀饰物。以玉、玛瑙或琉璃为长方形的牌式带头，带上缀饰玉贝的腰带简称为玉牌贝带。出土的实物遗痕表明，玉牌式带头都有外框，背面多嵌垫木、铁板和绢等；墓葬中出土的玉贝基本都是缀带之贝，其排列方式有单排缀贝、双排缀贝或花式组合缀贝。玉牌贝带的性质为实用器，材质和题材纹饰在武帝初已由草原风格完成了汉化。玉牌贝带使用者的身份为诸侯王、列侯和刘氏宗室等。

关键词：汉代；王侯；玉牌贝带；玉牌式带头；玉贝

　　带钩即腰带之钩，其尊贵者当为金玉带钩。早在距今4500多年的良渚文化即已出现玉带钩，其时金属带钩尚未出现。商代和西周未见玉带钩，春秋时期玉带钩多有出土。战国时期玉带钩形制多样，如曲阜出土玉带钩、鎏金镶玉带钩，河南辉县出土包金嵌玉银钩、淮阳平粮台出土玉带钩等。

　　带钩研究成果引人瞩目，执牛耳者当为王仁湘先生[1]，总结带钩使用方法有单钩、双钩和环钩；周晓晶对玉带钩的分期也有专论[2]。战汉时期各种材质的牌式腰带头（扣）在史料中有不同的名称，尤以"贝带"常见，称为"师比""犀比"。贝带的带头不仅有金、银、铜、铁等材质，还有不少为玉质。黄展岳先生对两广的金属牌式带扣[3]、单月英[4]、潘玲[5]等对北方草原的金属牌式带扣，左骏对玉贝带[6]，褚馨对汉晋时期的金玉带扣[7]，笔者对黄金牌式带扣[8]都有过专文论述，其说甚详；邓淑苹先生从欧亚文化交流的视野全面论述了玉带的交流进程[9]。

　　本文指称的玉牌贝带是缀玉贝玉牌式腰带的简称，是两端有长方形玉牌式带头（扣）、带上缝缀玉贝的高级贵族使用的腰带，即除前端弧形的单牌式带头外，完整的一套有2件玉牌式带头。该名称既与环式带扣相区分，又有别于贝带的泛称。鉴于汉代美石即玉的观点，文中论及的玉也包括玛瑙、琉璃、石、骨等材质。珠玉在前，续貂在后，兹对玉牌贝带略作稽考。

一、玉牌贝带出土与收藏

截至2018年年底，考古发掘出土玉牌玉贝带地点共12处，墓葬14座，共出土玉牌玉贝带26套，其中6套仅剩1件；出土玉贝的墓葬5座。另有传世的玉牌5套6件。

（一）考古出土的玉牌贝带

1. 长沙陡壁山曹𡟰墓出土1套

1974年发掘的长沙岳麓山咸家湖陡壁山曹𡟰墓[10]棺内玉牌"出自内棺中部（似在死者腰部）左右放置。其中长方形单面透雕龙马玉珩二件，每件长8.8厘米，宽4.4厘米，厚0.3厘米"。玉贝12件，玉质洁白、两端有穿，长1.6厘米，宽1.1厘米，厚0.3厘米。这是一套基本完整的透雕云驼纹玉牌贝带。（图1：1）

2. 扬州邗江"妾莫书"汉墓出土1件

1977年江苏扬州邗江县"妾莫书"汉墓[11]出土嵌玉鎏金铜带板1件。带板铜外框呈长方形，表面饰四条游动的蟠龙，内嵌以黄玉透雕的抽象龙凤，在右下角补一小块白玉。（图1：2）龙凤的表面以浅阴线装饰，龙凤屈曲缠绕，充满灵动感。长8.6厘米，宽3.8厘米。玉贝9枚，白色，长1.6厘米。

3. 莱西县董家庄西汉墓M2出土1套

1980年山东莱西县董家庄西汉晚期墓男性墓[12]墓主人腰部有玉带饰（M2：37、38），在其下有石贝珠（M2：43-62）。根据墓葬平面图（图3），2件玉带饰之间有一定的距离，玉贝下滑不在一条直线上，概因缝缀线较细率先腐烂所致。该墓内还出土了14件琉璃璧，说明墓主身份较高。

4. 五莲张家仲崮汉墓出土2套

1982年山东五莲张家仲崮汉墓[13]M1出土带板2件，均为长方形白玉，透雕花纹，镶铜框一端有半环。（图1：3）标本M1：27长9厘米，宽4.2厘米，厚0.5厘米。M3也出土铜框玉带板1件，另一件推测已经被盗。M4出土"刘祖私印"铜印，刘祖为东昌趞侯刘成之曾孙，封为侯，后免去。显然M1和M3墓主应为刘祖夫人、孺子和良人之属。

5. 青岛市黄岛区田家窑M1出土2件

2000年青岛市黄岛区三台镇田家窑M1[14]出土铜框玛瑙带扣2件，形制基本相同，平面呈长方形，器表有织物包裹痕迹，外周青铜牌框锈绿斑驳，纹饰辨识不清。正面镶嵌玛瑙，阴刻透雕螭龙纹饰，背面有两个穿系铜钮。标本M1：1长10厘米，宽5.2厘米，厚0.35厘米。标本M1：2长10厘米，宽5.2厘米，厚0.5厘米。（图1：4）

6. 徐州东洞山楚王后墓出土2套

1982年江苏徐州东洞山楚王后墓[15]（M2）在开山采石中被破坏，出土不完整的玉牌贝带2套。

（1）铜框嵌玉带扣1套

铜框嵌玉带扣一对（M2：80），鎏金铜方框内嵌长方形玉板，青玉，素面，光洁温润。其中1件铜框背面内凹处有朽木痕，一端有鼻形钮，相垂直的背面有竖长方钮，以此固定皮革或丝质腰带。（图1：5）长7厘米，宽3.2厘米。另一件较残，只有局部边框和嵌玉。

（2）透雕凤纹玉带扣1件

透雕凤纹玉带扣（M2：48），略残。白玉质，一面抛光，温润晶莹。透雕变形之凤，以流畅的阴线刻出细部纹饰。局部有铜锈痕，当为铜框玉带板的玉嵌饰。（图1：6）长6厘米，宽2.4厘米，

图1 玉牌式腰带扣
1. 长沙曹嬛墓出土；2. 扬州邗江县"妾莫书"汉墓出土；3. 五莲张家仲崮M1出土；4. 青岛黄岛区田家窑M1出土；5、6. 徐州东洞山楚王后墓出土；7. 徐州汉墓出土

7. 徐州汉墓出土玉牌带扣1件

徐州汉墓早年出土镶玉鎏金铜牌带扣[16]1件（图1：7），其出土地点已失载。嵌玉雕刻一长喙回首凤鸟，上、下和右侧有边框，右端三角与铜框右上部三角形相接。鎏金铜外框长9厘米，宽4.3厘米，厚0.5厘米。背有2方銎。

8. 大云山江都王墓出土2套

2009年—2012年江苏盱眙大云山江都王刘非墓[17]（M1）前室出土叠压的两套鎏金镶玉牌缀白玉或玛瑙贝带。虽然前室盗扰严重，但两组贝带基本上没有残失，其皮或丝质带体已朽，却保留了清晰的衬托痕迹。

（1）鎏金镶玉玉贝带

鎏金铜框镶玉玉贝带（M1K1⑥：355）由2件鎏金镶白玉牌式带头、57件白玉贝、1件白玉扣舌组成。（图2：1）

2件玉牌虽然形制、大小均一致，但是其中镶嵌的透雕玉云龙左右相向。长方形铜鎏金外框通体浮雕镂空的左右、上下对称分布的侧视龙与凤；上框两龙对视，下框两凤相背，侧框则是下凤咬住上龙的尾部。发现时镂空框的背面有表面贴金箔的固定木条，边框背面正中出2个方形銎，右置的鎏金铜外框伸出一半环形扣。透雕龙纹玉片镶嵌在方框的正中，龙昂首、叉尾、透迤蟠曲，其上阴刻的线条简洁流畅，显示出龙在云气中翻腾的优雅与飘逸；背面光素，仍保留着平行的锯切割痕。长7厘米，宽4.2厘米，厚0.8厘米。

贝以白玉琢制，两端宽窄不一。凸鼓的正面模仿贝壳腹部卷沟与细齿，中间有一道凹槽，沿凹槽对称琢"八"字阴刻线。凹槽两端有钻孔，以细金丝穿孔后再连缀在皮或丝带上。长1.8厘米，宽1.5厘米，厚0.25厘米。

针状扣舌扁圆棒形，中部略束腰，前端尖耸、后端圆钝，在近尾部处钻有横向的穿孔。长4.2厘米，宽0.5厘米，厚0.5厘米。

（2）鎏金镶玉玛瑙贝带

鎏金铜框镶玉玛瑙贝带（M1K1⑥：354）由2件鎏金镶白玉牌式带头、44件红色玛瑙贝组成。（图2：2）镶玉牌的鎏金铜框四边均雕镂龙纹。长9.6厘米，宽4.5厘米，厚0.9厘米。玛瑙贝深红色，应仿自天然紫齿贝，部分孔中留有较细的穿缀金丝。长2.2厘米，宽1.7厘米，厚0.4厘米。玛瑙贝带没有发现针状扣舌，推测已被盗取，很可能也是用红色玛瑙琢制的。

9. 海昏侯刘贺墓出土1件

2011年江西南昌发现的海昏侯刘贺墓[18]，是为数极少没有被盗掘的列侯墓，出土400多件（套）、约40种器形的玉器。其中西藏樟娱乐用具库出土玉牌带板1件（M1：1-1-5），左外侧下部已残，质地为灰色蛇纹石化大理岩。画面为两兽撕咬野猪，简报称为"双狼猎猪纹石嵌饰"。（图2：3）长5.38厘米，宽3.7厘米，厚0.61厘米。我们认为也可以看作广义的嵌饰，但具体则应是嵌于框内的玉牌饰，是玉贝带的带头。娱乐用器库与文书档案库之间的漆箱内有玛瑙贝形饰25枚，毫无疑问是贝带上的缀贝。

10. 广州南越王墓出土11套

1983年广州南越王墓[19]出土16副腰带牌饰，其中铜鎏金牌饰5副、琉璃牌贝带11副22件。分别为西耳室出土琉璃牌饰7副14件（图2：4）；主棺室出土的琉璃牌饰6件，即D71、D72（2）、D73

(2)、D164、E110、E150与另一副鎏金龟龙纹铜牌式（D73-1、D165）同出于玉衣两侧的铁剑上；东侧室"部夫人"棺位出土一副2件。(E110、E150)

同出于棺室玉衣两侧的铁剑上的4件琉璃带扣，其中保存较好的1副（D71、D164），鎏金铜框周边铸出凸起的穗状纹，牌中嵌长方形浅蓝色的平板琉璃。D164在琉璃的一端钻一长方圆角的穿孔，D71则没有钻孔。D71背面均贴一块横长方形的铁板作背盖板，板上铸出2个半环钮。长10厘米，宽5厘米，高0.8厘米。玉衣两侧同出琉璃贝70件（D43），贝浅蓝色。器形大小不完全相同，长1.4～1.5厘米，宽0.9～1.1厘米。贝正面当中有纵向窄宽不一的凹沟，沟两侧密排齿状线纹，沟两端钻有两个小孔。

11. 同心县倒墩子汉墓出土2套

1983年和1985年发掘的宁夏同心县倒墩子汉墓[20]群中，女性墓主的M13出土一对石牌（M13：18、10），系以黑石精磨而成标本。(图2：5) 标本M13：10长10.9厘米，宽7～6.7厘米，厚0.7厘米。两端各有一小孔，径0.4厘米。标本M13：18长11.7厘米，宽6.7～6.9厘米，厚0.7厘米。一端有圆角长方形孔，孔长1.7厘米，宽0.5厘米；其外侧又有一小孔，内穿铜丝。另一端有两个并列的小孔，孔间有一条形刻槽，周围有半月形阴线纹。墓群中共出土海贝85枚，"以M10为例，死者股骨之间及两侧各有三枚呈梅花状排列的海贝，盆骨下方发现的三十九枚海贝则整齐地排成两行……类似的现象在M13中也有发现"。

M7出土骨制长方形牌饰（M7：5）1件。呈圆角长方形，断面呈弧形。一端有并列的2小孔，孔径0.35厘米；另一端有一月牙形透孔，长2.2厘米，其旁又有一小孔，径0.45厘米。牌长6.8厘米，厚0.35厘米。墓内出土11枚海贝。报告推测男性墓主为降汉的匈奴人，年代为西汉中晚期。

12. 洛阳东关夹马营路东汉墓出土1件

1983年河南洛阳东关夹马营路东汉晚期墓葬[21]（M15）出土一件玉带扣，玉色白中泛青，玉质温润。造型近似梯形，一端圆弧边内有弯月形穿孔，穿孔一侧中部有圆形小凹窝，另一侧有针形槽，当为嵌置活动扣舌所设；另一端平直。正面下部雕饰高浮雕大小双龙，有对穿孔，扣孔背面有两个较大的相向斜孔，应为固定扣舌设置。(图2：6) 带扣背面边沿一周还有9对较小的相向斜孔，应为固定皮带所设。长8.5厘米，宽4.2～5.6厘米。这种玉质带头东汉被称为"玉壶革带"。《后汉书·杨震传》："诏赐御府衣一袭，自所服冠帻绶，玉壶革带，金错钩佩。"

（二）传世的玉牌带扣

1. 大英博物馆2件陈列品

英国大英博物馆陈列的1件鎏金铜框镶玉牌式带头[22]（图4：1），是大英博物馆向Gemini Trust借展的，年代定为公元前2世纪—前1世纪。灰绿色玉，鎏金铜框，长7.2厘米，宽4.5厘米。鎏金铜外框的右上角和左下角各有一浮雕螭虎咬住内框，嵌玉的纹饰为局部透雕的猛虎。虎回首，颈、臀和尾部有撮毛。纹饰题材虽非常见的撕咬场面，但仍表现出强烈的张力和动感。

大英博物馆陈列的另一件玉牌（收藏编号1950.11-16.1），长7.9厘米。年代被定为公元前3世纪—前4世纪。玉牌左上角已残，四周有三条平行的直棱边框，右侧浅浮雕猛兽噬咬左侧鹰的右前腿，鹰喙置于兽头之上。(图4：2)

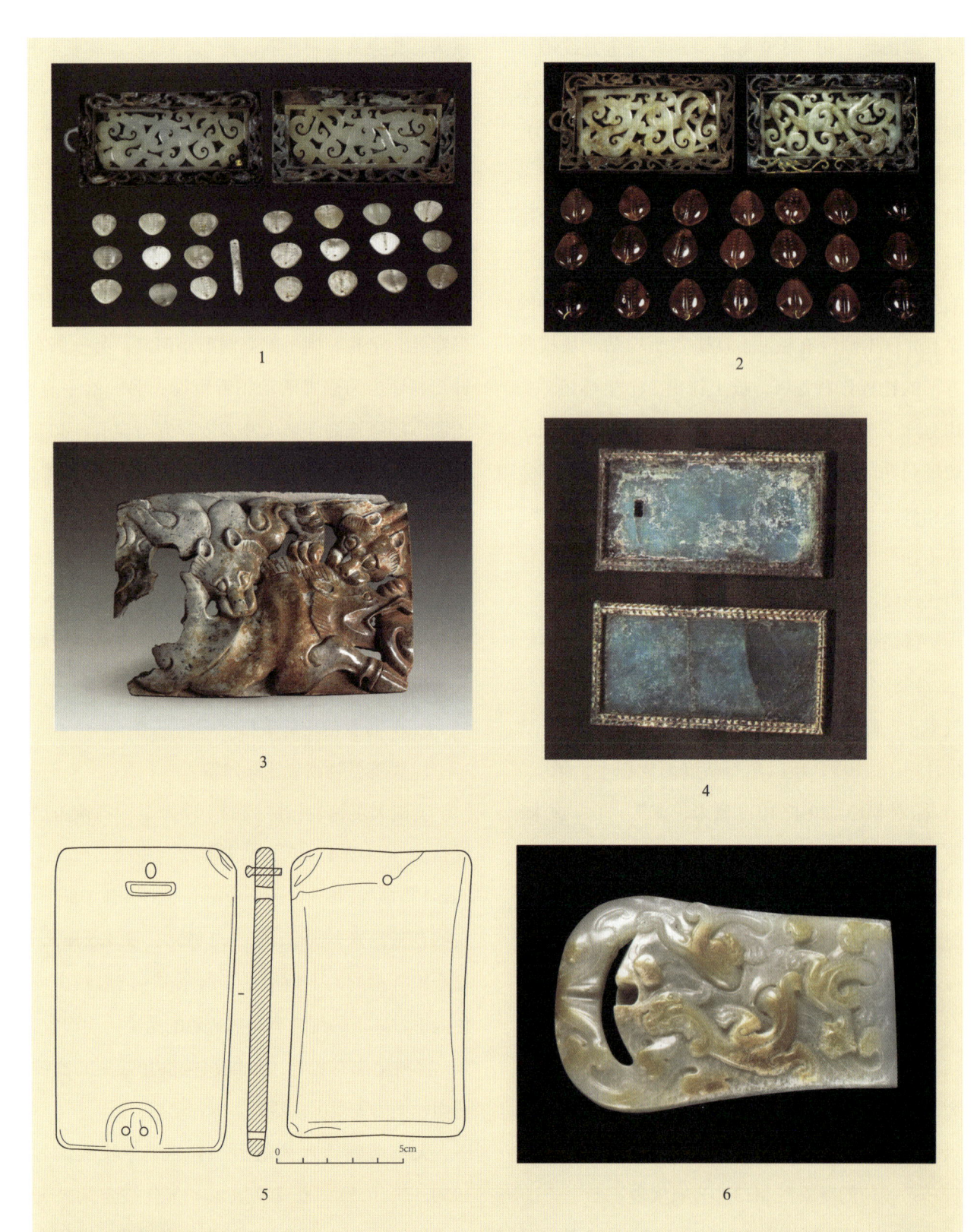

图2　玉牌式腰带扣

1、2. 盱眙大云山江都王墓出土；3. 南昌海昏侯刘贺墓出土；4. 广州南越王墓出土琉璃带扣（C177）；5. 宁夏同心县倒墩子M13出土；6. 洛阳东关夹马营路东汉晚期墓出土

2. 台北"故宫博物院"藏1件

台北"故宫博物院"收藏的1件传世品[23]，形制与洛阳东关夹马营路东汉墓所出略同，但纹饰繁缛复杂，浮雕龙、螭、雀、龟等多种祥瑞动物，昂首穿行于翻腾的巨浪之中。（图4：3）

3. 台北震旦艺术博物馆藏1件

台北震旦艺术博物馆收藏的1件传世品[24]，形制也与洛阳所出近同。左侧有长弧线镂空及与之垂直的横槽，背后沿边缘有多个穿孔。主题纹饰为龙穿行于层叠的云气之中，右上角有一出露

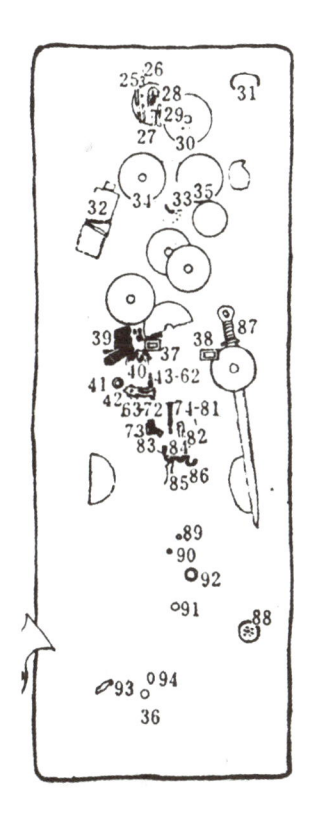

图3 莱西县董家庄西汉墓M2出土玉牌带扣位置平面图（编号37、38）

图4 传世玉带扣
1.大英博物馆藏；2.大英博物馆藏；3.台北"故宫博物院"藏玉带扣（线图）；4.台北震旦艺术博物馆藏；5.台湾"蓝田山房"藏（正面）；6.台湾"蓝田山房"藏（背面）

较少、若隐若现的龙首。（图 4：4）长 7.4 厘米，宽 4.8 厘米，厚 0.4 厘米。

4. 台湾"蓝田山房"藏 1 套

台湾"蓝田山房"收藏 1 套 2 件玉牌式带头[25]，年代定为西汉晚期。青黄色玉，表面有白色与黄褐色沁斑。玉牌带头长方形，四周有边框，正面浮雕二兽噬野猪纹饰。野猪身上鬃毛倒竖，后腿翻转，作垂死挣扎状；凶猛的二兽与徐州狮子山楚王墓出土黄金牌式带头上的二兽相似。二件玉牌带头背面各有二桥形钮，其中一件左端钻有一小孔，长 8.5 厘米，宽 4.5 厘米，厚 1.2～1.25 厘米。（图 4：5、6）

（三）考古发掘出土的玉贝

考古发掘资料中，有些等级较高的汉墓由于受到严重盗掘，没有出土玉牌带扣，但出土了玉或玛瑙质的贝。根据上述考古发现玉贝都是玉牌贝带上的缀贝现象，推测应为贝带的缀贝。当然个别墓如 1981 年发掘的安徽芜湖市贺家园西汉墓 M1[26] 保存基本完整，出土水晶饰 1 件（M1：49），实即水晶贝，长 3.5 厘米，宽 1.5 厘米。墓内只出 1 件而且尺寸较大，当非缀带之贝。出土玉贝的高等级汉墓有：

1. 永城保安山三号墓出土的玛瑙贝

1971 年清理的河南永城保安山三号墓因盗扰部分遗物已流失，出土金缕玉衣、玉棺残片等。墓内还出土贝[27]一枚（BM3：683），由紫红色玛瑙雕琢而成，上下端有小孔。长 1.9 厘米，宽 1.3 厘米。墓主为梁孝王刘武的夫人之属。

2. 永城僖山汉墓出土墨玉贝

1986 年河南永城僖山汉墓[28]出土墨玉贝、金缕玉衣、玉戈、玉钺、玉圭等，墓主为某代梁王或王后。

3. 黄土山 M2 出土玉、玛瑙贝

1999 年河南永城黄土山 M2[29] 主室内出土玉贝 6 件（M2：329-334），青白玉质，大小基本相同，长 1.6 厘米；出土玛瑙贝 8 枚，标本（M2：417-424）以黑玛瑙琢成，长 1.5 厘米，宽 1 厘米，厚 0.2 厘米。根据大云山江都王墓出土玉和玛瑙贝带的情况，推测也分别是两条玉牌贝带上的缀贝。

4. 定县 43 号东汉墓出土的玉贝

1973 年发掘的河北定县 43 号东汉墓[30]出土水晶、玛瑙、贝、料串饰 290 余枚，墓内还出土银缕、铜缕玉衣各 1 件和 1 件玉棺的遗存，墓主为中山王刘畅夫妇，薨于熹平三年（174 年）。

5. 昌乐东圈汉墓 M3 出土的玛瑙贝

1987 年山东昌乐县东圈汉墓 M3[31] 中"存留的玛瑙器，有圆扣形镶嵌件和贝币，这种玛瑙贝，精工制作"，应是腰带缀贝的遗存。M3 东耳室发现玉衣片、镶棺玉板，墓主当为菑川王或王后之属。

二、玉牌贝带的几个问题

使用玉牌缀玉贝带的墓主身份等级都较高，发现数量虽然也较多，但是由于在考古发掘中未受盗扰的完整者较为少见，个别完整的又由于发现较早，当时缺乏认识未清理出细节。随着考古资料的积累，我们对一些问题有了新的认识。

（一）玉牌式带头都应有外框

考古发现的玉牌式带头，除本身雕有外框和一端弧形的单玉牌式带头外，基本都有鎏金铜框。目前雕有外框的玉牌式带头仅见于大英博物馆所藏的 1 件和台湾"蓝田山房"所藏的 1 套，这种带头一般都比较厚，迄今尚未见发掘出土品。不带框的有长沙王后曹嬛墓1套、刘贺墓1件。曹嬛墓2件玉牌式带扣分别在左右侧边框的外缘有圆孔，显然是特意为某种使用功能而制作的。但是如果不与外框组合，圆孔则毫无功用。刘贺墓玉牌式带头左侧兽颈与身之间有一规整的圆孔，应为穿扣舌之用。这两处玉牌式带头背面都没有与皮带连接的方钮或半环钮，因此其本身不具备实用功能。虽然玉的强度没有问题，但是玉材性脆，太薄易碎，太厚则失之于笨重。只有与外框配合可达到金玉交辉、实用与美观的完美结合。有鉴于此我们认为曹嬛、刘贺墓出土的玉牌式带头使用时都应有铜（鎏金）或其他材质的外框。

这种外框不仅仅有固定玉牌的作用，还具备连接腰带的功能性需求。一般在外框的一侧或背面铸有半环形钮或扁方形钮，钮的数量不同于金属牌的4钮，一般只有1～3钮。徐州东洞山楚王后墓玉牌带头就是在铜框背面有方孔钮、侧面有半环钮；（图5：1）南越王墓西耳室出土的1对（C178）除在外框的一侧出一扁方形钮外，背板上还有2个方钮。（图5：2）

（二）玉牌贝带背面的结构复杂多样

即使我们了解鎏金外框镶玉的带头与腰带联结是通过背或侧面突起的钮来实现的，但实际联结情况仍较复杂多样，其背面结构有如下几种情况。

1. 贴带和穿带

在玉牌的底部一般还衬垫长方形织物垫片，如南越王墓主室内琉璃牌（D73-2）的背盖板上平贴着一条多层的平纹绢带（图5：3），背盖板上的两半环钮中穿一条丝带，宽约0.8厘米。显然琉璃带头是以丝带与腰带联结的。

2. 背面垫木条

徐州东洞山楚王后墓出土的鎏金铜框嵌玉牌背面凹槽内仍留有朽木痕。南越王墓主室D71带头的盖板上贴丝绢一层，半环钮内有栓木朽余；（图5：4）东侧室出土2对铜牌背面的环钮间有木条横贯其中，底有丝绢衬托；墓道出土2对、主墓室出土1对铜牌的背面纽孔内也横贯一段木栓。

3. 贴铁板和织物

南越王墓主室内琉璃牌（D72-1、D73-3）靠平板琉璃的一面原来有丝麻织物作垫底，贴铁板面垫一层麻织物，上面还有假纱罗织物（方孔平纹组织）。

4. 衬布和嵌木板盖铁板

南越王墓西耳室出土玻璃牌的平板玻璃底部衬麻布1块，再嵌薄木板1片，其上再覆一块铁盖板（图5：5），盖板当中有半环钮1对。这种背面衬垫（背）板的情况在后世蹀躞带上非常普遍[32]。

（三）扣舌的使用方法

玉牌带头一般应附有系结时起牵引作用的扣舌，但扣舌的出土数量远少于玉牌带头。针状的玉扣舌前端钝尖，后有圆孔，左骏已指出其引导束绳穿过带头的环孔便于打结，抑或是在前部横置固定，达到束腰的目的，其说甚是。笔者实验宛朐侯墓出土黄金牌式带头[33]的扣舌，还发现竖置可以穿过略呈水滴形的扣孔，平置则无法通过。由此推测此扣舌自A牌背面到B牌背面再穿到B牌的正面，可能调转扣舌方向即可，毋须横置。当然这是基于使用者根据腰围，调节好腰带的松紧和扣舌绳带的长度，再利用人体腹肌的弹性设计的。至于没有扣舌而在一侧有带孔的牌式带头，孙机先生复原使用窄带系结绕回来再系结，也可达到束腰的目的[34]。徐州北洞山西汉楚王墓出土彩绘陶俑的腰带有非常形象的结系带头图像。（图5：6）

图5 带扣外框与系结方式
1. 徐州东洞山楚王后墓出土；2. 南越王墓西耳室出土（C178）；3. 南越王墓主室出土（D73-2）；4. 南越王墓主室出土（D71）；5. 南越王墓西耳室出土（C178）；6. 北洞山楚王墓出土彩绘陶俑牌式带扣的系结方式

(四)玉贝的排列与纹样

海贝的使用历史久远,以玉制作的海贝商代晚期即已出现,如金沙遗址中的白色玉海贝(L14:61)、商周之际的褐色玉贝(C:3)、西周中期的红色玉海贝(ⅣVT8301⑦:2)等[35]。《淮南子·主术训》记载"赵武灵王贝带而朝",其贝带缀贝的材质不详。汉代玉贝制作和使用臻至高峰,乃是王侯贵族使用玉贝带推动所致。《汉书·佞幸传》中有:"故孝惠时,郎侍中皆冠鵔鸃、贝带、傅脂粉,化闳、籍之属也。"师古曰:"以鵔鸃毛羽饰冠,海贝饰带。"当时这种腰带即称之为"贝带"。考古发现中,西汉早期高级贵族以天然的海贝装饰腰带,以黄金为带头。《汉书·匈奴传》记载汉文帝赐匈奴"黄金饬贝带",应与徐州狮子山楚王墓出土的2套黄金牌式带头缀贝腰带基本相同。但毕竟天然贝牢固度欠佳,在使用过程中高级贵族逐渐不满足于天然海贝,于是玉贝、玛瑙贝、琉璃贝应时而生。当然也有饰白珠者,《后汉书·舆服志下》"自公主封君以上皆带绶,以采组为绲带,各如其绶色。黄金辟邪,首为带镯,饰以白珠"。

玉贝怎样镶缀在腰带上?过去对考古发掘出土散乱玉贝进行的复原排列舛误甚多。如徐州狮子山楚王墓西耳室(W1)出土金带头缀贝腰带通长约97厘米,宽6厘米,复原误作三排贝排列[36];广州南越王墓的琉璃贝报告误作"珠襦"的一部分,后则被复原为多组花瓣形排列[37];长沙咸家湖曹㜑墓出土玉贝最初误作佩戴的玉饰[38],后复原玉贝排列成柿蒂形[39]。这些舛误的原因是墓葬遭受盗扰和器物相互叠压关系复杂造成的。鉴于玉贝带出土资料的局限,可以结合黄金、鎏金铜牌式带头缀贝腰带进行考察。根据我们对照考古资料的考察和梳理,其排列大致有单排、双排和以单贝为中心组合成花纹的三种不同情况。

1. 单排缀贝

单排缀贝即在腰带上横或竖置玉贝,并进行连续或间隔式排列。如莱西县董家庄汉墓,从简报平面图编号中可以看出有10件玉贝,根据腰带长度大致在90～110厘米之间推测,毫无疑问为单贝排列方式。宁夏同心倒墩子M7出土11枚海贝,徐州天齐山西汉刘犯墓[40]虽受扰乱,但随葬品几无缺失,出土海贝数量不多,也应为单贝排列。

实际上这种单贝排列我们还可以从图像上得到更为直观的认识。徐州北洞山西汉楚王墓墓道壁龛出土了大量彩绘陶俑[41],西二龛2件彩绘陶俑使用了贝带。其中WK2:20彩俑腰带也形象、直观地展示了单排缀贝的情况。饰网格纹的黑色带头、红色皮带上缀横排白玉贝,共镶缀8颗白玉贝。白玉贝以墨线勾划贝中部的凹沟,省略了凹沟两侧齿状纹和沟两端的穿孔。(图6:1)此外徐州北洞山汉墓出土玉熊、狮子山汉墓出土玉豹(图6:2)、河南南阳东汉墓出土的陶狗等,颈项也都有类似的缀贝束带,其缀贝的方法也是单贝排列。这些图像足以说明汉代贝带较多使用的是单排横置缀贝的装饰方法。

2. 双排缀贝

盱眙大云山江都王刘非墓内出土一套铜鎏金镶透雕玉龙缀玉贝带[42];另一套件有44件红玛瑙贝,可能即司马相如《子虚赋》中"罔玳瑁,钩紫贝"。二套的贝孔中都有金丝残留,表明贝是以金丝缀于腰带上的。从现场出土情况观察应为玉贝尖端相对、上下竖排缀联在腰带上。(图6:3)

刘非陪葬墓（M9）中出土1件金扣腰带，带上缀饰有三种不同形制的金泡饰38件、琉璃珠饰6件，缀饰金泡、玻璃珠总数也是44件，可以互为参照[43]，应当也是缀双排的贝和珠。

陕西咸阳西汉阳陵20号从葬坑所出武士俑战袍的腰带上，有横置两排很小的海贝保留着缀贝的原貌[44]（图6：4），横置两排海贝与大云山竖置两排玉贝的排列不同。重庆秀峰村墓地M3[45]出土的贝带（M3：12）置于一圆形漆盒内，通长约112厘米，两端安装鎏金铜长方形腰带头。腰带以丝绸制成，上面缀饰两排海贝共66枚。

3. 花形组合

长沙曹㜷墓中12件的玉贝过去一直复原为花形组合[46]，最新的研究作单贝排列其说近似[47]。需要补充的是玉牌带头宽4.4厘米，玉贝高1.6厘米，如果排列为花形，腰带至少要达到4个海贝即约6.4厘米的高度，即使将应有的外框计算在内，也远超过皮带应有的宽度。此外该墓被盗严重，玉贝当已缺失，仍不排除双排缀贝的可能。

南越王玉衣上的贝带附近还有金花泡32枚，泡体呈半球形，泡的背面底口稍下处有横梁供连缀，直径1.1厘米，高0.5厘米；此外有素金泡13枚、鎏金铜泡14枚、银泡49枚，"从出土位置仍可大体看出组成3条纹带"。细审南越王贝带的带扣宽4.4～5厘米，琉璃贝高1.4～1.5厘米。如果上下由3个金花泡、2个琉璃贝构成图案，计算其实际高度也将高于6厘米，这还未计算其间必须保持的间隙。因此，过去复原的花形组合仍可以进一步讨论。

但是这并不表示花形组合的不存在，图像资料和缀天然贝的带饰都可参证。徐州北洞山彩绘"郎中"陶俑（WK2：1）腰束红带，腰带正中有一对带扣，带身缀白玉贝及白珠。具体为全带横缀9个玉贝，每贝四角外有4珠、两贝间有2圆珠，圆珠间上下有紫色叶尖形饰，上下叶尖穿过二珠之间。（图6：5、6）这表明似乎花形组合并非都以多个玉贝间以珠泡为单元，更可能或至少也有以单个玉贝为中心、四周饰以珠泡为单元，连续重复构图而成。

宁夏同心倒墩子M10在"两侧各有三枚呈梅花状排列的海贝，盆骨下方发现的三十九枚海贝则整齐的排成两行"。这是另一种花形组合，即贝带只有2朵三瓣贝花，其余部位都缀饰双排贝。从两侧滑落的花朵情况分析，三瓣贝组成的花朵高度可以不超过带宽。2朵缀贝花饰在佩腰带时都会出现于人体的腹部，虽然两肋和后腰部分简为缀饰双排贝，但这2朵花饰出现在人体的正面也几乎起到全带缀花的效果。这大大拓展了我们在过去的复原中，整个腰带都必须全部缀花形组合的思维定式。

缀饰玉贝的组合，无论是双排或更多排玉贝，还是以贝为中心组合成花形图案，应该遵行的原则应是总高度不超过甚至低于带头的宽度。出土实物和图像资料表明以单排和双排缀贝更为常见，甚至我们从罗斯托夫地区诺维依70号库尔干出土、公元前1世纪至公元1世纪的皮质缀贝腰带上[48]看到的也是二排缀贝。（图6：7）即使实际上皮带的宽度可以较带头稍宽一点，在缝缀玉贝等饰物时也可忽略不计。因为人体的活动如俯仰蹲跳等等，饰贝紧贴腰带边缘不断摩擦容易脱落，在舒适度上也会有局限甚至有可能硌疼肌肉。因此我们认为玉牌贝带的缀贝、珠和金泡等饰物的复原高度不应超过玉牌带头的宽度，这与现代人

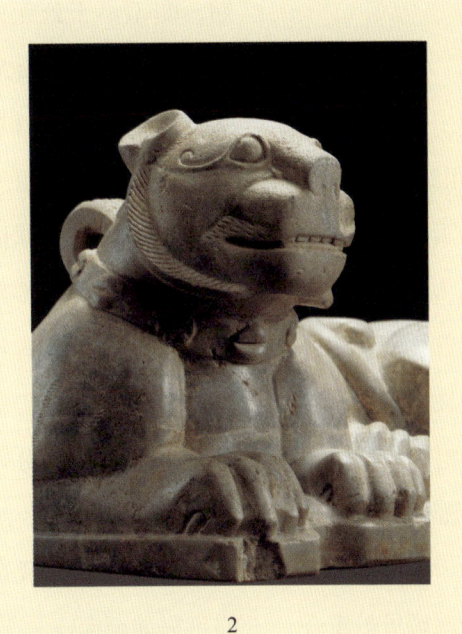

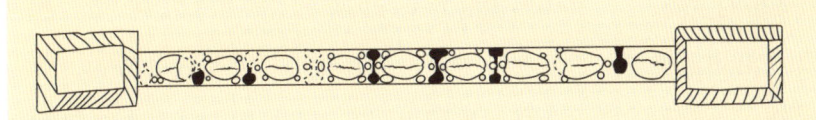

图6 缀贝的排列方式

1. 徐州北洞山楚王墓彩绘陶俑的横缀单排贝；2. 徐州狮子山楚王墓玉豹项带的横缀单排贝；3. 大云山江都王刘非墓的竖缀双排贝；4. 咸阳阳陵20号从葬坑武士俑腰带上的横缀双排海贝；5. 北洞山楚王墓彩绘"郎中"陶俑缀贝、珠和花叶组合；6. "郎中"陶俑缀珠贝和花叶腰带展开图；7. 罗斯托夫地区诺维依70号库尔干出土的缀贝腰带复原图

使用的腰带也是一致的。

（五）性质、年代和身份

汉代墓葬内的带钩，有很多并不出土在死者腰间，王仁湘先生言之甚详。汉代贵族用深衣和胫衣，人死后非必束带，多置于墓主近旁。玉牌贝带也是如此，目前所见仅莱西县董家庄汉墓 M2 出于死者腰部。其他如狮子山楚王墓出土于墓道耳室；南越王墓出土于玉衣上及西耳室，出土的玻璃带头以厚叠的细麻纤维或丝绵两两相对，再逐对以丝绢包裹放入竹笥随葬。主棺室所出每对或件都用丝织物裹缠，表明是随葬而非直接束腰的。大云山江都王墓出土于前室，玉贝带发现时与另一套玛瑙贝带重合叠压在一起；刘贺墓出土于西藏椁的娱乐库中。而非玉质带头的腰带出土于腰部则较多，如大云山陪葬墓 M9 的金带板[49]、徐州宛朐侯金带头等都出于腰部，说明是束腰入葬的。

根据史料记载和出土位置等，玉牌贝带性质为实用器，而并非殓葬玉器。其年代最早出现于西汉早期后段（公元前 140 年—前 118 年），即在武帝元狩五年之前，玉牌带扣无论是材质还是题材都完成了汉化的过程，即材质从黄金转化为玉或铜框嵌玉，题材从草原猛兽噬偶蹄类动物转化为中原的龙、凤和龟等，并且成为高等级腰带的主流。从西汉晚期开始出现单件玉牌式带扣并沿用至整个东汉时期，但与此相对应的似乎是镶宝石的黄金龙纹带扣，即"黄金辟邪，首为带镣"乃是主流。

必须指出的是，大英博物馆所藏的玉牌带头的年代被认为是公元前 3 世纪—前 4 世纪；借展的鎏金铜框镶玉牌带头的年代被认为是公元前 2 世纪—前 1 世纪。根据上文所揭的考古出土资料，后者的年代大体恰当，无疑不会早于西汉武帝时期，即不早于公元前 140 年。至于前者，我们知道战国和西汉时期无论是匈奴还是其他草原民族，盛行的都是金属材质的带扣，上层贵族喜用黄金材质，而没有使用玉材的传统，这也正是文帝赐匈奴黄金贝带的原因。西周至西汉景帝时期，中土王朝高等级的腰带都使用黄金装饰，并未出现玉牌贝带，因此其年代定为公元前 3 世纪—前 4 世纪显然偏早，其年代以西汉早期为宜。如前所述台湾"蓝田山房"的一套玉牌带头，雕刻的纹饰与徐州狮子山西汉早期楚王墓所出相同，而草原风格的纹饰在武帝时期已经汉化，因此其年代似可提前至西汉早期后段至西汉中期前段。

迄今发现使用玉牌缀玉贝带的墓主身份基本都是诸侯王和王后、夫人，列侯和夫人，刘氏宗室等等。

三、钩环相佩与板式玉带

（一）钩环相佩

王仁湘先生单独分类的环钩法是在皮带一端装上玉环或铜环，然后将带钩的钩首挂在环上，这种环钩相配的情况在战国即多有发现。河南汲县山彪镇的 6 号战国墓即发现铜钩玉环[50]，邯郸百家村 3 号墓一人骨腰部横置两枚长带钩，同出一玉环。安阳大司空 131 号战国墓墓主腹部附近铜带钩压在一玉环上[51]。湖北江陵望山 2 号楚墓遣策第 2 简文为："一缂带……一玉钩，一环。"则是对环钩法的最好注解。

汉代玉环钩使用较多。山西孝义张家庄 14 号汉墓人骨腰部玉带钩与玉环同出，可能也是配合使用的[52]。广西合浦黄泥岗新莽时期墓葬出土玉钩环一套（图7：1），雁形钩与蟠龙环出土时仍勾挂在一起[53]。《淮南子·说林训》载："座之满堂，视钩各异，于环带一也。"过去人们往往多只关注"视钩各异"，而忽略"环带一也"，尤其是忽略了环。其实这句话不仅是说带钩造型奇极工巧、千型万式，也是说相比带钩的丰富多彩，环和带则都较为单一、形制变化不大。之所以忽视"环带一也"，当然是汉代发掘出土的实物较少，限制了我们的想象力。只是我们也忽视了中山国战国时期"成公"墓西库随葬器物中的银首铜人俑（灯）（M6：113）上就有这样的图像。发掘报告对腰部带钩详细情况未作描述，从线绘图上可以看出带钩钩挂物近于半圆[54]，但我们将实物放大后，很清晰地看到是钩环相配。（图7：2）实际上西汉时期江淮之间常出一种衔尾有鳞的玉龙，但是一直用途不明。2006年安徽庐江县城北郊圣山西汉临湖尉墓墓主腰部出土的一件铁带钩、一件嵌于环内的衔尾有鳞玉龙（图7：3），表明这是类似于合浦黄泥岗的钩环[55]，区别是铁钩而非玉钩。衔尾有鳞的玉龙安徽潜山县彭岭汉墓群、江苏仪征刘集镇联营4号汉墓都有出土，巢湖放王岗汉墓棺内也出土1件衔尾有鳞玉龙（图7：4）和1件玉带钩，都是典型的玉钩环相配。由临湖尉墓出土的钩环相配，我们还可解读河北定县40号墓[56]、安徽天长三角圩汉墓出土的龙形玉环[57]都可能是腰带上的环。（图7：5）甚至传金村出土、现藏于美国芝加哥艺术博物馆的错金银铜龙内嵌玉龙的环[58]，用途也是腰带上钩环相配的环。（图7：6）至于1951年南京邓府山M3出土的东汉螭虎立凤玉环（图7：7），左骏最近已指出，"此类螭虎环佩实际上具有类似带钩环的实用功能"[59]。

（二）板式玉带

2012年发掘的山东淄博市临淄区范家村墓地中[60]，战国晚期至西汉早期的M270是一座小型竖穴土坑墓，但是出土了玉覆面、玉腰带、玉鞋底、玉璧、玉环、玉璜、玉佩和串饰等。腰带（M270：7）上的缀玉均为板片状，由7件长方形、8件方形共15件玉板片组成。（图7：8）其中标本M270：7-1长方形四边均有两个凹形缺口，长7.6厘米，宽6.1厘米；标本M270：7-8正方形，中间有一圆孔，边长5.7厘米。

这件缀玉腰带即使根据15片玉板片宽度计算，长度也达100厘米，如果考虑玉片间的间隔，玉腰带的长度应达110厘米左右。玉片的四角都有钻孔，未见金属丝痕，可见应使用丝麻类线缝缀于腰带上。这件腰带也未见带头，根据出土现场长方形大片在人骨的上部，应排列在腰带的两端，使用时处于人体的腹部；带孔的方形小片在人骨的下部，应缝缀于腰带的中部，使用时处于人体的后腰。这件缀玉板腰带颇具后世玉带的雏形，值得重视。不过目前尚属孤例，还有待今后更多的考古新发现。

四、余论

由于考古新资料的不断发现，为我们了解玉牌式带头缀玉贝带的形制、结构提供了翔实的资料，丰富了钩环相佩的实物例证，初步掌握了缀玉板腰带出现的年代和基本形制。

考古发掘出土的实物表明，自西周晚期开始，高级贵族一般使用黄金带具，不使用缀玉腰带。玉牌式带扣缀玉贝的腰带创始于西汉，成为彰显

图 7 钩环相佩与缀玉板腰带

1. 合浦黄泥岗出土玉钩环；2. 中山国银首铜人俑（灯）腰带上的钩环相配；3. 庐江临湖尉墓出土铁带钩、衔尾环形玉龙（线图）；4. 巢湖放王岗汉墓出土的环形衔尾玉龙（线图）；5. 三角圩 M1 出土环形衔尾玉龙；6. 美国芝加哥艺术博物馆藏；7. 邓府山 M3 出土的螭虎立凤玉环；8. 淄博市临淄区范家村 M270 出土的缀玉板腰带

王侯威仪的重要表征、舆服制度不可或缺的内容。邓淑苹先生从文献、图像和实物史料综合考察，指出中国玉带制度始于北朝时期[61]，我们理解为指北周隋唐时具有严格等级意义的蹀躞玉带。玉牌式带头缀玉贝的腰带脱胎于战国北方游牧民族的带具，蹀躞玉带并非直接传承自汉代的玉牌贝带，而是西亚、中亚与北亚腰带传统的融合，传承至隋唐宋辽直至明清。蹀躞玉带最早的实物见之于北周骠骑大将军若干云墓，但或许在西汉早期如临淄范家庄汉墓所出已见端倪。

---

[1] 王仁湘. 带钩概论[J]. 考古学报, 1985（3）; 王莉. 带钩及其演变[J]. 文博, 1996（1）; 王仁湘. 古代带钩用途考实[J]. 文物, 1982（10）; 王仁湘编著. 善自约束: 古代带钩与带扣[M]. 上海: 上海古籍出版社, 2012; 公众号"器晤"中的王者双钩、一枚老旧的玉带钩.

[2] 周晓晶. 玉带钩的类型学研究[M]//杨伯达主编. 传世古玉辨伪与鉴考. 北京: 紫禁城出版社, 1998.

[3] 黄展岳. 关于两广地区出土北方动物纹牌饰问题[J]. 考古与文物, 1996.

[4] 卢岩, 单月英. 西汉墓葬出土的动物纹腰饰牌[J]. 考古与文物, 2007（4）; 单月英. 中国及欧亚草原出土的长方形腰饰牌与饰贝腰带研究[M]//肖小勇主编. 交流与互动: 民族考古与文物研究. 北京: 中央民族大学出版社, 2013.

[5] 潘玲. 战国晚期至西汉中期中国北方与欧亚草原之间文化文流的转变[M]//汉代陵墓考古与汉文化. 北京: 科学出版社, 2016.

[6] 左骏. 浅谈"贝带"[J]. 中国历史文物, 2006（6）.

[7] 褚馨. 汉晋时期的金玉带扣[J]. 东南文化, 2011（5）.

[8] Li Yinde, Archaeological Finds of Gold Belt Buckles with Animal Designs from the Han Dynasty[C]. James C. S. Lin(eds.). Life and Afterlife in Han China. *The Fitzwilliam Museum*, 2014, pp.74-87.

[9][61] 邓淑苹. 玉带——中国北方与欧亚草原的文化结晶[M]//北方民族考古（第5辑）. 北京: 科学出版社, 2018.

[10] 长沙市文化局文物组. 长沙咸家湖西汉曹㛗墓[J]. 文物, 1979（3）; 古方主编. 中国出土玉器全集（10）[M]. 北京: 科学出版社, 2005.

[11] 扬州市博物馆. 扬州西汉"妾莫书"木椁墓[J]. 文物, 1980（12）.

[12] 莱西县文化馆. 莱西县董家庄西汉墓[M]//文物资料丛刊·9. 北京: 文物出版社, 1985.

[13] 潍坊市博物馆, 五莲县图书馆. 山东五莲张家仲崮汉墓[J]. 文物, 1987（9）.

[14] 黄岛区博物馆, 青岛市文物保护考古研究所. 黄岛区田家窑墓地M1发掘简报[M]//青岛考古（二）. 北京: 科学出版社, 2015.

[15] 徐州博物馆. 徐州石桥汉墓清理报告[J]. 文物, 1984（11）.

[16] 现藏徐州博物馆.

[17] 南京博物院, 盱眙县文广新局. 江苏盱眙县大云山西汉江都王陵一号墓[J]. 考古, 2013（10）.

[18] 江西省文物考古研究所, 首都博物馆编. 五色炫曜——南昌汉代海昏侯国考古成果[M]. 南昌: 江西人民出版社, 2016; 江西省文物考古研究院, 厦门大学历史系. 江西南昌西汉海昏侯墓刘贺墓出土玉器[J]. 文物, 2018（11）.

[19] 广州市文物管理委员会, 中国社会科学院考古研究所, 广东省博物馆. 西汉南越王墓[M]. 北京: 文物出版社, 1991.

[20] 宁夏文物考古研究所, 中国社会科学院考古所宁夏考古组, 同心县文物管理所. 宁夏同心倒墩子匈奴墓地[J]. 考古学报, 1988（3）.

[21] 洛阳文物工作队. 洛阳东关夹马营路东汉墓[J]. 中原文物, 1984（3）; 洛阳市文物工作队. 洛阳市夹马营东汉墓[M]//中国考古学年鉴·1984. 北京: 文物出版社, 1984; 古方. 中国出土玉器全集·5（河南卷）[M]. 北京: 科学出版社, 2005.

[22] 藏品的具体信息蒙剑桥大学费兹威廉博物馆亚洲馆馆长林政升先生惠赐, 特此致谢!

[23] 台北"故宫博物院". 故宫玉器选萃[M]. 台北: 台北"故宫博物院", 1970.

[24] 蔡庆良. 汉代玉器[M]. 台北: 震旦文物基金会, 2005.

[25] 邓淑苹. 蓝田山房藏玉百选[M]. 台北: 年喜文教基金会, 1995.

[26] 安徽省文物工作队, 芜湖市文化局. 考古学报, 1983（3）.

[27] 河南省商丘市文物管理委员会, 河南省文物考古研究所, 河南省永城市文物管理委员会. 芒砀山西汉梁王墓地[M]. 北京: 文物出版社, 2001.

[28] 商博. 永城芒山发现汉代梁国王室墓葬[N]. 文物报, 1986-10-31（1）; 商丘地区博物馆. 永城县芒山汉代梁国王室墓葬[M]//中国考古学年鉴·1987. 北京：文物出版社, 1988; 河南省文物研究所, 永城县文物管理委员会. 河南永城芒山西汉梁国王陵的调查[J]. 华夏考古, 1992（3）.

[29] 河南省文物考古研究所, 永城市文物旅游管理局. 永城黄土山与酂城汉墓[M]. 郑州：大象出版社, 2010.

[30] 定县博物馆. 河北定县43号汉墓发掘简报[J]. 文物, 1973（11）.

[31] 潍坊市博物馆, 昌乐县文管所. 昌乐县东圈汉墓[M]//中国考古学年鉴·1988. 北京：文物出版社, 1989; 潍坊市博物馆, 昌乐县文管所. 山东昌乐县东圈汉墓[J]. 考古, 1993（6）.

[32] 咸阳底张湾北周若干云墓出土八环蹀躞带的鞓后衬鎏金铜片, 西安何家村窖藏九环蹀躞带背面有似为角质的衬板。详见刘云辉. 北周隋唐京畿玉器[M]. 重庆：重庆出版社, 2000.

[33] 徐州博物馆. 徐州西汉宛朐侯刘埶墓[J]. 文物. 1997（2）.

[34] 孙机. 汉代物质文化资料图说[M]. 北京：文物出版社, 1991.

[35] 成都市文物考古研究院, 成都金沙遗址博物馆编著. 金沙遗址祭祀区出土文物精粹[M]. 北京：文物出版社, 2018.

[36] 邹厚本, 韦正. 徐州狮子山西汉墓的金扣腰带[J]. 文物, 1998（8）.

[37] 左骏. 从长沙西汉曹㜏墓出土"龙马玉珩"谈起[M]//湖南省博物馆馆刊（第三辑）. 长沙：岳麓书社, 2006.

[38] 长沙市文化局. 长沙咸家湖西汉曹㜏墓[J]. 文物, 1979（3）.

[39] 左骏. 浅谈"贝带"[J]. 中国历史文物, 2006（6）.

[40] 耿建军, 马永强. 徐州市天齐山汉墓[M]//中国考古学会编. 中国考古学年鉴·2002. 北京：文物出版社, 2003.

[41] 徐州博物馆, 南京大学历史系考古专业. 徐州北洞山西汉楚王墓[M], 北京：文物出版社, 2003.

[42] 南京博物院编. 长相忘——读盱眙大云山王陵[M]. 南京：译林出版社, 2013.

[43] 南京博物院, 盱眙县文广新局. 江苏盱眙大云山江都王陵M9、M10发掘简报[J]. 东南文化, 2013（1）.

[44] 陕西省考古研究所汉陵考古队. 汉景帝阳陵南区从葬坑发掘第二号简报[J]. 文物, 1994（6）.

[45] 四川省文物考古研究所, 巫山县文物管理所, 重庆市文化局三峡文物保护工作领导小组. 重庆巫山县巫峡镇秀峰村墓地发掘简报[J]. 考古, 2004（10）.

[46] 喻燕姣. 汉代长沙国王侯墓出土玉器述论[M]//北京艺术博物馆等. 龙飞凤舞. 北京：北京美术摄影出版社, 2016.

[47] 何枰凭. 巧以珠玉饰深衣——西汉王室墓组玉佩探析[J]. 文物天地, 2018（3）.

[48] 转引自单月英. 中国及欧亚草原出土的长方形腰饰牌与饰贝腰带研究[M]//丝绸之路考古（第1辑）. 北京：科学出版社, 2017.

[49] 南京博物院, 盱眙县文广新局. 江苏盱眙大云山江都王陵M9、M10发掘简报[J]. 东南文化, 2013（1）.

[50] 郭宝钧. 山彪镇与琉璃阁[M]. 北京：科学出版社, 1959.

[51] 马德志等. 一九五三年安阳大司空村发掘报告[J]. 考古学报, 1955（9）.

[52] 山西省文物管理委员会, 山西省考古研究所. 山西孝义张家庄汉墓发掘记[J]. 考古, 1980（7）.

[53] 广西壮族自治区文物工作队. 广西合浦县堂排汉墓发掘简报[M]//文物资料丛刊（4）. 北京：文物出版社, 1981.

[54] 河北省文物研究所. 战国中山国灵寿城——1975—1993年考古发掘报告[M]. 北京：文物出版社, 2005.

[55] 李银德. 安徽出土汉玉四札[M]//张宏明主编. 玉英溯源——安徽历代玉器研究文萃. 合肥：黄山书社, 2015.

[56] 河北省博物馆文物管理处, 中共定县县委宣传部, 定县博物馆. 定县40号汉墓出土的金缕玉衣[J]. 文物, 1976（7）; 河北省文物研究所. 河北定县40号汉墓发掘简报[J]. 文物, 1981（8）.

[57] 安徽省文物考古研究所. 天长三角圩墓地[M]. 北京：科学出版社, 2013.

[58] 梅原末治编. 洛阳金村古墓聚英（增订）[M]. 日本京都小林出版部, 昭和十八年十一月. 梅氏名曰"嵌玉金银错文牺形带钩", 原日本大阪中山商会藏.

[59] 南京博物院编. 琅琊王——从东晋到北魏[M]. 南京：译林出版社, 2018.

[60] 淄博市临淄区文物局. 山东临淄范家村2012年发掘简报[J]. 文物, 2015（4）.

父乙角赏析兼说青铜角

张俊儒
河南博物院

> **摘要**：以个例父乙角的赏析，结合文献资料中相关角的记载描述与传世、出土青铜角的时代信息，梳理了青铜角这类器物在命名、体量、形态、发展演变、存续时间等方面的脉络，以及与青铜爵之间在造型、功用上的关联性。通过比较，认为父乙角可作为西周早期角类器物的标准器，且是品相绝佳的珍品。
>
> **关键词**：父乙角；爵；三层花

一

1986年8月，河南省信阳县狮河港乡农民在狮河滩修筑水坝时，在河道黑色淤泥中发现一批青铜器。地县文物与公安部门闻讯后前去调查，共收集青铜器14件。《河南信阳县狮河港出土西周早期铜器群》一文中依据铜器铭文和器体锈色将14件青铜器分为"父乙"和"父丁"两群，并认为该批铜器可能是由于洪水冲垮墓葬而将其带入河道后沉积的。父乙角属于"父乙"铜器群10件中的2件。该群铜器皆通体乌黑发亮，其中8件带有铭文。"父丁"铜器群共4件，其中3件带有铭文[1]。

父乙角，共出土2件，形制、纹饰、尺寸与铭文近同。该器分盖、身两部分。盖呈屋脊状，子口，盖顶脊正中有一半环形钮；器身侈口，中部呈弧形下凹，两侧为上扬的两翼，颈部下收，腹壁较直，圜底，下有三个三棱锥状足，一侧足上部有一半环形兽首鋬。通高28厘米，口长20.3厘米，口宽9.8厘米。（图1）

器体纹饰可分为盖部、颈部、腹部和足部等四部分。盖部有扉棱四条，将纹饰分为两组四部分，每部分纹饰近同——半个兽面与半个三角纹。与盖钮垂直的两条扉棱的两侧各为一组完整的兽面纹与三角纹。兽面纹由粗线条勾勒出兽面的眼、眉、角、鼻和口的轮廓，粗线条上再用细阴线刻画出骨脊，粗线条外为云雷地纹；颈部有扉棱两条，均在口部两翼处呈钩形撇出。每条扉棱的两侧纹饰组成一个大三角纹，鋬兽首两侧装饰两个小三角纹，鋬对应面为一凸起的兽首，其两侧也有两个小三角纹；腹部三条扉棱和鋬将纹饰分为两组四部分，鋬两侧的两部分纹饰组成一组完整的兽面纹，鋬对面扉棱两侧的两部分纹饰组成另一组兽面纹，两组纹饰的兽面纹相同，但是鋬对面扉

图1 父乙角

棱部的兽面纹两侧却各加饰了一条龙纹；三个三棱锥状足的外侧一面各装饰一个三角纹；器身纹饰均施有云雷地纹。（图2）盖身有对铭12个字："晨肇贮用乍父乙宝尊彝即册。"（图3）

父乙角用"三层花"的装饰手法在器体上布施纹饰，不仅华丽精美，而且布局巧妙。首先，盖呈屋脊状，为了不使纹饰因为过于集中于器盖中间而有失平衡感，特在两组兽面纹外侧的两翼部位各增设一组三角纹；其次，鋬上端为一凸起的兽首，为了增加器物的对称性，不使器体有偏向一侧的失重感，特在鋬兽首对面的颈部也装饰一凸起的兽首；再次，腹部虽为两组近似的兽面纹，但因为鋬和扉棱的宽度不一样，导致以两翼角为线对分的器腹两部分纹饰的布局空间发生了变化，为了使纹饰布局既对称又合理，特在腹部鋬对面的扉棱部兽面的两侧各增饰一条竖向的龙纹。这些细微之处的设计布局，无不显示了作器者巧妙的构思和精湛的掌控能力。

父乙角盖、身均有扉棱装饰，扉棱上分范痕迹清晰，这为研究角、爵类器物的分范方式、范铸逻辑具有重要价值。父乙角外范可分为盖部、器口至器腹部和器底与三足部三部分：首先，器盖为独立范铸，外范以扉棱为中心分为四块，分范位置在扉棱中线上；其次，器口至器腹部分以三扉棱和一鋬为中心将外范分为四块，分范位置在三条扉棱和鋬的中线上；最后，器底和三足部分以三足为中心将外范分为三块，分范位置在三足的竖向中线上。

父乙角盖、身对铭12个字"晨肇贮用乍父乙宝尊彝即册"，对研究商末周初的历史具有重要的价值。铭文内容最少可以表明："肇贮"的封国或所在地是"晨"，"肇贮"是这批器物的作器者，"肇贮"的父辈或祖辈为"父乙"，"肇贮"是"即"族人，"肇贮"是当时的史官——"册"，等等[2]。《河南信阳县狮河港出土西周早期铜器群》一文将出土的14件青铜器和同期的各地青铜器相比较，认为这批铜器的主人和周王室关系密切[3]。如果"父乙"铜器群和"父丁"铜器群的主人均为"肇贮"

图 2　父乙角腹部纹饰

图 3　父乙角盖内铭文

或同属于一个部族的话，"父丁"铜器中的"郜"极有可能就是父乙角所有者所在的封国。

父乙角通体乌黑发亮，黑漆古状，这在商周青铜器中较为少见，观赏效果极佳。作为酒器中的一员，传世和出土的青铜角数量很少，此器的出土不仅增加了角器的数量，而且其精美的纹饰、独特的造型更加重了角在商周青铜器中的分量，父乙角器内的铭文更是具有重要的历史价值。

二

角在古文献记载中，内容涉及礼仪、容量和使用配列组合等方面。如《礼记·礼器》记载："有以小为贵者。宗庙之祭……尊者举觯，卑者举角。"郑玄注："四升为角。"《考工记·梓人》引《韩诗》说："一升曰爵，二升曰觚，三升曰觯，四升曰角，五升曰散。"《仪礼·特牲馈食礼》中记载有"实二爵四觯一角一散"。从文献记载的关于角的材料来看，角大抵为容量较大，和爵、觯等酒器按一定的配比关系在祭祀或宴飨时，依据使用者身份的尊卑区别使用的一种器皿。

将实物和古文献中记载的角联系在一起并加以命名，最早出现在宋人的《博古图录》中，至于依据何典何籍今无从知晓，可能是角类器物与爵相比略有不同，而爵与角可通读，为示区别将无柱、双尾或双翼的近同于爵的这类器物称为角。现在我们界定的青铜器类中的角，是延续宋人的叫法。容庚先生在《殷周青铜器通论》中认为，角"其下有三足，且常有盖，便于置火上以温酒，故与爵同为煮酒器"。至于爵、角的功能是否完全相同或有所差别，目前尚无法准确界定。出土的该类器物虽也有带铭者，但多为共铭，因而这类器物是否就是古代文献记载的角，今人无法考究。但从出土实物的体量来看，绝大多数与古文献记载的角相去甚远。文献记载的角容量达四升，爵的容量为一升，即角的体量大约相当于爵的四倍，而我们现在所命名的传世和出土的角，其体量和爵的体量基本上是近同的。父乙角是目前已知的角器中仅有的几例体量较大者之一，其容量大抵是一般爵容量的三倍之上。单从容量来说，父乙角和文献记载中描述的角与爵的容量比例较为近似。

传世或因盗掘流散于民间或国外的角，有铭者也多为共铭器。唯一有自铭者，见于陈佩芬先生的《夏商周青铜器研究》一书，但无器物图片和铭文拓片。只是在"龟角"的器物说明中述说："所见私人收藏中有西周史小妇角，鋬内铸铭文'史小妇作爵'；又北京故宫博物院藏品中有西周早期鲁侯爵[4]，鋬内铸铭文'鲁侯作爵……'此爵流尾皆全，但无柱。这两器形制不同，皆自铭为爵，因此无论有流或无流，有柱或无柱，古代都称爵，爵是这类酒器的自名。今从习惯仍称'角'。"如若此角及铭文可信，当不失为对现在界定的角类器物重新命名的重要依据。从考古发掘的资料来看，1990年中国社科院考古研究所安阳工作队发掘的郭家庄M160出土有10觚和10角，但却没有爵[5]。从一定程度上说，这或许可能是因为爵、角同功，故以角代爵。然也仅仅是一个例子。信阳浉河港出土的两组铜器，多数为酒器，如觯、卣、觥、彝和尊等，其中只有两件父乙角，并未有铜爵伴出。虽然该批铜器的完整程度不高，但从概率上讲，也从一定程度上显示出有以角代爵的现象。相信随着考古资料的不断丰富，将来会以大量的考古数据证明这一问题。

关于现在命名的角，在形制区分上，仍存在分歧。马承源先生在《中国青铜器》一书中将夏代仿陶的带管流角形器划入了角器中，陈佩芬先生在《夏商周青铜器研究》一书中则将这类器物称为爵，而朱凤瀚先生在《中国青铜器综论》中则未将这类器物列入角器或爵器中。在其他的一些有关青铜器的著作或图录中也存在有类似器物却有不同器物名称的现象，大概是因为此类器物如角似爵、不易区分的缘故。

目前最早的角为上海博物馆藏夏代晚期的带管流角。商代早期的角仅见于《美帝国主义劫掠的我国殷周铜器集录》一书中，器物颇有商代早期器物的特点，但器鋬内铸阳文"父甲"铭文又与此段时间青铜器上常用族徽铭大相径庭，此器铭文真伪还需进一步考证。相对而言，角较多出现于商代晚期至西周早期这段时间，西周早期以后角消失[6]。

角的发展大体经历了夏晚期、商早期和商晚期至西周早期三个时期。夏晚期的角只有两件，皆为管流角形态，应是仿造夏后期陶质管流角而来。这类角皆无盖，两翼且有加厚唇边、半环形鋬、长管流、束腰、平底、三棱锥壮足，通体素面。这一时期的管流角器壁较薄，长管流是其明显的时代特征。商早期的角目前只有一件，也非科学考古发掘品，形制和这一时期的爵基本一致，皆为敞口、束腰、半环形鋬、平底、三棱锥壮足，腹部装饰纹饰带一周。只是角口部为两翼、无柱，而爵口部为一流一翼（或尾），有柱。这一时期的角，薄壁、平底是其时代特征。商晚期至西周早期是青铜角的主要发展阶段，这一时期青铜角相对数量要多很多，角的形态也和该时期的爵近同，区别主要还是在流和柱上。从目前已有的资料来看，这一时期又可分为蓬勃发展的商晚期和形制固定、渐趋消亡的周早期两个阶段。传世和出土的商晚期角占角数量总体的绝大部分，这一阶段的角多数形制和同时期的爵近似，有盖者少，无盖者多。器壁较厚，凹弧形口无唇边、近直腹、半环形兽首鋬、圜底，三棱锥足，两翼、器腹与三足多装饰有花纹。直腹或近直腹是这一阶段的主要特征。另外还出现了如英国牛津大学阿什莫利恩博物馆收藏的分档三足角、台北"故宫博物院"收藏的兽首盖带流平底角和纽约市博物馆收藏的盖上有立鸟钮的角等异型角。分档角目前仅见此一件。兽首盖带流平底角有与其形制类似者，多数书刊称其为爵。就此件兽首盖带流平底角的命名和归属，在这里将其称为角，并作为角的一种类型列举于上，只是为了向大家说明，关于一些异型角器的命名，目前仍存在分歧，孰对孰错，还有待解决。盖上有立鸟的角目前也仅有两三件。无论异型角数量的多或少，都可以说明商晚期角的形制并不固定，形制上的差异正是作器者在发展期对角的形制进行探索的一种体现。传世和出土的西周早期青铜角数量较商晚期要少很多，从出土的青铜角来看，这一阶段青铜角形制渐趋固定，多数带盖。器形上，盖呈屋脊状，盖顶中间有半环形钮；器身凹弧形口无唇边、双翼、半环形兽首鋬、卵腹、圜底，三棱锥壮足。盖、双翼、器腹和足部皆装饰花纹。卵腹是这一阶段的特征。传世品中仍有无盖平底角存在，但也仅为个别情况。

从文献记载中有关角的描述，父乙角当是最为接近的一器。与各时期的青铜角比较，从尺寸上说，父乙角是角器中最大者，比大多数角要高出10厘米左右；从纹饰上看，是目前已知极少数使用三层花工艺的角之一，突出的扉棱在其他角器上也十分少见；从铭文上说，是角、爵类器物中拥有10字以上铭文的极少数器物之一；从总体特征上看，父乙角腹部近直，颇似商晚期角腹的特征，但其三足又与西周早期角足相同，而且12字的铭文也和西周早期部分器物上的铭文特点近似。因此，父乙角应是西周早期的青铜器，是目前已知角器中尺寸最大、纹饰最美、铭文较多的角，是青铜角中的翘楚，当为约定俗成命名中青铜角类的标准器。

---

[1] 信阳地区文管会，信阳县文管会. 河南信阳县狮河港出土西周早期铜器群[J]. 考古，1989（1）. 从公布的材料统计青铜器为14件，但文中称发现青铜器为13件，可能是将铜勺看作"父乙"群中铜卣的附件而将两器划为1件套对待。
[2] 刘红. 狮河港出土具铭青铜器的文化意义[J]. 商丘师范学院学报，2011（10）.
[3] 信阳地区文管会，信阳县文管会. 河南信阳县狮河港出土西周早期铜器群[J]. 考古，1989（1）.
[4] 故宫博物院. 故宫青铜器[M]. 北京：紫荆城出版社，1999. 书中125鲁侯爵注释中称：唐兰先生认为此爵实为"附柱，柱折后被磨平者"。
[5] 杨锡璋，刘一曼. 安阳郭家庄160号墓[J]. 考古，1991（5）.
[6] 朱凤瀚. 中国青铜器综论[M]. 上海：上海古籍出版社，2009；马承源. 中国青铜器[M]. 上海：上海古籍出版社，2003；陈佩芬. 夏商周青铜器研究[M]. 上海：上海古籍出版社，2004.

试论周代墓葬中的"朱干玉戚"

杨广帅　石磊
河南博物院

摘要："朱干玉戚以舞《大武》。"史书记载，"朱干玉戚"是大武舞的主要道具。有学者指出商代有"戚舞""万舞""武舞"之类的祭祀性舞蹈，已有少量舞蹈道具发现。西周时期创建了更完整、更规范的文舞、武舞等祭祀性舞蹈，文舞道具为旌、羽、帗等，武舞道具为干、戚、戈等。两周墓葬出土的盾多为木盾，还有少量的皮革盾和藤盾。木盾可分为长方形、梯形和上弧下方形三种，皮革盾多为上弧下方形。两周墓葬出土的玉戚大致分为常型戚、狭长型戚和特殊刃型戚三种，但其数量较少，铜戚、铜钺、玉钺和玉戚一样可用作大武舞道具。周代墓葬中出土了一批可能用作舞器的戚、钺、戈、戟、矛、盾和盾钖等随葬品。一般情况下，诸侯及高等级贵族墓中可随葬成套大武舞道具——戈钖戚组合，一般士大夫或普通士兵墓中可随葬干舞道具或普通武器——戈钖组合。和周代的鼎簋制度、编钟编磬制度一样，舞器制度是周代礼乐制度的又一重要组成部分。

关键词：周代墓葬；朱干玉戚；大武舞

《礼记正义》卷四十九载："朱干玉戚以舞《大武》，八佾以舞《大夏》，此天子之乐也。"[1] 郑玄注曰："朱干，赤盾。戚，斧也，此《象》《武》之舞之所执也。"《礼记正义》卷二十五载："诸侯之宫县，而祭以白牡，击玉磬，朱干设钖，冕而舞《大武》，乘大路，诸侯之僭礼也。"[2] 由这两段记载，可知大武舞原为天子之礼，但也有诸侯用此礼，大武舞道具主要为"朱干玉戚"。"朱干设钖"即指绘红彩的木盾上有盾钖一类的装饰物，除了常见的圆泡形盾钖外，盾上也见有铜面饰做装饰，如琉璃河 M1193 出土的漆盾痕上紧贴有铜面饰，此类有对称钉孔的铜面饰在平顶山应侯墓中也有出土。本文主要讨论"朱干玉戚"在周代墓葬中的发现。

一、玉戚

《说文解字》云："戚，戉也。"许慎引《司马法》云："夏执玄戉，殷执白戚，周左杖黄戉，右秉白髦。"《汉书·王莽传上》载："左建朱钺，右建金戚。"由史书记载可知，戚应该是一种特殊形制的钺，在商周时期乃至汉代，戚和钺是高等级贵族所使用的兵器或礼仪用器。但是史书中未能给出戚的明确定义，林沄和林巳奈夫先生认为戚属于钺的一种[3]，形制较钺小，为两侧带有齿状扉棱的特殊形制的钺形器，此观点为学界主流认识；另外钱耀鹏先生认为戚可能为狭长形的斧[4]。

玉戚大致分为常型戚和狭长型戚，另有几件特殊型戚。常型戚和狭长型戚均为弧形刃，而特殊型戚的刃部形制较特殊。两周时期的玉戚发现不多，多数只能根据墓葬共存器物判断其大概年代，且部分玉戚可能为早期遗玉，墓葬年代和玉戚的年代并不完全一致，故未对玉戚分式。

A 型：常型戚，15 件，整体呈"风"字形，器身两侧饰扉棱，通长与通宽之比多在 1～1.5 之间。

1955 年—1957 年发掘的沣西西周墓中出土玉戚 1 件，沣西 M206：7[5]，绿褐色玉，弧形刃，刃角微翘，近顶端中部有一个穿孔，左侧近扉棱处的一孔内嵌绿松石，通长 9.9 厘米，刃宽 9 厘米。（图 1：1）

1983 年—1986 年发掘的张家坡西周墓地出土玉戚 5 件，原报告中称这 5 件为玉钺[6]，因其器身均近"风"字形，两侧有扉牙，本文将其归为玉戚，原报告根据器身有无圆孔将其分为两式。张家坡 M273：3，青玉，顶端平直，器身中部一大圆孔，圆弧刃，刃角微上翘。长 9.6 厘米，宽 8.8 厘米。（图 1：2）张家坡 M14：15，青玉，顶端平直，圆弧刃，刃角微上翘，两侧中部各有一组扉棱。顶部中央一小穿孔，两侧扉牙中部各一小圆孔。通长 6.4 厘米，宽 4.9 厘米。（图 1：3）

1979 年山东济阳刘台子一座西周早期墓出土有玉戚两件[7]，两件形制与大小基本一致，青玉，刃部微外凸，内中部有一小圆穿，刃部和内部均为圆弧形，内中部有一小圆穿，器身中部一圆孔。通长 4.4 厘米，宽 3.5 厘米。（图 1：4）

宝鸡市竹园沟西周早期墓 M7 出土有"风"字形玉戚 1 件[8]。竹园沟 M7：21，青玉，顶端和刃端皆呈弧形，刃角微翘，器身中部一大圆孔，器身两侧各饰扉棱一组，通长 8.2 厘米，通宽 7.4 厘米。

韩城梁带村芮国墓地春秋早期墓 M26 出土有玉戚 1 件。M26：651[9]，青玉，素面，器身整体呈圆形，中部一大圆孔，两侧各有四道扉牙，缘面上刻文"小臣夒囗"。发掘者认为此戚应为 M26 出土的商代遗玉，外径 11.9 厘米，孔径 6.5 厘米。（图 1：5）梁带村芮国墓地 M300 也出土有玉戚 1 件[10]。

1. 沣西 M206：7　2. 张家坡 M273：3　3. 张家坡 M14：15　4. 1979 刘台子
5. 梁带村 M26：651　6. 虢国 M2001：22　7. 北窑 M155：20　8. 虢国 M2009

图 1　周代墓葬出土的 A 型玉戚

三门峡虢国 M2001 出土玉戚两件[11]。M2001∶22，青玉，柄端窄，刃端阔而呈弧形，器身中部一圆形穿孔，通长 14.4 厘米，宽 13.3 厘米；（图 1∶6）M2001∶624，青玉，形制与 M2001∶22 近似，只是略小，通长 5 厘米，宽 4.6 厘米。

虢国 M2009 出土有玉戚 1 件[12]。青玉，刃端和柄端均为圆弧形，器身中部一圆孔，刃端较柄端略宽，通长 18.9 厘米，宽 16.3 厘米。（图 1∶8）

洛阳北窑墓地出土玉戚 1 件。北窑 M155∶20[13]，青灰色玉，刃部外凸，内部一穿孔，两侧对饰一组棱齿，长 4 厘米，宽 3.5 厘米。（图 1∶7）

B 型：狭长型戚，通长与通宽之比大于 1.5，目前发现较少，公开发表资料的仅有 6 件。

宝鸡市竹园沟西周墓地出土狭长型玉戚 1 件。竹园沟 M13∶97，顶端平直，内中部一小圆穿，弧形刃，器身两侧各饰扉棱一组，通长 12.4 厘米，通宽 5 厘米。（图 2∶1）

洛阳市东车站花园村西周墓出土有狭长型玉戚 1 件[14]。青玉，整体呈梯形，方内，弧形刃，器身两侧各饰一组棱齿，器身中上部一圆孔，通长 13 厘米，宽 7～8 厘米。（图 2∶2）

1983 年山东济阳刘台子西周早期墓 M3 出土有狭长型玉戚 1 件[15]。青玉泛黄，刃部微外凸，内中部有一小圆穿，器身两侧近顶部各饰扉棱一组，通长 12.9 厘米，宽 6.3 厘米。（图 2∶3）

信阳光山县春秋早期的黄季佗父墓出土有狭长型玉戚 1 件。灰白色玉，刃和内均为圆弧形，内端窄而刃端宽，内顶端有明显的打磨痕迹，内中部有一小圆穿，器身两侧各饰扉棱一组，器身一面的局部饰有花纹，通长 15.4 厘米，刃宽 6.2 厘米。（图 2∶5）

三门峡虢国 M2009 出土有斧式戚两件，其一为青玉，器身有褐色沁，整体似铜斧，中部起脊，弧刃，长方形銎部正背面饰饕餮纹，銎口呈椭圆形，通长 13.2 厘米，宽 2.7 厘米；厚 2.1 厘米[16]；（图 2∶6）其二为青玉，呈青绿色，微透明，中部起脊，三角形锋，长方形銎部正背面饰饕餮纹，通长 15.6 厘米，宽 2.7 厘米，厚 1.6 厘米[17]。（图 2∶7）《中国出土玉器全集》一书中将这两件玉器定名为玉钺，但其整体呈狭长型，长宽之比大于 3，

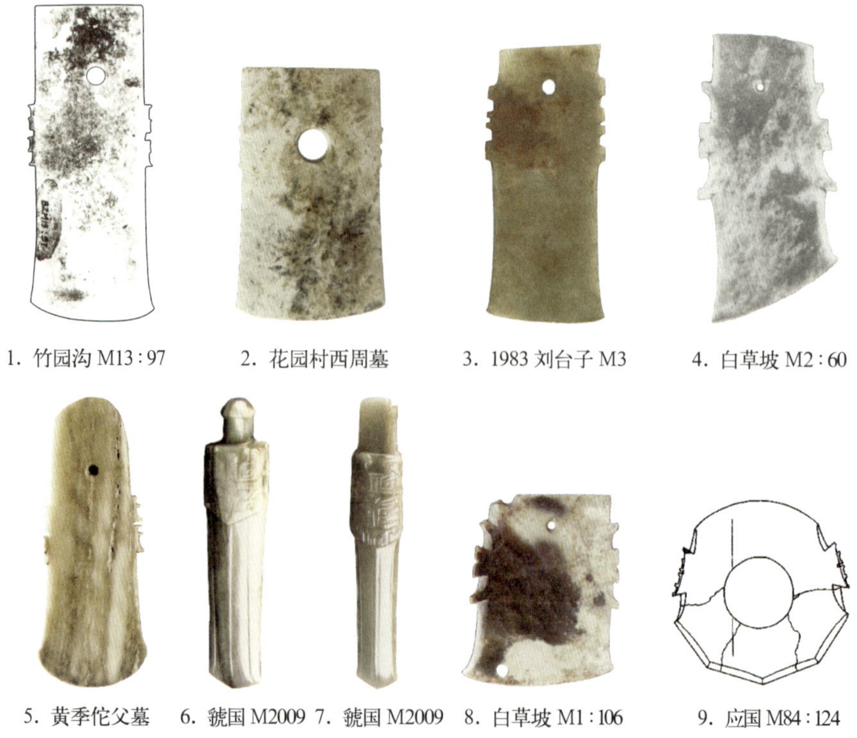

1. 竹园沟 M13∶97　2. 花园村西周墓　3. 1983 刘台子 M3　4. 白草坡 M2∶60
5. 黄季佗父墓　6. 虢国 M2009　7. 虢国 M2009　8. 白草坡 M1∶106　9. 应国 M84∶124

图 2　周代墓葬出土的 B、C 型玉戚

可归为钱耀鹏先生所分的"戚型斧"[18]，锋部及中部起脊的特征与湖北荆门出土的大武铜戚类似，故这两件玉钺可称作斧式戚。

C型：3件，刃部较特殊，包括斜弧形刃戚和四折边形刃戚。

斜弧形刃戚如灵台白草坡M2：60[19]，方内，内中部一小圆穿，斜刃略外弧，器身两侧各饰扉棱一组，通长8厘米，宽4厘米。（图2：4）灵台白草坡M1：106[20]，青白玉，方内，斜弧刃，刃部较宽，外撇，内中部和刃内侧各有一圆穿，内顶端边缘有一残破圆穿，通长7.9厘米，宽3.8厘米。（图2：8）

四折边形刃戚如平顶山应国M84：124[21]，上端呈弧形，器身两侧有齿牙状扉棱，刃部呈四折边形，通长17.3厘米，通宽16.6厘米（图2：9），也有学者称之为锯齿刃玉钺[22]。

二、干

由于先秦时期的盾多为木质或皮革质，较难长时间保存，故发现数量不多。盾在晚商墓葬中已有发现，但数量极少，如宝鸡峪泉M5出土有1件三角形木盾[23]；周代盾的发现开始增多，文献记载中也有"司干""司戈盾"之官职。周代墓葬中发现的多为木盾和皮革盾，藤盾极少，盾牌器表多髹漆。目前见诸报道的周代藤盾只有陕西户县宋村春秋早期秦墓M3出土的1件残藤盾[24]。

（一）皮革盾

皮革盾发现数量不多，在东周时期才开始出现，多见于战国墓葬中，多为上弧下方形，少数为梯形或长方形。

1. 上弧下方形皮革盾

战国早期的曾侯乙墓出土有盾柄49件，盾面多已不存，保存较好的有皮革盾2件[25]。标本曾侯乙墓E.161，盾主体为皮革质，盾柄为木质。顶部有外凸方领，上部作圆蒲扇形，中部作倒梯形，下部长方形。正面为黑漆素面，背面以黑漆为地，用红漆线将整个盾区分成六十四个方框，框内绘T形勾连云纹，方框之间绘变异龙凤纹。通高92.5厘米，宽55厘米。（图3：1）标本曾侯乙墓E.62，上端部分残，正面和背面皆髹黑漆素面，形制和E.161相近，但上部占比略大。背面中脊有用于安装盾柄的九对圆穿，背面还饰有六个贴金箔的铅锡环，环上均匀分布有三对圆穿用于固定在盾上。残高97厘米，宽54厘米。（图3：2）

战国中期的包山楚墓M2出土有1件保存较好的上弧下方形皮革盾。标本M2：384（图4），顶部有外凸方领，弧肩，侧边呈弧线阶梯形，下部为长方形，背面中部安盾柄。通体髹黑漆，绘红、棕红、黄、金四色彩，正面饰对称龙凤卷云纹，背面中部饰变体龙凤卷云纹，通高46.8厘米[26]。

战国中期的长沙五里牌M406出土有1件彩绘龙纹皮革盾，上部为弧形，下边两角为方形，中间起棱，上端有嵌银铜鼻，盾柄不存，盾为皮胎，两面均施黑漆，边缘绘云纹，中部绘红彩蟠龙纹，长64.5厘米，宽45.5厘米[27]。（图3：3）

战国中期的湖北江陵九店M264出土有1件保存较好的皮革盾。标本M264：11，上弧下方形，中部外弧，背面一纵向木质长柄，柄从上至下有八对圆穿，盾面外表有一层加固层和一层黑漆。盾背面饰交叉对称的块状红漆，盾通高75.8厘米[28]。

战国中期的枣阳九连墩M1出土有1件保存

较好的皮革盾，顶部有外凸方领，圆肩下收，腰部两侧尖状斜出，下部呈梯形，背面中部装有盾柄。以黑漆为地，绘红漆条纹，通高70厘米，宽43厘米[29]。（图3：4）

2. 梯形、长方形皮革盾

战国中期偏晚阶段的老河口安岗M1出土1件保存较好的皮革盾，标本M1：123，盾面为长方梯形，上部略窄，顶部方领外凸，背面安木质盾柄。通高88厘米，上端宽52厘米，下端宽56厘米[30]。（图5：1）

战国中期的湖北枣阳九连墩M2出土有1件保存较好的皮革盾，标本M2：429，盾主体呈长方形，

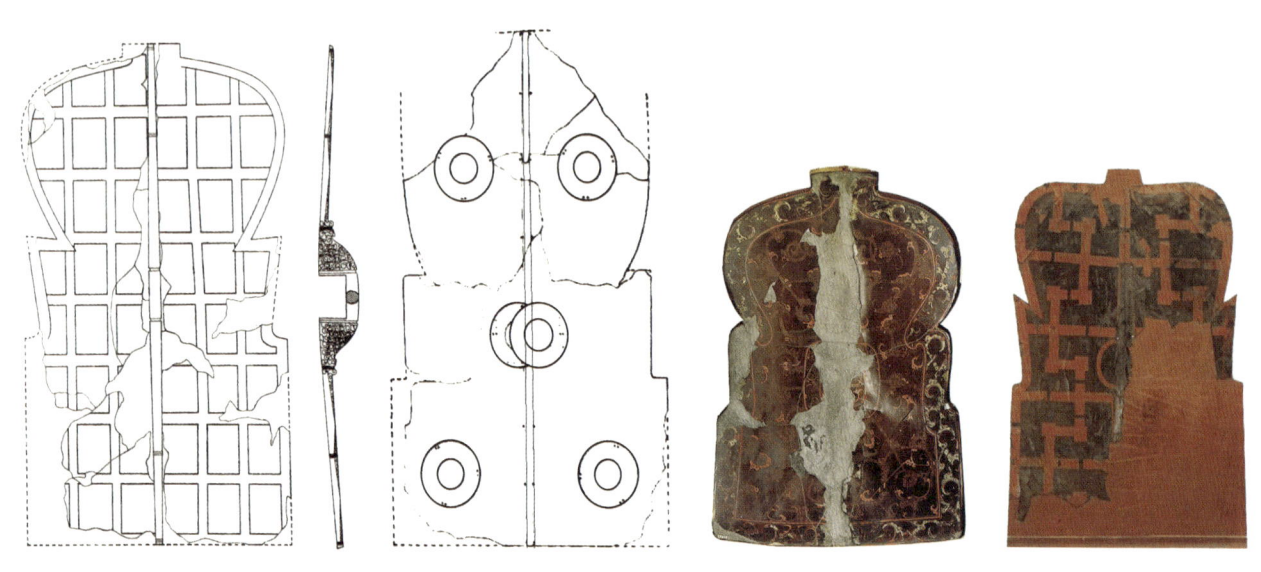

1. 曾侯乙墓E.161盾背面及盾柄　　2. 曾侯乙墓E.62盾背面　　3. 长沙五里牌M406　　4. 枣阳九连墩M1

图3　周代墓葬出土的上弧下方形皮革盾

1. 正面彩绘　　2. 正面线图　　3. 背面线图

图4　包山楚墓M2出土的皮革盾

顶部方领外凸，背部安木质盾柄，盾通体髹黑漆。通高80厘米，上端宽52厘米，下端宽55.2厘米[31]。（图5：2）

战国中期枣阳九连墩M1出土有一残皮革盾，平面长方形，顶部方领外凸，背面安木质盾柄，正、背面红漆和红、黄、银白彩绘勾连云纹、规矩纹等。残高40.8厘米，宽约30厘米[32]。（图5：3）

河南新蔡葛陵楚墓[33]、湖北随州擂鼓墩一号墓[34]和长沙浏城桥一号墓（春秋晚期）[35]，也出土有髹漆皮革盾，但均残破，形制不明。

（二）木盾

木盾根据形状大体可分为长方形、梯形和上弧下方形三种。

1. 长方形盾

西周早期的琉璃河M1193墓室南壁出土有6件保存较好的漆木盾[36]，髹朱漆或黑漆，有长方形和上部作山脊形下部方形两种，盾面有盾钖和人面饰、兽面饰做装饰，在圆形盾钖背面见有"匽侯舞"或"匽侯舞昜"等铭文，盾高约130厘米，宽约70厘米。

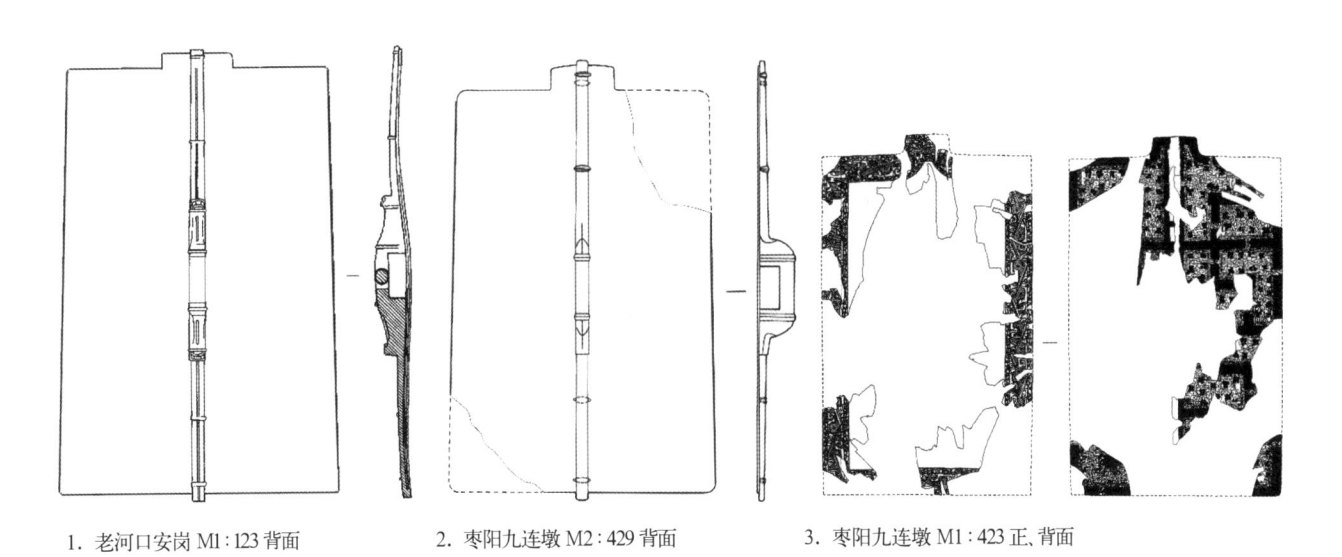

1. 老河口安岗 M1：123 背面　　2. 枣阳九连墩 M2：429 背面　　3. 枣阳九连墩 M1：423 正、背面

图5　周代墓葬出土的梯形、长方形皮革盾

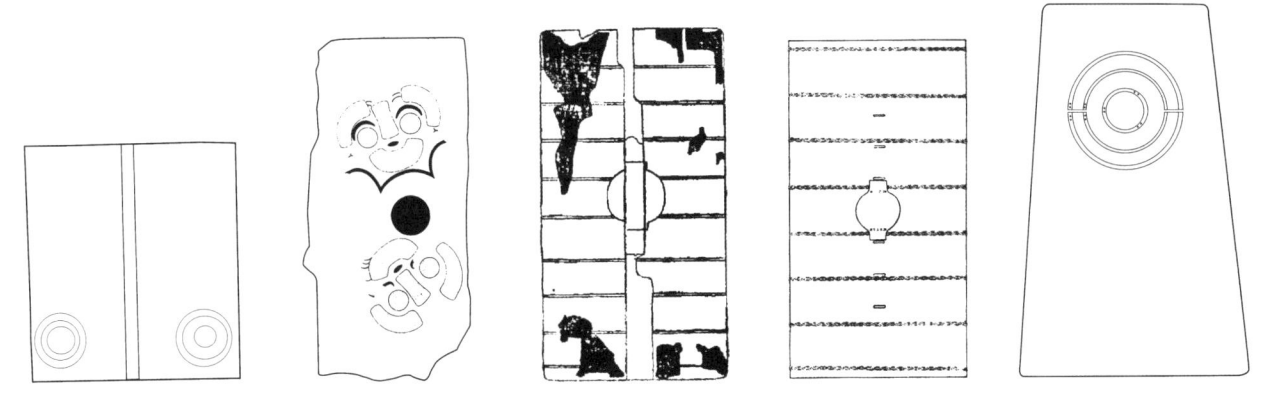

1. 张家坡 M170：250　　2. 张家坡 M183：84　　3. 江陵天星观1号楚墓　　4. 包山楚墓 M2：240　　5. 竹园沟 BZM20：70

图6　周代墓葬出土的长方形和梯形漆木盾

张家坡5座墓葬和1座车马坑均出土有漆木盾[37]，西周中期的张家坡M170和M183均出土有保存较好的长方形盾。标本M170∶250，长方形，中部一宽3厘米的凹槽，髹红漆和黑漆，饰两件圆形盾钖，盾残高58厘米，宽53厘米。（图6∶1）标本M183∶84，近长方形，表面髹漆呈褐色，饰有两组由眉、角、鼻、口等形状的铜饰构成的组合型兽面饰，盾高108厘米，宽44厘米。（图6∶2）

战国中期的江陵天星观1号楚墓出土有保存较好的漆木盾5件[38]，均为长方形，其中标本1正面竖直微弧，髹黑漆，背面中部有弧形木柄。盾高95厘米，宽50厘米。（图6∶3）

战国中期的包山楚墓M2出土有4件完整的木盾和6件木盾柄[39]，4件木盾的盾面均为长方形。标本M2∶240，髹黑漆，正面微凸，正反面各平行贴8道木条，用藤条将木条固定，正面中部有"中"字形护心镜，背面正中安木盾柄，盾高91.8厘米，宽49.6厘米。（图6∶4）

2. 梯形盾

宝鸡竹园沟西周墓地中8座墓葬共出土25件盾牌[40]，多为梯形，盾牌高110～140厘米、上宽45～50厘米、下宽60～70厘米，盾牌上皆有铜盾钖。标本BZM20∶70，梯形，盾正面饰有带两半圆环的大盾钖，盾上宽50厘米，下宽70厘米，高110厘米。（图6∶5）

3. 上弧下方形盾

上弧下方形木盾多发现于东周时期。

三门峡虢国墓出土有漆木盾，盾正面上部呈双弧形，上端圆弧，下端方直，详细资料尚未公布。

战国中期的江陵李家台4号墓出土保存较好的漆木盾1件[41]，顶部有外凸方领，上部呈圆蒲扇形，中部作倒梯形，下部为长方形，红地黑彩，正面绘"口"字形纹，背面绘虬龙纹和树木花草等，通高93厘米，宽58.2厘米。（图7∶1）

战国中期的江陵拍马山楚墓M5出土保存较好的木盾1件[42]，平面形状呈上小下大的双弧形，上端呈圆角状，下端呈方角状，髹朱漆，残高83厘米。拍马山楚墓M16和M22也出土有木盾和盾柄。

战国末期的长沙左家公山M15出土有1件木盾[43]，顶部有外凸方领，上部呈弧方形，中部作倒梯形，下部为长方形，正面中部有棱，背部有盾柄，高61厘米。（图7∶2）

另外有一些漆木盾因保存状况不好而具体形制不明。山东滕州前掌大墓地多座墓葬和3座车马坑发现有漆盾，其中M11出土漆盾11件[44]。陕西省岐山县贺家村西周墓地M1和M5残存有漆盾痕迹，出土有人面盾饰和兽面盾饰各1件，人面饰直径11厘米，兽面饰通宽13.5厘米。宝鸡茹家庄BRM1出土有木盾2件，木质已朽，仅存组合型兽面铜饰[45]。枣阳郭家庄GM21出土有3件漆盾，仅残存漆痕，两件盾饰有盾钖[46]。湖北江陵藤店一号墓出土1件残破漆盾[47]，无法辨认其器形。湖北江陵雨台山楚墓75M159[48]和86M24[49]出土有盾柄，盾形制不详。湖北江陵九店M183和M538各出土有漆木盾1件[50]。当阳赵家湖JM229和JM230各出土有漆木盾1件[51]。鄂城楚墓M4出土有漆木盾2件[52]。长沙楚墓M185出土有木盾和盾柄1套[53]。

由于木质和皮革质盾牌较难保存，故在两周时期墓葬中发现的盾牌数量不多。虽然木盾和皮革盾多已腐朽，但是原来作为盾牌装饰的铜质盾

1. 江陵李家台 4 号墓　　　2. 长沙左家公山 M15

图 7　周代墓葬出土的上弧下方形漆木盾

钖多可保存至今。曹斌先生指出,商周时期铜"钖"(即盾钖)多装配在盾上,先周和西周时期铜戈和盾钖的组合是西土集团铜器的一种组合风格,戈钖组合在凤翔南指挥西村西周墓、北吕墓地、少陵原墓地、曲村墓地、北窑墓地、浚县辛村墓地和琉璃河燕国墓地等均有一定数量的发现[54]。盾钖在周代墓地中的大量发现说明盾作为随葬品在周墓中还是比较流行的,只是木质和皮革质的盾胎多已不存,只留下盾钖和部分漆痕。

三、"朱干玉戚"与舞器随葬之制

《礼记正义》卷二十孔疏曰:"若其《大武》,则以干配戚……若其小舞,则以干配戈,则《周礼》乐师教小舞、干舞是也。"[55] 由此可知,周代的大舞之大武舞和小舞之干舞的道具组合有所差别,杨华据史料总结出大武舞道具主要由干、戈、玉戚三大类组成[56]。王武生认为周人立国后,根据伐纣经过并结合殷制,创建了更完整、更规范的文舞、武舞等祭祀舞蹈,文舞道具为旌、羽、帗等,武舞道具为干、戚、戈等[57]。何弩认为两周时期可能用铜戚代替玉戚作为大武舞道具,周墓中出土有少量戈类铜戚和斧类铜戚,如包山楚墓发掘报告称标本 M2:436 为"龙首杖",何弩认为此鹤嘴斧应属斧式铜戚,用作大武舞道具[58]。

在甲骨文中有"奏戚"祈雨的记录,林沄先生据此推断商代已有执干戚的戚舞[59],王志友和赵丛苍认为商代城洋铜器群中的戈、矛、戟、钺、戚和盾钖是大武舞一类的仪式活动中的用具[60]。琉璃河 M1193 虽然被盗未见戚或钺,但墓室出土的部分盾钖背面多有"匽侯舞"或"匽侯舞钖"铭文,所出土 1 件铜戟的内部有"匽侯舞戈"铭文[61],可见在这座诸侯级大墓中铜戈、戟、盾和盾钖应属于大武舞道具,或许这些大武舞道具在葬礼举行时最后一次派上用场。值得注意的是,在未经盗扰的墓葬中,只有干、戚、戈三类器物同出时,我们才倾向于认为它们是用作成套的大武舞道具;若只有干和戈,则不能区分其究竟是用作兵器随葬还是用作小舞道具随葬。

虽然周代铜器墓多被盗扰,但仍发现有数例

铜钺和戈、盾等大武舞道具紧挨摆放的情况，如长安张家坡M170、韩城梁带村M502和郭家庙曾国墓地GM21。张家坡M170随葬的铜戈、铜钺均置于漆盾上。梁带村M502出土的漆盾[62]上置有铜钺1件，紧邻其东部边缘也有铜钺和铜戈各1件。郭家庙曾国墓地GM21中出土的铜钺自名"戚钺"，其铭文为"曾白陭铸戚钺，用为民刑，非歷殴刑，用为民政"，其与戚一样用作礼仪性器具，在"戚钺"附近同出的还有3件漆盾和16件铜戈。[63]据前述墓葬铜钺的摆放位置推测，这些铜钺有可能与附近的戈、盾均用作大武舞道具。

由于戚属于一种特殊的钺类器，戚、钺两者功用接近，故在没有特殊形制的戚时，铜钺和玉钺或可代替戚用作大武舞道具，本文将与戈、盾同出的铜钺和玉钺也归为大武舞道具。

《周礼注疏》卷二十三"司干掌舞器……大丧，廞舞器，及葬奉而藏之"[64]，司干在大丧之时陈列舞器并于下葬之时奉送到墓地藏入墓室之中，可见周代墓葬当有随葬"舞器"之俗。笔者认为戈钖组合或可与周代以干配戈的"干舞"联系起来，但是一般士大夫墓中所出土的铜戈和盾钖是实用性的还是礼仪性的，抑或兼具礼仪性和实用性，这一问题有待进一步探讨。

据笔者统计，成套的大舞用具在周代墓葬中多为诸侯级大墓才能使用，如平顶山应国墓地M84、鹿邑长子口M1、三门峡虢国M2001、宝鸡竹园沟M7、宝鸡竹园沟M13、随州叶家山M28、随州叶家山M65、随州叶家山M111、枣阳郭家庙GM21、灵台白草坡M1、灵台白草坡M2、韩城梁带村M502、长安张家坡M170、江陵藤店一号墓、荆门包山M2；在因被盗扰而等级不明的长安张家坡M183、长安张家坡M199、洛阳北窑M5和洛阳北窑M155中也出土有成套的大武舞道具，具体统计数据见表1。

一般士兵和士大夫墓几乎不见戚和钺，不能随葬成套的大武舞道具。据不完全统计，1964年—1973洛阳北窑西周墓地发掘的348座墓、1979年—1980发掘的凤翔南指挥西村210座周墓、1980年—1989年发掘的曲村墓地、1983年—1989年发掘的张家坡西周墓地、2004年—2005年发掘的少陵园西周墓地429座墓、平顶山应国墓地、浚县辛村墓地和琉璃河燕国墓地等均有一定数量的墓葬随葬有铜戈和盾钖，若保存完好的墓葬中仅出土铜戈和盾钖而不见戚或钺，则其墓主人级别一般不超过士大夫。

综上所述，两周时期的诸侯及高等级贵族墓才可随葬成套的大武舞道具——戈、戚、钺、盾和盾钖，而一般士兵和士大夫墓的随葬品则不见戚和钺，多数只有作为干舞道具或普通武器随葬的铜戈和盾钖。由此推测周代的诸侯及高等级贵族大丧之时举行的祭祀性礼仪活动可用大武舞，一般士兵和士大夫大丧之时举行的祭祀性礼仪活动只能用干舞。

和鼎簋制度、编钟编磬制度一样，舞器制度也是周代礼乐制度的重要组成部分，周代墓葬中出土的一批用作舞器的戚、钺、戈、戟、矛、盾和盾钖等随葬品可为实证。随葬舞器组合的不同反映了墓主人等级的高低。一般情况下，诸侯墓及高等级贵族墓中可随葬成套大武舞道具——戈钖戚组合[65]，一般士大夫和普通士兵墓中可随葬干舞道具或普通武器——戈钖组合。

表1 随葬成套大武舞道具的周代墓葬

	墓葬编号	铜器	玉器	漆木器
诸侯及高等级贵族墓葬	应国墓地 M84	戈、人面饰	戈、戚	
	鹿邑长子口 M1	戈、钺、盾钖	戈、钺	
	三门峡虢国 M2001	戈、矛、盾钖	戈、戚	盾
	宝鸡竹园沟 M7	戈、矛、钺、盾钖	戈、戚	盾
	宝鸡竹园沟 M13	戈、矛、钺、盾钖	戈、戚	盾
	随州叶家山 M28	戈、矛、戟、钺、盾钖	戈	盾
	随州叶家山 M65	戈、戟、钺、盾钖	戈	盾
	随州叶家山 M111	戈、矛、戟、钺、盾钖	戈、钺	盾
	枣阳郭家庙 GM21	戈、矛、钺、盾钖	戈	盾
	灵台白草坡 M1	戈、斧、钺、盾钖	戈、戚	
	灵台白草坡 M2	戈、戟、盾钖	戚	
	韩城梁带村 M502	戈、钺	戈	盾
	长安张家坡 M170	戈、矛、钺、盾钖	戈	盾
	江陵藤店一号墓	戈、矛、戟、钺		盾
	荆门包山 M2	戈、矛、戟、斧式戚		盾
被盗扰等级不明墓葬	长安张家坡 M183	戈、矛、盾钖、兽面饰	戈、戚	盾
	长安张家坡 M199	戈、矛、钺、盾钖		
	洛阳北窑 M5	戈、戟、钺、盾钖		
	洛阳北窑 M155	戈、盾钖	戚	

---

[1][汉]郑玄（注），[唐]孔颖达（疏）. 礼记正义卷四十九[M]//十三经注疏. 北京：北京大学出版社，1999.

[2][汉]郑玄（注），[唐]孔颖达（疏）. 礼记正义卷二十五[M]//十三经注疏. 北京：北京大学出版社，1999.

[3][59]林沄. 说戚、我[C]//古文字研究（第17辑）. 北京：中华书局，1989；林巳奈夫. 中国殷周时代的武器[M]. 京都：京都大学人文科学研究所，1972.

[4][18]钱耀鹏.中国古代斧钺制度的初步研究[J].考古学报，2009（01）.

[5]中国科学院考古研究所. 沣西发掘报告[M]. 北京：文物出版社，1963.

[6][37]中国社会科学院考古研究所. 张家坡西周墓地[M]. 北京:中国大百科全书出版社,1999.下文凡注明张家坡的材料，皆引自此.

[7][15]杨伯达. 中国玉器全集（上）[M]. 石家庄：河北美术出版社，2005.

[8]宝鸡市博物馆. 宝鸡强国墓地[M]. 北京：文物出版社，1988. 下文凡注明竹园沟的材料，皆引自此.

[9]陕西省考古研究所，渭南市文物保护考古研究所，韩城市文物旅游局. 陕西韩城梁带村遗址M26发掘简报[J]. 文

物，2008（01）.

[10] 陕西省考古研究院，上海博物馆. 金玉华年——陕西韩城出土周代文物珍品[M]. 上海：上海书画出版社，2012.

[11] 河南省文物考古研究所，三门峡市文物工作队. 三门峡虢国墓（第一卷）[M]. 北京：文物出版社，1999.

[12] 李清丽. 精美绝伦的虢国玉器（上）[J]. 东方收藏，2011（12）.

[13] 洛阳市文物工作队. 洛阳北窑西周墓[M]. 北京：文物出版社，1999.

[14][16][17] 古方. 中国出土玉器全集（5）[M]. 北京：科学出版社，2005.

[19] 甘肃省博物馆文物队. 甘肃灵台白草坡西周墓[J]. 考古学报，1977（02）.

[20] 古方. 中国出土玉器全集（15）[M]. 北京：科学出版社，2005；甘肃省博物馆文物队. 甘肃灵台白草坡西周墓[J]. 考古学报，1977（02）.

[21] 河南省文物考古研究院，平顶山市文物管理局. 平顶山应国墓地I[M]. 郑州：大象出版社，2012. 下文凡注明应国的材料，皆引自此.

[22] 崔天兴. 先秦时期锯齿刃石钺的考古学研究[J]. 中原文物，2016（06）.

[23] 陕西省考古研究所，宝鸡市考古队. 陕西省宝鸡市峪泉周墓[J]. 考古与文物，2000（05）.

[24] 陕西省文管会秦墓发掘组. 陕西户县宋村春秋秦墓发掘简报[J]. 文物，1975（10）.

[25] 湖北省博物馆. 曾侯乙墓[M]. 北京：文物出版社，1989.

[26][39] 湖北省荆沙铁路考古队. 包山楚墓[M]. 北京：文物出版社，1991.

[27] 吕树芝. 战国彩绘龙凤纹漆盾[J]. 历史教学，1983（08）.

[28] 湖北省文物考古研究所. 江陵九店东周墓[M]. 北京：科学出版社，1995.

[29] 山西博物院，湖北省博物馆. 荆楚长歌——九连墩楚墓出土文物精华[M]. 太原：山西人民出版社，2011.

[30] 襄樊市博物馆，老河口市博物馆. 湖北老河口安岗一号楚墓发掘简报[J]. 文物，2017（07）.

[31] 湖北省文物考古研究所，襄阳市文物考古研究所，枣阳市文物考古队. 湖北枣阳九连墩M2发掘简报[J]. 江汉考古，2018（06）.

[32] 湖北省文物考古研究所，襄阳市文物考古研究所，枣阳市文物考古队. 湖北枣阳九连墩M1发掘简报[J]. 江汉考古，2019（03）.

[33] 河南省文物考古研究所. 新蔡葛陵楚墓[M]. 郑州：大象出版社，2003.

[34] 湖北省博物馆，随县博物馆，中国社会科学院考古研究所技术室. 湖北随县擂鼓墩一号墓皮甲胄的清理和复原[J]. 考古，1979（06）.

[35] 湖南省博物馆. 长沙浏城桥一号墓[J]. 考古学报，1972（01）.

[36] 中国社会科学院考古研究所，北京市文物研究所琉璃河考古队. 北京琉璃河1193号大墓发掘简报[J]. 考古，1990（01）.

[38] 湖北省荆州地区博物馆. 江陵天星观1号楚墓[J]. 考古学报，1982（01）.

[40][45] 卢连成，胡智生. 宝鸡強国墓地[M]. 文物出版社，1988.

[41] 荆州博物馆. 江陵李家台楚墓清理简报[J]. 江汉考古，1985（03）.

[42] 湖北省博物馆，荆州地区博物馆，江陵县文物工作组. 湖北江陵拍马山楚墓发掘简报[J]. 考古学报，1973（03）.

[43] 湖南省文物管理委员会. 长沙出土的三座大型木椁墓[J]. 考古学报，1957（01）.

[44] 中国社会科学院考古研究所. 滕州前掌大墓地[M]. 文物出版社，2005.

[46][63] 襄樊市考古队，湖北省文物考古研究所，湖北孝襄高速公路考古队. 枣阳郭家庙曾国墓地[M]. 北京：科学出版社，2005.

[47] 荆州地区博物馆. 湖北江陵藤店一号墓发掘简报[J]. 文物，1973（09）.

[48] 荆州博物馆. 江陵雨台山楚墓发掘简报[J]. 考古，1980（05）.

[49] 湖北省文物考古研究所. 江陵雨台山楚墓发掘简报[J]. 江汉考古，1990（03）.

[50] 湖北省文物考古研究所. 江陵九店东周墓[M]. 北京：科学出版社，1995.

[51] 湖北省宜昌地区博物馆，北京大学考古系. 当阳赵家湖楚墓[M]. 北京：文物出版社，1992.

[52] 湖北鄂城县博物馆. 鄂城楚墓[J]. 考古学报，1983（02）.

[53] 湖南省博物馆，湖南省文物考古研究所，长沙市博物馆，长沙市文物考古研究所. 长沙楚墓[M]. 北京：文物出版社，2000.

[54] 曹斌. 商周铜戉研究[J]. 考古与文物, 2011 (03).

[55] [汉] 郑玄 (注), [唐] 孔颖达 (疏). 礼记正义卷二十 [M] // 十三经注疏. 北京: 北京大学出版社, 1999.

[56] 杨华.《尚书·牧誓》篇新考[J]. 贵州社会科学, 1996 (05).

[57] 王贵生. 试论干戚之舞[J]. 西北师大学报 (社会科学版), 2003 (03).

[58] 何驽, 罗明. 两周大武舞道具考略[J]. 考古与文物, 2005 (05).

[60] 王志友, 赵丛苍. 论城洋铜器群中青铜泡、人面与兽面饰及弯形器的用途[J]. 西部考古 (第三辑), 2008.

[61] 中国社会科学院考古研究所, 北京市文物研究所琉璃河考古队. 北京琉璃河1193号大墓发掘简报[J]. 考古, 1990 (01). 琉璃河M52和M1193均出有铭文为"匽侯舞戈"的铜戟, 可推知在西周时期戈、戟统属戈类器.

[62] 发掘者认为标本M502: 172漆器疑似框架形物, 笔者根据其形状及大小 (残长100厘米、残宽33厘米) 推测其为漆盾.

[64] [汉] 郑玄 (注), [唐] 贾公彦 (疏). 周礼注疏卷二十四[M] // 十三经注疏. 北京: 北京大学出版社, 1999.

[65] 钖指代盾类器物, 多数漆木盾腐朽只残存盾钖, 值得注意的是部分盾不饰盾钖也在钖所指代的范围之内; 戚指代戚和钺.

北朝时期中原佛教艺术概说

武 玮
河南博物院

摘要：北魏迁都洛阳后，由于北朝统治者敬崇佛教，以洛阳、邺城二都及附近地区为中心，在皇家权贵的赞助下中原地区开始大规模营建佛教寺院、修建佛塔和凿窟造像等；民间佛教信众亦兴起雕凿石造像和造像碑，用于供奉信仰和祈福禳灾。佛教甚至直接影响到北朝王朝的陵寝制度，并延续至后世。印度佛教艺术与中国传统文化交融，形成具有中国审美情趣的佛教艺术风格，将中原佛教艺术推至兴盛时期。

关键词：北朝；中原；佛寺；塔；石窟造像；造像碑

佛教传入中国的具体时间有很多版本，但多数学者认同在东汉明帝永平年间，佛教通过外交途径，正式传入中原。汉明帝在国都洛阳城雍关西改建寺院白马寺，提供给天竺僧人摄摩腾、竺法兰作为译经场所。白马寺属于官方兴建的第一座寺院，因此也被认为是中国佛教的发源地，有中国佛教"祖庭"和"释源"之称。此后，有关佛教的记载增多，除了汉明帝、汉桓帝本人喜好佛教外，东汉皇室及豪强权贵也有热衷祠祀佛像，以祈福禳灾和追求长生升仙为目的的。

东汉末至西晋，大月氏僧人东至中国传布佛教，先后翻译出小乘和大乘佛典多部，推动了汉地佛教的发展，佛教逐渐得到统治者支持与贵族阶层的信奉。三国魏晋时期中原地区佛教寺院造像以及佛教绘画、雕塑等艺术创作得到发展，《高僧传·法护传》曾提到西晋初期京师洛阳多寺庙图像。据《历代名画记》和《贞观公私画史》记载，西晋时期著名画家也喜作佛画，如卫协的《七佛图》、史道硕的《梵僧画》、张墨的《维摩诘变相图》等。

十六国时期（304年—439年）中原为游牧民族建立的多个政权所统治，时局跌宕、战乱频仍，百姓生活痛苦不堪，不得已转而求助宗教寻求解脱。当政者如后赵的石勒、石虎父子，前秦的苻坚和后秦的姚苌、姚弘父子等多信奉佛教，热衷佛经传译、寺庙兴建。以佛图澄、昙无谶、鸠摩罗什等为代表的高僧借此弘扬佛法，翻译佛经，宣传来世思想，促使中原佛教在十六国时期进一步得到发展。

公元5世纪由鲜卑族拓跋部建立的北魏政权结束了十六国混乱局面，重新统一北方。北魏道武帝天兴元年（398年）建都平城（今山西大同），营建寺塔、剃度僧尼。太延五年（439年）太武帝灭北凉统一北方后，迁凉州僧尼及工匠至平城，北魏佛教由此发展。此后历代君主除魏太武帝曾灭佛外，均推崇佛法，极大地刺激了中原佛教的发展。[1]

特别是北魏太和十八年（494年）孝文帝把都城由平城迁到洛阳，开启了北魏洛阳时代，北方的政治、经济、文化中心再次移至中原。在此期间，孝文帝全面推行汉化，逐步建立以拓跋贵族集团为主、汉族士族为辅的联合政权；同时以北魏皇帝和官僚贵族集团为首，求助于佛教宗教神学作为思想统治的精神支柱，掀起自上而下社会各阶层的崇信佛法高潮，进一步推动中原佛教进入兴盛时期。伴随佛教经籍义理的传入，来自印度的佛教艺术也流播中国，与中国传统文化相交融，形成具有中国传统审美情趣的中原佛教艺术风格。从历史文献及现存的佛教寺院、塔、石窟造像等遗迹遗物中我们可以追寻北朝中原的佛教艺术风格。

一、北朝佛寺和塔建筑风格的多样化

1. 佛寺

南北朝时佛寺建筑大兴，而北朝兴建的佛寺数量尤甚于南朝。唐代释法琳曾描述北魏一朝佛寺、僧尼、佛经数量："元魏君临一十七帝，一百七十年，国家大寺四十七所。又于北代恒安治西，旁各上下三十余里，镌石置龛遍罗佛像。计非可尽庄严弘观，今见存焉，虽屡遭法灭斯龛不坏。其王公贵室五等诸侯寺八百三十九所，百姓造寺三万余所。总度僧尼二百万人，译经一十九人四十九部。"[1]（《辨正论·卷三·十代奉佛上篇·第三》）文字虽未免有夸大之辞，但也说明了北朝佛寺数量庞大。

北朝时期国家政治中心主要有平城（大同）、洛阳、邺都（临漳）和大业（西安）四地，也是这一时期城市佛寺建筑的集中之地。据《魏书·释老志》记载，太和二年北魏平城建有佛寺近百所。《洛阳伽蓝记》记载洛阳在西晋末年永嘉之乱前仅有42座佛寺，后历经十六国战乱直至北魏孝文帝迁都洛阳后，重新规划扩建洛阳城，使洛阳城继汉晋之后重返昔时繁华，再度成为国家政治、经济、文化中心。根据历史文献和考古发掘，北魏洛阳城分为宫城、内城和外郭城三重城圈，外郭城面积约100平方公里，规模远大于东汉洛阳城。北魏洛阳城内划分布置有200多个里坊，城内设有用于商贸交易的市场，是中古时期世界上规模最大的城市。由于北魏统治集团崇信佛教，于洛阳城内广建佛寺，洛阳成为当时全国佛寺最多的城市和北方佛教中心。孝文帝迁都之初，佛寺建筑尚有节制，到宣武帝时修建佛寺数量激增。国家大寺有孝文帝建的大觉寺、宣武帝建的普通寺和大定寺等4座寺。鼎盛时期，据《洛阳伽蓝记》记载有寺院1367所。直到孝静帝534年迁都邺城后，洛阳政治地位虽下降，但仍保留有421所寺院，从中可窥知洛阳佛教信仰的盛况。534年权臣高欢挟持孝静帝离洛迁都邺城（河北临漳），《洛阳伽蓝记》载"暨永熙多难，皇舆迁邺，诸寺僧尼亦与时徙"。随着大量僧尼迁至邺城，当时著名的高僧如菩提流支、勒那摩提、佛陀扇多、慧光、僧稠、道凭、法上等也云集邺城，中原佛教中心随之转移到此，至北齐邺城佛学达到全盛。东魏孝静帝舍邺城旧宫为天平寺，东魏孝明帝在邺下建大觉寺，北齐文宣帝高洋舍清河王宅邸为大庄严寺等。毗邻邺都的河南安阳一带佛刹林立，著名寺院有修定寺、宝山寺、响堂寺、云门寺等。据《续高僧传》记载："都下大寺略计四千，见住僧尼仅将八万，讲席相距二百有余，在众常听出过一万。"

另外南北朝时期僧侣也多选择山林偏远之地修建寺院以观禅悟道。嵩山距离国都洛阳较近，成为北朝佛寺建筑集中之处。山寺大多因北魏皇室支持而建，其中以少林寺、闲居寺、会善寺为代表。少林寺是北魏孝文帝为高僧跋陀建，北魏孝明帝时天竺禅宗菩提达摩来到少林创立了中国禅宗，故少林有"禅宗祖庭"之称。闲居寺始建于北魏永平年间（508年—511年），为北魏宣武帝营建的皇家寺院，后改名为嵩岳寺。会善寺本为北魏孝文帝的离宫，北魏正光年间扩建，为禅宗北宗传播中心。

北朝佛寺建筑还有一类是择于石材丰富地区开凿的石窟寺，用于观像参禅。

中国早期佛寺建筑源自印度本土寺院，如始建于东汉的白马寺，《魏书·释老志》记载寺内"盛饰佛图，画迹甚妙，为四方式，凡宫塔制度，犹依天竺旧状而重构之，从一级至三、五、七、九。世人相承，谓之'浮图'，或云'佛图'"。所谓"宫塔制度"指环绕佛塔而建造的堂阁建筑，最接近天竺寺院布局。到北朝时期，寺院建筑更多吸收中国传统建筑布局特色，推动了中国佛寺建筑汉地化。

北朝时期常见的寺院建筑布局以塔为中心，附以佛殿、僧尼房等建筑，但佛殿的主体地位逐步抬升。以洛阳永宁寺、景明寺为例。永宁寺是北魏皇家建造规模宏大的寺院，也是北魏洛阳时代佛教建筑的重要标志。寺院位于宫城前方铜驼街重要官署区的西侧，是熙平元年（516年）胡太后（宣武帝皇后）以孝明帝的名义敬造。寺院为前塔后殿的建筑布局，寺院南、东、西三面皆为殿堂式院门，南门仿宫城端门，有三重门楼、通三门道。

其一，佛塔作为主体建筑置于寺院的中心。佛塔北面建有佛殿一所，建筑形制与皇家太极殿一般庄严雄伟，殿中供奉有金像、绣珠像、金织成像、玉像等，最大的佛像高达丈八。寺院另建有僧房千余间，供僧人日常生活居住。寺内外穿插园林布景，有"栝柏椿松，扶疏檐霤，丛竹香草，布护阶墀"。（杨衒之：《洛阳伽蓝记·卷一·城内》）景明寺为北魏宣武帝所建，寺院建筑主要为中国传统的庭院楼阁回廊。"山悬堂观，一千余间。复殿重房，交疏对霤。青台紫阁，浮道相通。虽外有四时，而内无寒暑。房檐之外，皆是山池。竹松兰芷，垂列阶墀，含风团露，流香吐馥。"（《洛阳伽蓝记·卷三·城内》）胡太后时又于寺内修建一座七层佛塔，佛塔的装饰精美程度仅次于永宁寺塔。每年四月佛诞日，洛阳诸寺的佛像和恭迎人员齐聚景明寺，足见景明寺在洛阳诸寺中的崇高地位。

其二，"前佛殿后讲堂"的佛寺建筑，则完全抛弃了以塔为中心的寺院布局。这类寺院多为北魏皇室贵族舍宅为寺，如洛阳建中寺，"以前厅为佛殿，后堂为讲室"（《洛阳伽蓝记·卷一·城内》），院内附以园林，使中国佛寺具有假山、亭台楼阁、林池等庭院式园林的布局。

其三，以佛殿为中心的佛寺建筑，如洛阳景乐寺内"有佛殿一所，像辇在焉。雕刻巧妙，冠绝一时。堂庑周环，曲房连接，轻条拂户，花蕊被庭"。（《洛阳伽蓝记·卷一·城内》）景乐寺以佛殿为中心，讲室、僧尼房等建筑连廊环绕周围。

2．佛塔

印度佛塔为供奉佛院舍利而设，为实心建筑物。中国早期佛塔也主要依照印度佛塔样式建于寺院。到北朝时期佛塔已经有木、石、砖等材质，从最早的单层向多层发展，塔身高度逐渐增高，建筑形制也多有变化。

代表了汉地建筑的多层楼阁式木塔成为佛塔的主要类型，塔不但可瘗埋舍利、供奉佛像，亦可登临远眺。如著名的永宁寺佛塔基座40米见方，塔高9层，高约140米。（图1）塔身平面为方形，上建塔刹十丈，刹顶置金宝瓶，宝瓶下有承露金盘。《洛阳伽蓝记》记载永宁寺佛塔："架木为之，举高九十丈。上有金刹，复高十丈。合去地一千尺。去京师百里，已遥见之。""殚土木之功，穷造形之巧，佛事精妙，不可思议。"（图2）建成后永宁寺塔成为洛阳城的制高点，孝明帝和胡太后登临佛塔俯视洛阳，"视宫中如掌内，临京师若家庭"。考古发掘永宁寺塔基时发现檐柱之间各有壁龛遗迹，应是当时用于供奉佛像。在土坯堆砌的实心塔体北壁，还残留有供人登塔的木梯痕迹。塔基周围清理出1500多件彩绘泥塑残件，主要有佛、菩萨、弟子（图3）、僧侣、供养人（图4）、飞天等[2]。

砖石材质的佛塔比较普遍，有洛阳西阳门外宝光寺中的三层塔，"以石为基，形制甚古"；广平王元怀所立的大觉寺内有"砖浮图一所。是土石之工，穷精极丽"。（《洛阳伽蓝记·卷四·城

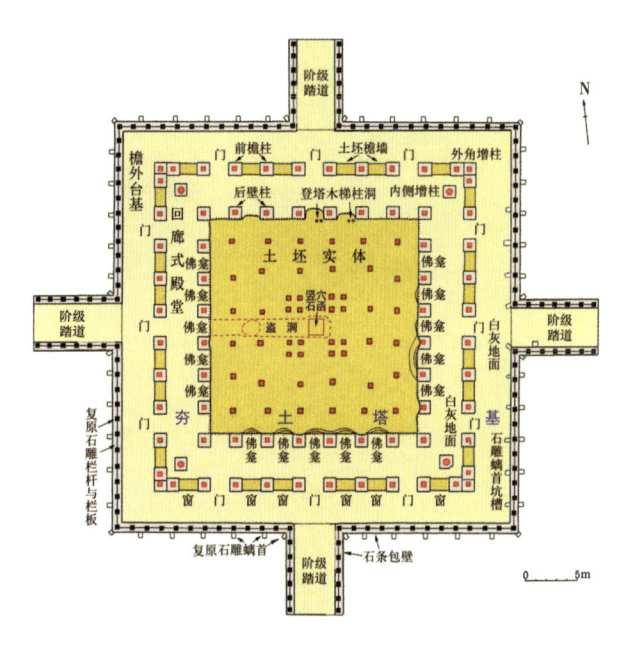

图1　北魏洛阳永宁寺塔基复原图

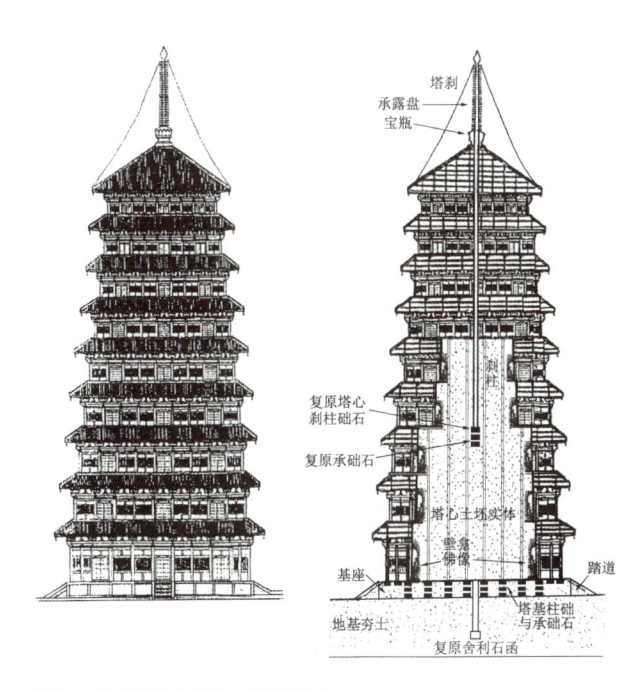

图2　北魏洛阳永宁寺木塔复原图

图3 永宁寺佛弟子陶塑

图4 永宁寺供养人陶塑

图5 嵩岳寺塔 郑州市文物局提供

西》）现存著名的砖塔为矗立于嵩山的嵩岳寺塔，北魏正光四年（523年）建，塔高36.78米，层数15层，全塔用青砖和黄泥浆垒砌而成，外部敷以白灰皮装饰，是中国现存最早的密檐式砖塔和唯一一座十二边形塔。塔身整体虽为十二面楼阁式砖塔，但在第一层塔身周围砌出了八个单层方形的壁龛，反映了北魏时期单层佛塔与多层楼阁式佛塔建筑并存的状况。（图5）

二、北朝石窟造像的流行

中国早期石窟寺源于僧人们修禅居住而开凿的洞窟，按功能可分为禅窟、塔庙窟和佛殿窟。[3] 北方中原佛教重视禅观实践，僧众常聚集在山林幽静处"凿仙窟以居禅"。公元5世纪后石窟普遍出现，特别是北魏时期开凿窟龛逐渐成为僧尼信众禅行观像、广建功德的修行方式后，大量的石窟寺开凿建造，与南朝形成鲜明对比。

北朝大规模的石窟造像始于北魏平城时代。北魏文成帝复法后，遂在平城附近的武周山开凿云冈石窟（460年），直到北魏迁都洛阳后仍在继续。在平城附近还开凿有鹿野苑石窟、鲁班窑石窟、吴官屯石窟和焦山寺石窟等小型石窟。孝文帝迁都洛阳后，中原则形成以洛阳为中心的石窟群，以北魏皇室开凿的洛阳城南伊阙龙门石窟为主，众多中小型石窟如巩义大力山石窟、义马鸿庆寺石窟、吉利万佛山石窟、孟津谢家庄石窟、新安西沃石窟、宜阳虎头寺石窟、伊川鸦岭石窟、嵩县铺沟石窟、偃师水泉石窟、淇县青岩石窟等如众星捧月般分布在龙门周围。

龙门位于今洛阳市南郊龙门山麓，东北距北魏洛阳城20公里，是北魏迁都洛阳后开凿的最重要的石窟群。龙门最早龛窟造像时间在孝文帝迁洛之前[4]，北朝时期石窟开凿时间主要从北魏孝文帝迁洛至北周80多年间，其中以孝文帝迁洛到孝明帝30多年这段时期为龙门石窟开窟造像的最盛期，著名大中型窟有古阳洞、火烧洞、宾阳中洞、莲花洞、魏字洞等。北朝前期开凿的石窟基本有皇家支持，洞窟形制和造像风格受云冈石窟佛像仪轨的影响，后在此基础上加以发展，逐渐形成自己独特的"龙门样式"，进而影响到洛阳周围的中小石窟及北齐邺城附近响堂山石窟。龙门北魏洞窟为马蹄形平面，继承了云冈昙曜五窟形制，穹隆顶，上多刻莲花藻井。主尊造像主要为三世佛或释迦，组合有一佛二菩萨或一佛二弟子二菩萨二力士。洞窟壁面布满列龛，列龛造像有释迦、交脚弥勒、释迦多宝并坐、七佛、阿弥陀佛和观音等。窟龛装饰有千佛、佛传、本生、维摩故事、十神王以及护法天等。窟龛的世俗供养人有单像，也有排成行列，著名的为宾阳中洞北魏孝文帝及文昭皇后礼佛行进队列。造像与云冈前期在风格上有着明显的不同，即变云冈造像的身躯丰圆、面型圆润和浑圆双肩的特点，为身躯修长，面型清瘦，削肩平胸，着褒衣博带式外衣，呈现出瘦削高雅"秀骨清像"的龙门风格。

以古阳洞为例，石窟位于龙门西山南段中部，开凿于493年或之前，北朝时称之为"石窟寺"，洞窟直至唐朝高宗时期仍有凿龛，是龙门石窟开凿最早、时代延续最长、内容最丰富的洞窟。洞窟平面略呈马蹄形，为穹隆顶，但顶上无莲花藻井，高11米，宽6.9米。洞内正壁造一佛二菩萨，主像释迦牟尼佛着双领下垂式袈裟，面容清瘦，眼含笑意，安详端坐在方台上，佛像背后有火焰纹莲瓣形背光和圆形头光，头光内饰莲花、化佛和飞天。主佛左侧为观世音菩萨，右侧为大势至菩萨，表情庄严文静，仪态从容。（图6）古阳洞内壁面各式北魏时期造像列龛密密麻麻，如北海王元详龛、魏灵藏龛、比丘惠感龛、司马解伯达龛、杨大眼龛、齐郡王元祐龛、比丘惠成龛等。（图7）造像为盛行的褒衣博带、秀骨清像，具有鲜明的时代特征，是北魏皇家石窟寺造像中原风格的完美体现。洞内有多幅供养行列浮雕，其中北壁偏下处有一幅贵族女性礼佛图，两位贵族女子跟随在导引的比丘尼身后，一人捧香炉，一人提香袋；二人身后各有两名擎华盖的随身侍女，其后依次有九名拱手侍女鱼贯行进。画面严格遵循了主尊从卑的构图，两名贵族女子身形高大，仪态从容；

图6　古阳洞主尊

侍女则身材瘦小，形容拘谨。人物形象皆修长苗条，延续了秀骨清像的画风。雕刻技法上突出以凹凸浮雕表现形体轮廓外，多辅助以细细的阴线刻画人物身上起伏飘摆的衣纹与饰带等。（图8）洞窟内多见本生故事和佛传故事，按照故事发展内容依次连续刻画，保持故事的完整性和连续性，这类题材多规划凿刻在大小佛龛楣龛额上，如洞窟南壁释迦多宝龛楣上有树下诞生、步步生莲、九龙灌顶等故事。（图9）古阳洞也是北魏时期皇室贵族供养人发愿造像最集中的地方，洞内刻有造像题记800多品，是中国石窟中保存造像题记最多的一个洞窟，久享盛名的《龙门二十品》中有十九品雕刻于古阳洞内。

巩义石窟位于邙山东端大力山南麓，临洛水，西距洛阳故城44公里，建于北魏时期。原名希玄寺，明代《重修大力山石窟十方净土禅寺记》碑称："自后魏宣武景明之间，凿石为窟，刻佛千万像，世无能烛其数者。"北魏之后东西魏、北齐、隋、唐及北宋相继在此凿窟造像。巩义石窟现存北朝洞窟5座，其中1至4窟为中大型窟，第5窟为中型窟。巩义北朝石窟受附近龙门石窟影响较深，但也沿袭云冈石窟旧制，如4座窟皆为中心柱窟，而龙门则为无中心柱窟；巩义多以释迦为主尊，二弟子与二胁侍菩萨组合。（图10）窟内诸佛多为坐像，脸型渐方圆，神态文雅恬静，上身微微前倾，衣纹简练，裾摆垂覆于座前。18幅以帝王或后妃为主体供养行进的浮雕礼佛画面华美妍丽，其构图受龙门石窟影响颇深。石窟中第1窟顶藻井上雕刻化佛、飞天、莲花及卷草图案；四壁最上处雕垂幔璎珞，其下刻千佛，千佛下刻佛龛，为一佛二菩萨或释迦多宝并坐，壁下部刻神王、

图7 古阳洞比丘惠成龛

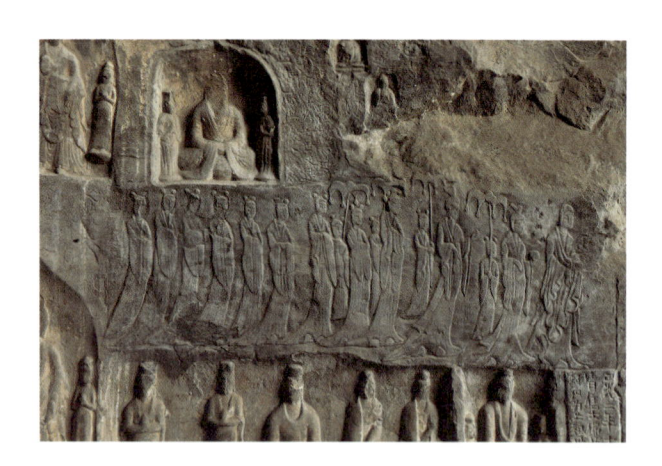

图8 古阳北壁女贵族礼佛图

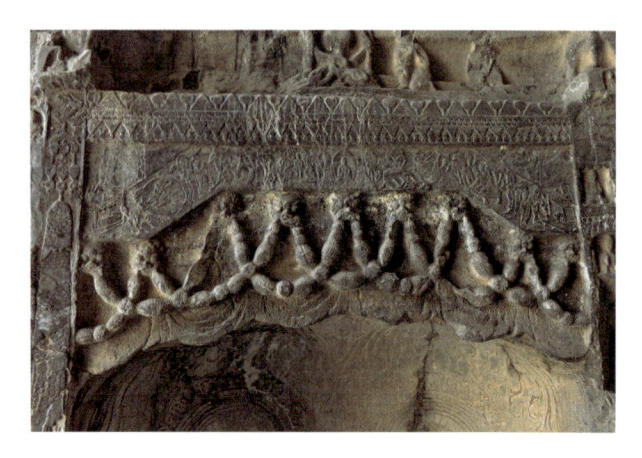

图9 古阳洞龛楣佛传故事

图10 巩义石窟立佛

图11 巩义石窟第1窟中心柱龛

十二宫、神兽、伎乐天等；中心方塔柱四面亦雕刻一大龛，内有一佛二弟子二菩萨组合，龛下二狮子；窟门内壁两侧雕有上下三层帝后及王室权贵礼佛行进图[5]。（图11）

东西魏分裂后，曾经的国都洛阳几遭战乱，皇室贵族再无力于此营建大型石窟造像，这一时期龙门石窟洞窟形制及造像规模显著变小，数量下降。东魏迁都邺城（今河北临漳）后，东魏北齐统治者在国都邺城附近开始了大规模的石窟造像，紧邻邺城的河南北部地区如河南鹤壁五岩寺石窟（东魏）、安阳灵泉寺大留圣窟（东魏）、安阳小南海石窟（北齐）、安阳浚县摩崖大佛（北齐）、安阳林州洪谷寺石窟（北齐）等均开凿于此。这些石窟寺多与当时的高僧行止有关，如安阳灵泉寺大留圣窟是道凭禅修石堂，小南海石窟为僧稠习禅窟。

小南海石窟现存西窟、中窟和东窟三窟，均为北齐天保年间（550年—559年）建造。中窟保存较好，平面呈方形，拱形券门，门额饰二龙拱珠和金翅鸟，下部对称浮雕天王造像。（图12）窟顶盝形，刻有莲花藻井，洞窟内正中（北壁）雕卢舍那佛结跏趺坐于台上，左右刻二胁侍菩萨；东壁为弥勒佛和二胁侍菩萨三尊立身造像，壁上部浮雕有弥勒说法图；西壁为阿弥陀佛和二胁侍

图12 安阳小南海中窟

图13　安阳小南海中窟正壁婆罗门闻偈舍生故事

菩萨三尊立身造像，壁上浮雕有莲枝、菩提树等。洞窟内造像空隙处遍刻说法图、僧俗供养人及题记。供养人均手持莲花，北壁右下有僧稠供养像，身着圆领宽袖袈裟，手执莲花作供养礼佛状，神情虔敬。窟内刻有《大般涅槃经·圣行品》和《华严经偈赞》二经[6]。（图13）洞窟东、西两壁的造像风格仍保留北魏后期以来的秀骨清像式，立佛服饰为北魏的褒衣博带样式。后壁残存的卢舍那佛主尊，因雕刻时代略晚，与前述东西两壁造像风格明显有差异；两侧的弟子形体胖壮，着覆搭双肩袈裟，衣纹简洁，为较成熟的北齐样式[7]。

三、北朝民间石刻造像的兴盛

受石窟寺造像的影响，北朝以单独供养和移运便利的石刻造像在民间广泛流行。它们多是供奉在寺院、家庭佛堂中或安置在村落、道路边，形制分单体造像、四方柱体造像碑、扁体造像碑等。石刻造像与石窟造像相比，虽体积略有缩小，但其雕刻内容与同期石窟造像基本相同，成为中下层经济条件较差的佛教信众礼拜佛像并祈福禳灾的普遍选择。

中原地区所见的石刻造像与石窟造像一样，多分布在豫北地区，包括辉县、淇县、浚县、焦作、沁阳、新乡、修武等地；以洛阳为中心的豫西地区，包括偃师、洛阳、新安等地；以登封为中心的嵩岳地区，包括登封、巩义、荥阳、郑州、新郑、禹州、襄城等地。这些地区石料丰富，为供养人雕刻制作石造像和造像碑提供了方便。

中原北朝石刻造像碑记中多提到"义邑"这类佛教徒团体。"义邑"或称"邑义""法义""邑会"，是居家佛教信众们因共同修习佛教仪式，或从事共同出资营造佛像、寺塔，举办斋会等与佛教有关的社会活动而结成的信仰团体[8]。义邑举办活动时，多由僧尼参与指导。在出资造像时，这些供养人多冠以"像主""开光明主""都唯那""唯那""邑主"和"邑子"的称谓，如北朝景明年间《张难扬造像题记》中有"开佛光明主张难扬"，龙门石窟古阳洞也有"邑主高树""唯那解伯都（北魏景明三年）""邑主马振拜、维那张子成（北魏景明四年）"等。义邑成员人数由十几人至几百人不等，《张难扬造像碑记》为80人，龙门古阳洞《孙秋生造像记》（北魏景明二年）中则多达200余人。《刘根造像碑》中称"影附法义之众，遂至卌（四十）人有余，各竭己家珍……敬造三级砖浮图一区"。北魏初期在中国北方这种流行村邑的民间自发佛教团体开始出现，到宣武帝景明之后已十分盛行，并逐步发展完善，一直影响到后世。

北朝时期义邑多以家族、村邑或寺庙为中心而结成，注重族缘和地缘关系。如河南新郑出土的北齐刘氏家族造《刘子端造像碑》（北齐天保三年，552年）（图14）、《刘绍安造像碑》（北齐天保十年，559年）、《刘绍安造菩萨像》（北齐天统二年，566年）、《刘陆虎造像碑》（北齐天统五年，569年）4通造像碑及造像[9]。根据《刘子端造像碑》题记可知，刘绍安为刘子端、刘陆虎二人之父。《刘绍安造菩萨像》（图15）是刘绍安家族造像中唯一一件圆雕单身造像，石灰岩质地，通高仅有28厘米，而这种圆雕造像少见于河南，多见于邻近定州系佛像，说明该像原本来自河北曲阳或是直接由定州系匠人雕刻而成。[10]在造像题材上，刘绍安家族所造的4件造像中3件为释迦佛，1件为观世音，均为北齐时信徒民众崇奉的主要对象。合村合邑造像碑也很常见，如河南许昌襄城出土的北齐时期《张啖鬼造像碑》（北齐天保十年，559年）、《张伏惠造像碑》（北齐天统四年，568年）和《高海亮造像碑》（北齐天保十年，559年）3通碑。《张啖鬼造像碑记》上"有广州德广郡高阳县人张啖鬼、张伏恭一百人等……敬造天宫一区"[11]。（图16）北魏广州也称南广州，治所在今河南许昌襄城县。根据碑记可知同邑张啖鬼、高海亮、张伏惠等人通过义邑镌刻弥勒、释迦、无量寿佛造像供奉于寺院。

北魏迁都洛阳后，宣武帝笃好佛理，继位后在洛阳龙门进行大规模的开窟造像，如为父母孝文帝和文昭皇后造宾阳中、南洞两窟，永平年间又造宾阳北洞。受社会崇佛风尚影响，民间也效仿捐造石刻造像用于祈福。目前所见时代最早的

图14　刘子端造像碑

图15　刘绍安造菩萨像

图16 张啖鬼造像碑拓片

河南北朝石造像均雕刻于北魏宣武帝景明年间[12]，如《皇甫德造像》（北魏景明二年，501年）、《张难扬造像》（北魏景明四年，503年）（图17）等，为背屏式一佛二菩萨三身像造像。造像题材多为佛、菩萨、禅定坐佛、伎乐天、供养人等。佛像主要有释迦牟尼佛、阿弥陀佛、释迦多宝佛等。佛与菩萨均是面相清瘦，两肩削窄，体态修长。禅定坐佛是景明年间常见的造像题材，多刻于造像头光内和佛龛的龛楣上。伎乐天刻于造像头光外围，或击奏乐器或翩翩起舞，体形清瘦。供养人像也面相清秀，躯体修长，俨若南朝士大夫形象。石刻造像组合及艺术风格特点与同期石窟造像基本相同，但石刻造像的工匠来自民间，供养人也多为社会中下层民众。因此凿刻造像时，不同于皇家营建的石窟寺造像，严格遵循佛像仪轨，在遵循石窟造像时代艺术风格的同时，更易采用中国传统石刻雕造艺术技法，使佛教石刻造像风格富于变化。北魏时期石刻造像逐渐流行减地阴线

图17 张难扬造像正面

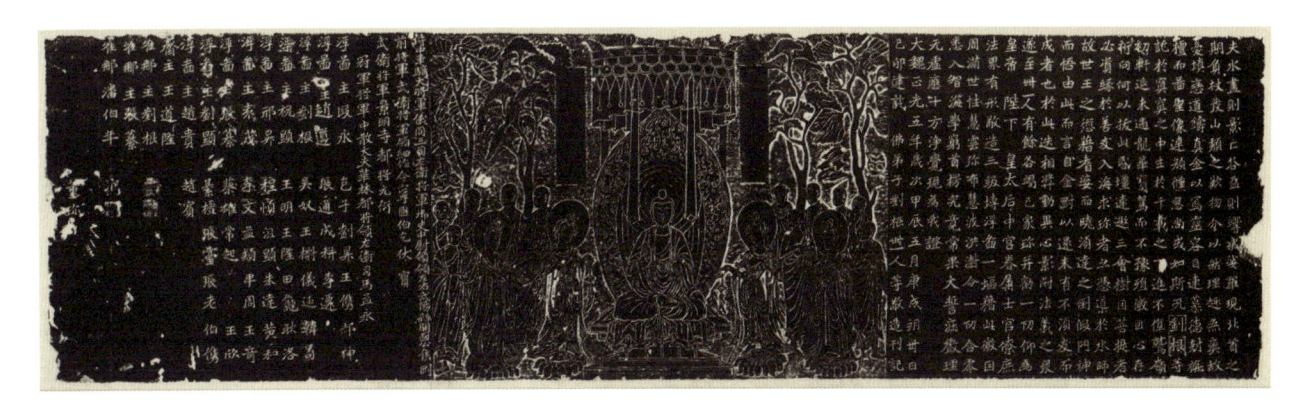

图18 刘根造像碑拓片

刻的技法，如河南博物院藏《刘根造像碑》造于北魏孝明帝正光五年（524年），根据碑记可知这类横长方形造像碑最初是镶嵌在刘根等人敬造的三层佛塔上。《刘根造像碑》凿刻为释迦牟尼鹿野苑说法场景（图18），但人物与场景刻画不是采用北魏造像惯用的浮雕技艺来表现，而是采用了中国传统的减地阴线刻的技法，这类线刻画也见于河南郑州出土的《赵安香造像》背面的佛传故事"白马吻别"。（图19）魏晋南北朝时期佛教绘画主要是创作在寺庙和石窟的壁画，内容有向佛教信徒宣传苦行的佛本生故事、崇扬佛法无边的降魔变和以维摩诘为主体的维摩诘经变等，著名画家如曹不兴、顾恺之、张僧繇、曹仲达等都擅长佛画。文献记载东晋顾恺之画人物线条紧劲连绵，如春蚕吐丝，自然流畅；《图画见闻志》也称北齐曹仲达画人物衣服褶纹多用细笔紧束，似衣披薄纱，又如刚从水中捞出之感，后人称之"曹衣出水"。这种强调细笔连绵的笔意技法为世人所推崇，成为这一时期流行的佛画粉本。工匠们依据佛画粉本加以艺术创作，通过采用中国传统的减地阴线刻技法模拟出这个时代追求的流动如生的线条美感，更易细腻展现绘画特色。这种艺术处理在

图19 赵安香造像背面拓片

北朝贵族墓葬石椁图上也多见运用，如洛阳北魏宁懋石室[13]、洛阳北魏孝子图石棺[14]等。

东魏北齐时期石刻造像以螭首扁体造像碑和四方柱体造像碑为主。螭首扁体造像碑始自北魏

晚期，流行于东魏北齐时代，由碑首、碑身和碑座组成。碑首雕刻多条螭龙盘绕，龙首对称向碑身两侧下垂。碑身以正面像龛为主，东魏时期龛内多雕一佛二弟子二菩萨组合，也有在龛外又雕二辟支佛或二力士，到北齐时期则出现了一佛二弟子二菩萨二辟支佛二力士九尊龛像组合。碑阴及两侧刻有造像记、千佛龛、佛传故事或供养人等。碑座多为方体，东魏时期碑座四周多刻有神王像。如嵩阳寺伦统碑（天平二年，535 年）、北周村造像碑（东魏）（图 20）等。四方柱体造像碑，也有称为"四面石造像"或"四面造像龛"，由碑座、方柱体碑身及四阿式屋顶碑首组成，碑体四面雕凿像龛，每面可上下或并排叠列数龛，每龛可自成独立的主题单元[15]，如佛时寺造像碑（北齐武平三年，572 年）。（图 21）造像艺术方面，逐渐改变北魏流行的秀骨清像风格，佛与菩萨造型渐圆润，体态健壮，形体比例缩短，造型粗壮，展示了北方民族的强健有力。雕刻内容较前期丰富，如弥勒、释迦说法、释迦多宝并坐、思惟太子、观世音、辟支佛等，以及大量的经变故事和佛传故事。以河南许昌襄城出土的《高海亮造像碑》（北齐天保十年，559 年）为例，碑为螭首，碑首正面龛内雕弥勒与二胁侍菩萨。碑身中部雕一尖楣拱形龛，龛内雕一铺九身像。主尊佛半跏趺坐，面相方圆，手施无畏与愿印。紧挨着主佛的是二辟支佛，再往外是二菩萨、二弟子、二力士。此龛上方雕刻的是维摩诘经变中《问疾品》，文殊菩萨和维摩诘各坐于帷帐龛中，两龛中间挤满听法的诸菩萨、弟子。背面碑首浮雕佛传故事逾城出家，下面为造像题记，提到佛教信徒张啖鬼、高海亮、霍早等 30 人建造此碑。《问疾品》中维摩诘不再是清羸病容相貌，而是体躯健壮，游戏坐榻上，手摇麈尾，张口滔滔雄辩。（图 22）

四、佛教艺术对北魏陵寝制度的影响

图 20　北周村造像碑

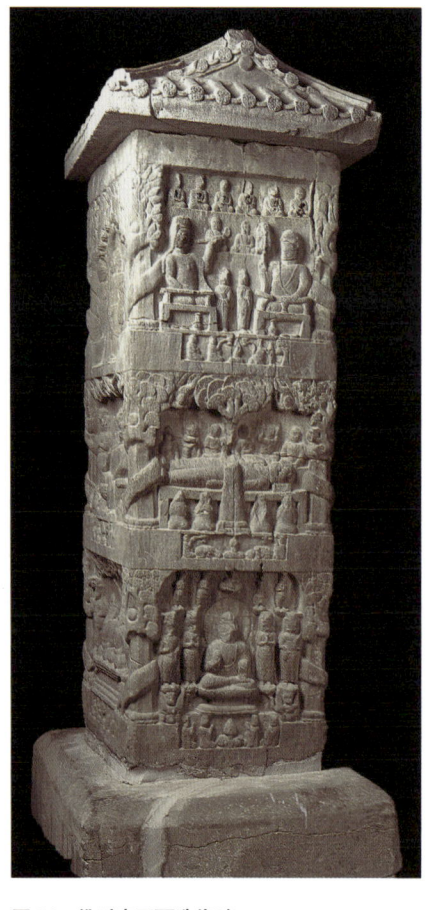

图 21　佛时寺四面造像碑

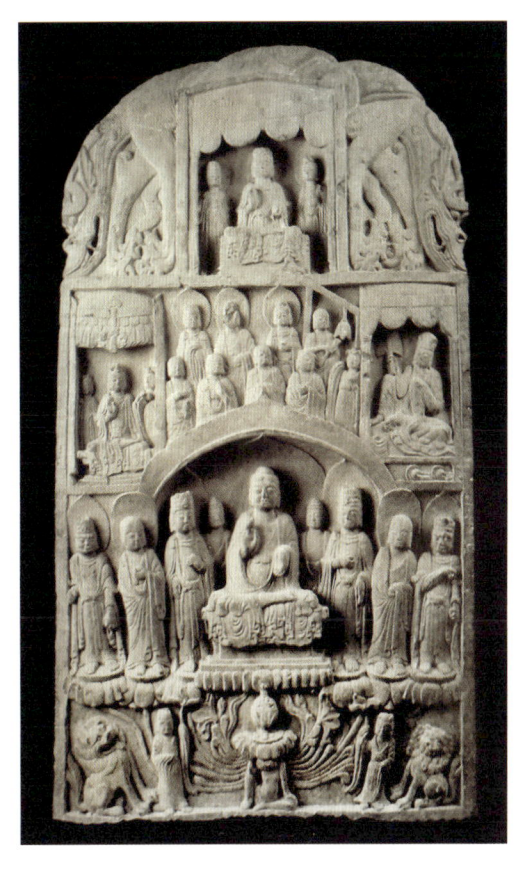

图22 高海亮造像碑

帝王陵寝出现佛教艺术因素，文献见于《魏书·释老志》。据《魏书·释老志》记载："（汉）明帝令画工图佛像，置清凉台及显节陵上，经缄于兰台石室。"虽然《释老志》传东汉明帝在陵墓建筑上图绘有佛像，但《后汉纪》中未见相类记载，考古发掘也进一步证实这一时期佛教对中国墓葬文化影响范围是比较有限的。目前可以确定佛教真正对中央王朝陵寝制度影响应自北魏冯太后永固陵始。

北魏文明皇后冯太后永固陵位于山西省大同市西北方山，始建于北魏太和年间，为北魏历史上营建的规模最大的帝后陵园。整个永固陵区由永固陵、万年堂、思远寺、永固堂（永固石室、清庙）以及方山下的灵泉池宫殿组成。永固陵为圆形封土，高约23米，底部方形，南北长117米，东西宽124米。（图23）经过考古发掘，墓室为砖砌多室墓，由墓道、前室、甬道、后室等部分组成。永固陵墓甬道石券门楣、门柱上雕刻有手捧莲蕾的化生童子形象和孔雀图案，后室顶雕莲花图案，明显受到佛教艺术的影响[16]。

思远寺是北魏建都平城时期的重要皇家寺院，位于都城北面25公里的方山永固陵南部，由冯太后建于孝文帝太和三年（479年），也是帝后幸方山进行佛事活动的重要场所。北魏沙门统僧显主持这所寺院。寺院为前塔后殿的建筑布局，主要建筑皆建造在台地中部第二层平台上，南北45.8米，东西35米。佛塔基址位于第二层平台中部，坐北朝南，边长19.8米，为土木混构的方形木塔，中间砌筑实体塔心，塔心三面各有3个

图23 大同北魏永固陵

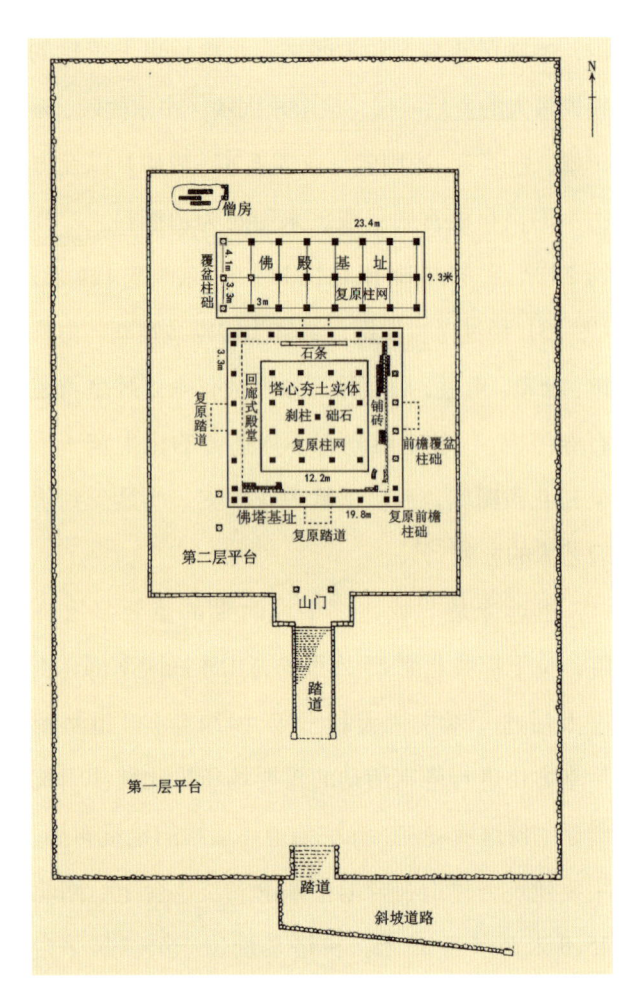

图24 北魏大同思远寺塔基平面复原图

佛龛，塔基回廊周边出土的大量泥塑佛像残件当即雕塑于此。塔心实体外围则是绕塔心实体礼佛用的回廊式殿堂，每面5间。（图24）佛殿基址位于佛塔基址的北面，坐北朝南，也与塔基在同一条轴线上。复原佛殿面阔7间。佛殿西北角为僧房建筑[17]。

思远寺遗址北距永固陵直线距离只有80米。思远寺修建于前（479年），永固陵修建于后（481年），北魏皇家首次采用陵寺结合的形式，反映了北魏冯太后笃信佛教的历史事实。这种做法直接影响到北朝晚期的陵墓，甚至流播到北朝之后[18]。洛阳孟津北魏孝文帝长陵地面上曾出有佛教式样的莲花纹瓦当，可能装饰在寝殿类建筑上[19]。文献记载一些北朝皇室成员终老时也选择了石窟瘗葬、葬于佛寺等方式。如《北史·皇后列传》载，北魏孝文帝废后冯氏出家为尼，死后葬于修行的瑶光佛寺；北魏宣武帝皇后高氏亦死后葬于瑶光佛寺中；西魏文帝乙弗皇后被逼出家为尼，其死后凿麦积崖为龛而葬，号"寂陵"。

五、结语

公元1世纪前后佛教传入中国，作为东汉政治中心的洛阳成为早期佛教经籍翻译整理的源兴之地，佛教义理由此开始传播汉地。北魏迁都洛阳后，佛教在统治政权的强力支持下得以迅猛发展，佛教义理与中国本土思想文化进一步结合，逐渐流布至社会各阶层。

由于北魏皇室对佛教的尊崇，以洛阳、邺城二都及附近地区为中心，在皇家权贵的赞助下中原地区开始大规模地凿窟造像，营建佛教寺院和修建佛塔等。

早期寺院建筑主要模仿印度寺院以塔为中心的建筑格局。北朝时期寺院布局逐渐与汉地传统建筑理念结合。寺院以塔为中心，但逐渐形成前塔后殿的建筑格局，供奉佛像的佛殿建筑地位提升；同时也出现以佛殿为中心或前佛殿后讲堂的寺院格局，塔逐渐退出中心。院内有亭台楼阁廊道等建筑，又置池水、花草、林石穿插其间，使佛寺带有鲜明的汉地园林庭院特色。佛塔形制也呈多样化，除模仿印度佛塔外，具有汉地传统楼阁式木塔和密檐式砖石塔也很流行。皇家大寺多为高层楼阁木塔，塔不但可瘗埋舍利、供奉佛像，亦可登临远眺。

北朝是中国石窟造像的第一个高潮时期。北魏皇室在中原大规模地开凿石窟寺自洛阳龙门始，围绕洛阳周边陆续开凿众多的中小型石窟。北魏孝文帝太和年间提倡衣冠服制汉化，引发石窟造像仪轨从云冈样式变为褒衣博带和秀骨清像的南朝风格。东魏北齐迁都邺城后，僧法上改制僧服，佛像突出圆润健壮的北方民族体型特点，服饰上以覆搭双肩式袈裟取代褒衣博带服饰，形成北齐造像风格。

民间信众亦兴起雕凿石造像和造像碑、铸造铜造像等，用于供奉信仰和祈福禳灾。造像组合及艺术风格与同期石窟造像基本相同，但由于造像工匠来自民间，供养人也多为社会中下层民众，凿刻时不同于皇家营建石窟寺造像严格遵循佛像仪轨，而是在遵循石窟造像时代艺术风格的同时，迎合供养人的需求而变通，也更易采用中国传统石刻雕造艺术技法，使石刻造像风格富于变化。

北魏冯太后佞佛，广建寺院，其永固陵开创了陵寺结合的皇家陵园布局，使佛教直接影响到北魏王朝的陵寝制度，并延续至后世王朝。

综上，北朝时期是中国北方各民族由混乱冲突走向融合的时代，也是华夏与域外文化交流碰撞的重要时代。借助佛教经籍义理的流播，古印度佛教艺术与汉地传统文化充分交融，形成具有中国传统审美情趣的佛教艺术风格，将中原佛教艺术推至兴盛时期。

本文依据笔者于2019年9月台湾佛光山佛陀纪念馆举办的《龙门佛光——河南佛教艺术展》展览期间的讲演稿整理而成，内容有所删减。

---

[1] 魏书·释老志[M]. 北京：中华书局，1974.

[2] 中国社会科学院考古研究所. 北魏洛阳永宁寺1979年—1994年考古发掘报告[M]. 北京：中国大百科全书出版社，1996.

[3] 宿白. 中国佛教石窟寺遗迹——3至8世纪中国佛教考古学[M]. 北京：文物出版社. 2010.

[4] 宫大中. 龙门石窟艺术（增订本）[M]. 北京：人民美术出版社，2002.

[5] 吴茂林. 浅析巩县石窟寺的雕刻艺术[J]. 中原文物，1989（2）；河南省文物研究所. 中国石窟·巩县石窟寺[M]. 北京：文物出版社，1989.

[6] 河南省古代建筑保护研究所. 河南安阳灵泉寺石窟及小南海石窟[J]，文物，1988（4）；丁明夷. 北朝佛教史的重要补正——析安阳三处石窟的造像题材[J]. 文物，1988（4）.

[7] 刘东光. 有关安阳两处石窟的几个问题及补充[J]. 文物，1991（8）.

[8] 刘淑芬. 五至六世纪华北乡村的佛教信仰[M]//礼俗与宗教. 北京：中国大百科全书出版社，2005.

[9] 孟昭东. 新郑县出土北齐造像碑[J]. 文物，1965（9）；王景荃. 河南佛教石刻造像[M]. 郑州：大象出版社，2009.

[10] 李静杰，田军. 定州系白石佛像研究[J]. 故宫博物院院刊，1999（3）.

[11] 周到. 河南襄县出土的三块北齐造像碑[J].文物，1963(10).

[12] 王景荃. 河南佛教石刻造像[M]. 郑州：大象出版社，2009.

[13] 郭建邦. 北魏宁懋石室和墓志[J]. 中原文物，1980（2）；郭建邦. 北魏宁懋石室线刻画[M]. 北京：人民美术出版社，1987.

[14] 黄明兰. 洛阳北魏世俗石刻线画集[M]. 北京：人民美术出版社，1987.

[15] 金申. 中国历代纪年佛像图典[M]. 北京：文物出版社，1994.

[16] 大同市博物馆，山西省文物工作委员会. 大同方山北魏永固陵[J]. 文物，1978（7）.

[17] 大同市博物馆. 大同北魏方山思远佛寺遗址发掘报告[J]. 文物，2007（4）.

[18] 宿白. 盛乐、平城一带的拓跋鲜卑—北魏遗迹——鲜卑遗迹辑录之二[J]. 文物，1977（11）.

[19] 洛阳市第二文物工作队. 北魏孝文帝长陵的调查和钻探[J]. 文物，2005（7）.

宋代权六部尚书、侍郎的设立与废罢考述*

杨计国
河南工业大学

摘要：权六部长贰作为一种权官制度，出现于元祐时期。该制度并非官位缺人，找人临时代理的制度，而是作为宋代职官制度的一部分而存在。对于权六部尚书、侍郎的设立与废罢时间，史书记载颇有歧义。权六部长贰设立不久就饱受诟病，在北宋中后期以及南宋时期，该制度屡置屡废。该制度的兴废，并非完全出于是否适合现实官制需要，有时则是为了迎合政治需要，甚至被打上了恢复祖宗旧制的旗号。

关键词：宋代；尚书；侍郎；权官制度

近年来，学界对宋代尚书省六部关注较多，除了兵部之外，其他五部均有专论。关于宋代六部长贰权官制度，学界鲜有研究。现有研究中，仅有学者在论述六部长官时对权六部长贰的设立有所提及[1]。也有学者对宋代地方州县官权官制度进行过考述[2]。但对于权六部长贰在有宋一代的设立原因、废罢时间与原因未做探讨。

在宋代，除授六部长贰，被称为正除或真除。正除与真除之外，尚有权六部长贰的设置。权六部长贰的设置主要是基于以下三种情况，一是当六部长贰缺人时，暂时由他人临时代行六部长贰之职权。二是除授六部长贰时，如果该官员的散官官品低于所任职事官官品，便在所除授的职事官前加"权"字。三是外交活动中，尤其是派遣官员出使时，如其官职较低，会临时让其以权六部长贰的身份出使。除授权六部长贰主要以第二种情况为主。在元祐年间开始设置权六部长贰，然而权六部长贰制度出现后，在朝堂之上却饱受非议，出现了屡置屡废的情况。现对宋代权六部长贰设立与废罢的时间、原因予以考述，不当之

---

* 本文受河南省哲学社会科学规划项目（2017BLS005）、河南省教育厅人文社会科学研究项目（2020-ZZJH-107）资助。

处，敬请方家指正。

一、权六部尚书设立与废罢时间考述

元丰改制前，寄禄官与差遣职事分离后，担任某一职事官，要求官员具有相当的寄禄官阶，如果寄禄官低于所任职事官，便称权知、权或权发遣等[3]。但元丰改制前，六部长贰基本不负责本部门实际事务，所以未有权六部长贰者。在元丰四年（1081年）官制改革时，根据寄禄官品在职事官前加行守试，此时亦没有设置权六部长贰。直至元祐年间，才开始设置权六部长贰，"所以待资浅之官"[4]。张复华先生指出此为元祐改制的新创成分："既不同于元丰官制，又异于宋旧制。这些新措施的出现，虽基于除弊、简便等不同之动机，然已使元祐改制呈现多样化的风貌。"[5]

元祐三年（1088年）闰十二月庚申，"置六曹尚书权官"[6]，其俸赐、立朝班序、品级则是："俸赐依六曹侍郎守法，叙班在试尚书之下，杂压在左右常侍下，满二年取旨。"[7]官品为正三品[8]。则权六部尚书的官品低于六部尚书、高于六部侍郎。在官阶、俸赐、班位方面，权尚书都在尚书之下。制度虽然设置，但并非六部在此后均除授权尚书。以权工部尚书为例，目前并未见到在元祐三年除授权工部尚书，整个北宋时期，都未曾除授过权工部尚书。但同一时期，权吏部尚书进行了除授，如彭汝砺[9]、王震[10]等均在元祐、绍圣年间任权刑部尚书。

权六部尚书在宋徽宗时期被废除。对于权六部尚书的具体废罢时间，《古今源流至论》《群书考索》均载："崇宁罢。"[11]未具体明言在哪一年罢，而在崇宁元年（1102年）八月乙丑，"罢权侍郎官"[12]。虽无具体史料，但既然废罢权六部侍郎，故权六部尚书之废罢似亦在同一时期。

在南宋时，权六部尚书又有几次设置与废罢。《咸淳临安志》载："元祐二年，始置权侍郎，从四品。明年，置权尚书，正三品。崇宁改元，遵元丰之旧。建炎四年，复权侍郎。绍兴八年，又复权尚书。"[13]《古今源流至论》亦载："绍兴八年复置权尚书。"[14]宋徽宗将权六部长贰废罢后，在建炎四年（1130年）、绍兴八年（1138年）分别恢复了权六部侍郎、权六部尚书，权六部尚书的重新设置要比权六部侍郎的恢复晚了8年。

二、权六部侍郎设立与废罢时间考述

（一）宋哲宗朝权六部侍郎的设立

元祐二年（1087年）七月四日，开始设立权六部侍郎，为从四品。元祐二年七月的诏书对权六部侍郎的任职条件及相关待遇予以说明：

> 除诸行侍郎，如未历中书、门下两省及待制以上职者，并带权字，叙班在诸行侍郎之下，杂压在太中大夫之上，禄赐比谏议大夫，仍不赐金带。候及二年取旨[15]。

如文臣未曾任给事中、中书舍人或侍从官（待制以上）而任侍郎，需要带"权"字。可见，当初之所以设置权六部侍郎，不是临时找人代理侍郎之职，而是部分有才华、有能力的官员资历、职级不够。这样的设置，有利于让有能力而资历不够的官员得到施展才华的机会。

在朝会叙班时，权六部侍郎在诸行侍郎之下；在俸禄领取上，六部侍郎领从三品的俸禄，而权六部侍郎领从四品的俸禄。

（二）宋徽宗朝权六部侍郎的废罢

绍圣二年（1095年）九月，时任监察御史的常安民提出废除权六部长贰："近日请复官制，职事官不带职，寄禄不分左右，至于权尚书侍郎，独以林希、李琮之故不复改易。"[16]当时宋哲宗亲政不久，要继承宋神宗改革精神，权六部侍郎在宋神宗朝不曾设置，所以宋哲宗也要将其废除。实际情况是当时并没有废除权六部侍郎，如在绍圣、元符年间，一直存在除授权工部侍郎者[17]。监察御史常安民也指出因林希、李琮的原因，而未能废除权六部侍郎的制度。

在崇宁元年（1102年）八月乙丑，"罢权侍郎官"[18]。宋徽宗打着恢复宋神宗之制的旗号，而权六部侍郎并非宋神宗所设，所以要废除该制度。张复华先生指出："绍圣、元符时代恢复元丰制度并不彻底，故元祐时之制度，至徽宗即位之后，犹有若干留存者，如权尚书、侍郎官，文臣阶官分左右等皆是。故一旦'绍述'成为国事之重心，这些制度不容于当时，亦理之必然。"[19]将在元祐年间设置的权六部长贰废除，至此，权六部长贰在北宋年间不再设置。

（三）宋高宗朝权六曹侍郎的重置及除授与正除之异

建炎四年五月，宋高宗下诏"复置权尚书六曹侍郎，如元祐故事，位太中大夫上，请给视中书舍人，告谢日，即赐三品服，满二年为真。补外者除待制，未满除修撰"。这次重新除授权六部侍郎，与宰相范宗尹建议有关。范宗尹指出："自崇宁罢权侍郎之后，庶官进用，有不可任以给、舍者，则正除侍郎，超躐太甚。请复旧制，以待资浅新进之人。"[20]自此重设权六部侍郎，此为宋高宗学习元祐之制的表现。同时，从范宗尹的上奏中也可以看到，设置权六部侍郎也是提拔资历不够而又有才能之士的一种手段。该诏书颁布不就，马上就有了权六部侍郎的除授，如在当年六月壬辰，"尚书左司郎中韩肖胄权工部侍郎"[21]。自此以后，除授权六部侍郎的制度一直延续到南宋末年。

在除授程序上，正除六部侍郎与除权六部侍郎有所不同，《淳熙玉堂杂记》载：

> 故事，正除六曹侍郎及杂学士以上，遇辞免，皆降诏不允。给舍并权侍郎则否。绍兴二十七年六月，户部王侍郎师心辞给事中，亦降不允诏书，盖旧官合答诏也。是岁九月，权礼部贺侍郎允中除给事中，辞免，亦降诏，乃误袭王例，非故事也。三十年正月，权工部王侍郎晞亮迁夕拜，不复降诏，得之矣。明年九月，权礼部金侍郎安节亦迁夕拜，又误降诏。自后往往无定论。院官随事申明[22]。

可见，当除授六部侍郎时，当官员象征性地表达谢绝之意时，皇帝则会再下不允诏。而对于权六部侍郎的除授，如果官员上章推辞时，皇帝则不需再次下诏。然而这种制度在绍兴二十七年（1157年）以后遭到了破坏，正是由此之故，翻阅史书时，发现了《赐中奉大夫试尚书吏部侍郎兼太子右庶子兼同修国史兼实录院同修撰汪迋辞免除权工部尚书兼职依旧恩命不允诏》[23]、《朝请郎试吏部侍郎兼侍讲李大同辞免除权工部尚书恩命不允诏》等[24]。

（四）从权六部侍郎到除授六部侍郎的时间

关于从权六部侍郎到正除六部侍郎的时间，

有一年、两年、三年、四年四种说法。

一年说。周必大《文忠集》载："六卿置贰，再岁为真，典常具在。"[25]指出担任权六部侍郎一年以后，即可除授六部侍郎。下面几则史料证实了这一说法。韩肖胄是在建炎四年六月除授权工部侍郎[26]，到了绍兴元年八月，"权尚书工部侍郎韩肖胄以修敕成，落权字"[27]。韩肖胄从权工部侍郎到正除，仅一年有余。韩肖胄从任权侍郎到正除可能与其享受特恩有关，但我们要看到除韩肖胄外，仍有数人一年后即正除。汪逵在嘉定元年（1208年）六月任权工部侍郎[28]，到了嘉定二年（1209年）六月除正侍郎[29]。从权工部侍郎到正除工部侍郎正好一年。张阐在绍兴三十二年（1162年）六月除授权工部侍郎，而到了隆兴元年正月落权字，尚不足一年[30]。

两年说。元祐二年七月，宋廷规定："除诸行侍郎，如未历两省及待制以上职者，并带'权'字，叙班在诸行侍郎之下，杂压在太中大夫之上，禄赐比谏议大夫，仍不赐金带。候及二年取旨。"[31]即担任权侍郎两年之后，由皇帝决定是否对其正式除授。建炎四年五月，重新设置权六部侍郎，"位太中大夫上，请给视中书舍人，告谢日，即赐三品服，满二年，为真"[32]。

三年说。元符三年（1100年）九月丁卯，"诏六曹权侍郎三年磨勘，著为令"[33]。则变成三年方进行磨勘。

四年说。我们从曾布对吕嘉问除授待制的非议中可见："吕嘉问欲除卿，陛下以为不可。欲除侍郎，陛下以为不可。过都门欲一见陛下，亦以为不可。今忽除待制，莫不骇闻。缘权侍郎四年方即真，又一年乃得待制，今比之侍郎，乃更速

五年矣。"[34]

虽然从制度规定来说，从权六部侍郎到真除六部侍郎有明文规定，但皇帝可以摆脱制度的限制，如《文忠集》载："贰卿再岁为真，虽曰故事，然量才录德，乃人主之柄，岂专以日月为限哉？"[35]从权六部侍郎到正除六部侍郎即可得到明证，部分官员从权六部侍郎到正除仅需数月时间，如葛洪在嘉定十七年（1224年）四月任权工部侍郎，三个月后即正除[36]。同样的例子亦有张阐。

三、宋人对权六部长贰制度的批判

权六部长贰制度设立不久，就饱受非议。元祐四年（1089年）正月，身为右正言的刘安世对设立权六部尚书进行批评：

> 臣伏寻典故，都省令仆之次，即列八座，位貌崇重，实亚执政，苟无其人则阙之，不常置也。先帝改命之初，惟吏部之外，他曹长官多不并建，但以侍郎主行，未闻阙事。考之前代，亦不见有权尚书之品，而遽兹创立，义实未安。臣窃谓侍郎之资望最深者，其拜尚书，自允公议，今若加以"权"字，即是未应正除。以不可假人之名，授非所当得之士，欲望中外厌服，堂陛尊严，何可得也？幸门一开，进者日滥，臣虽愚暗，窃为圣朝惜之[37]。

刘安世指出了设置权六部尚书的诸多不合理之处，要求罢权六部尚书的设置。刘安世提法虽有合理之处，比如六部中某一部门的侍郎经过数年的历练，对本部门的熟悉程度肯定超越其他人，如果部门的长官尚书缺人，从工作角度讲，则由侍郎升任尚书最有利于工作的开展，但这一提法

却没有考虑六部官员的迁转程序。宋哲宗朝亦有其他官员对权六部长贰的设置进行批评，提出要废除这种制度[38]。

元祐四年五月，右谏议大夫范祖禹称："臣伏见谏官言宰相范纯仁营救蔡确，乞行罢免，闻纯仁已请避位。宰相进退，系国大体，臣之所见，不敢不陈。纯仁为相一年，日失人望，异口同词，皆以为政事乖方，除授失当，公道不立，私意多行。臣近日上殿札子二道，所言邪正不分及修城开壕等事，皆是议者指为纯仁。政事如特置权尚书，除谢景温，寻以人言而罢，改知郓州，复以尚书告赐之。祖宗以来，无此故事。"[39]依范祖禹所言，则设置权六部尚书是宰相范纯仁的主张。

元祐五年六月，御史中丞苏辙上奏认为六部侍郎不应权本部门尚书："臣闻宰相之任，所以镇抚中外，……今者谤议未息，又复进拟礼部侍郎陆佃、兵部侍郎赵彦若权本部尚书，舍人二人复相次封还陆佃之命。……顷者谓六曹侍郎阙人，朝廷始擢用诸卿、监为权侍郎，盖以不权侍郎，则本曹公事阙官发遣。如礼、兵诸部，事至简少，虽无侍郎，但责郎官，亦自可了。况侍郎既具，而复权尚书，此何说也？若谓侍郎久次，当迁尚书，臣不知尚书久次，当遂迁执政乎？此则为人择官，而非为官择人之意也。"[40]同年八月，苏辙针对户部缺人情况，可以临时设置权官处理户部事务："臣伏以户部财赋出入之地，天下之剧曹，而民之司命也。一日不治，百日将乱。今权尚书梁焘方辞免不出，而两侍郎皆新除未到，独一韩宗道以刑部兼权，则是平日四人职事，而并在一人。况兼刑部事繁，宗道之入户部，止及半日而已。乃本部之官吏，自来日出视事，几至日没而罢，今既无所统领，郎官多相随早出；及议论不一，凡事无所取决，以致文移壅滞，囚禁稽留。臣愚以谓方正官未到之闲，当更差一二人时暂权摄。今学士、给、舍共有六人，职事稀简，宜择详熟吏事者俾权其职，庶几财赋重事不至旷废。"[41]

权六部长贰的设置，在宋代是一种权宜之计，是对现有官制的补充，体现了宋人职官设计中的创新之处，但它的出现同时也是对现有官制的破坏。从该制度的出现就不断遭到士人的批判，也造成了它屡屡废置的情况，但宋代帝王多有绍先王之制的举动，这也是该制度屡废屡置的另一原因。但权六部长贰的设置抑或废置，并非宋代官制中的大事件，并未对整体官制造成大的冲击，从而也未受到较大的关注，这就直接导致了关于权六部长贰设置与废置时间存在不同的记载。

---

[1]惠鹏飞. 宋代吏部尚书的种类和职掌[J]. 开封大学学报, 2014（3）.

[2][3]苗书梅. 论宋代的权摄官[J]. 河南大学学报,1995(3).

[4]林駉. 古今源流至论（续集卷8）[M]. 影印文渊阁四库全书本, 第942册.

[5]张复华. 北宋中期以后之官制改革[M]. 台北：文史哲出版社, 1991.

[6]脱脱. 宋史（卷17）[M]. 北京：中华书局, 1985；李焘. 续资治通鉴长编（卷419）[M]. 北京：中华书局, 2004.

[7]李焘. 续资治通鉴长编（卷419）[M]. 北京：中华书局, 2004.

[8]章如愚. 群书考索·后集[M]. 影印文渊阁四库全书本；谢深甫著, 戴建国点校. 庆元条法事类（卷4）[M]. 哈尔滨：黑龙江人民出版社, 2002.

[9]脱脱. 宋史·彭汝砺传[M]. 北京：中华书局, 1985.

[10]脱脱. 宋史·王震传[M]. 北京：中华书局, 1985.

[11]林駉. 古今源流至论·续集（卷8）[M]. 影印文渊阁四库全书本；章如愚. 群书考索·后集（卷7）[M]. 影印文

渊阁四库全书.

[12] 脱脱. 宋史·徽宗纪一[M]. 北京：中华书局, 1985.

[13] 潜说友. 咸淳临安志（卷5）[M]//宋元方志丛刊. 北京：中华书局, 1990.

[14] 林駉. 古今源流至论·续集（卷8）[M]. 影印文渊阁四库全书本.

[15] 李焘. 续资治通鉴长编（卷403）[M]. 北京：中华书局, 2004.

[16] 皇朝编年纲目备用（卷24）[M]. 绍圣二年九月.

[17] 杨计国. 宋代工部研究[D]. 上海：上海师范大学, 2013.

[18] 脱脱. 宋史·徽宗纪一（卷19）[M]. 北京：中华书局, 1985.

[19] 张复华. 北宋中期以后之官制改革[M]. 台北：文史哲出版社, 1991.

[20] 李心传著, 胡坤点校. 建炎以来系年要录（卷33）[M]. 北京：中华书局, 2013：.

[21] 李心传著, 坤点校. 建炎以来系年要录（卷34）[M]. 北京：中华书局, 2013.

[22] 周必大著, 李昌宪整理. 淳熙玉堂杂记（卷中）[M]//全宋笔记（第五编）. 郑州：大象出版社, 2012.

[23] 真德秀. 西山先生真文忠公文集（卷20）[M]. 四部丛刊本.

[24] 许应龙. 东涧集·朝请郎试吏部侍郎兼侍讲李大同辞免除权工部尚书恩命不允诏[M]. 影印文渊阁四库全书本.

[25] 周必大. 文忠集[M]. 影印文渊阁四库全书本.

[26] 李心传著, 胡坤点校. 建炎以来系年要录（卷34）[M]. 北京：中华书局, 2013.

[27] 李心传著, 胡坤点校. 建炎以来系年要录（卷46）[M]. 北京：中华书局, 2013.

[28] 陈骙, 佚名撰, 张富祥点校. 南宋馆阁续录（卷七）[M]. 北京：中华书局, 1998.

[29][30] 何异. 宋中兴百官题名[M]. 台北：新文丰出版公司印行.

[31] 李焘. 续资治通鉴长编（卷403）[M]. 北京：中华书局, 2004.

[32] 李心传著, 胡坤点校. 建炎以来系年要录（卷33）[M]. 北京：中华书局, 2013.

[33] 李焘. 续资治通鉴长编（卷502）[M]. 北京：中华书局, 2004.

[34] 李焘. 续资治通鉴长编（卷488）[M]. 北京：中华书局, 2004.

[35] 周必大. 文忠集·赐朝议大夫权尚书礼部侍郎兼同修国史兼侍讲兼权工部侍郎李焘辞免礼部侍郎恩命不允诏[M]. 影印文渊阁四库全书.

[36] 陈骙, 佚名撰, 张富祥点校. 南宋馆阁续录（卷9）[M]. 北京：中华书局, 1998.

[37] 李焘. 续资治通鉴长编（卷421）[M]. 北京：中华书局, 2004.

[38] 在绍圣二年三月二十四日, 编修官制局王钦臣亦提出罢权六部长贰, 见《宋会要》职官56之21。

[39] 李焘. 续资治通鉴长编（卷428）[M]. 北京：中华书局, 2004.

[40] 李焘. 续资治通鉴长编（卷443）[M]. 北京：中华书局, 2004.

[41] 李焘. 续资治通鉴长编（卷446）[M]. 北京：中华书局, 2004.

近代河南及各地区行政中心的变迁

董源格　张子伟
河南博物院

摘要：翻开河南近代史，我们可以发现，一如全国其他地方一样，在"三千年未有之大变局"中，河南社会各个方面均发生了巨大变化。本文试从近代河南行政中心变迁的角度，探讨近代化对河南社会产生的深远影响。

关键词：近代河南，行政中心，铁路，矿业，变迁

关于近代化对河南城市格局的影响，马义平在《近代铁路通行对中原城镇格局变动的影响》[1]一文中指出，传统商路及商业中心被铁路和铁路沿线的新兴城市所代替；关于京汉铁路对河南沿线经济的影响，尚珊珊在《京汉铁路与沿线河南经济变迁》[2]一文中从铁路对农业、商业的刺激等方面，说明铁路带动了河南融入全球商品市场的步伐；关于铁路具体在哪些方面对河南经济近代化起到了推动作用，袁中金的《河南近代铁路建设与经济发展》[3]一文，从农业、近代工业、农业商品化、市场结构、控制经济的地区分布等方面说明铁路引起了河南社会全方位的深刻变化。但从整体上对河南每个地区行政中心转移进行一一分析的则较少。

清末以来，河南作为中部省份，相较于沿海地区，接触新事物较晚，转变的步伐较慢。但时代的大门已经打开，铁路、工业（主要是矿业）成为推动河南近代化的最大动因，河南行政中心因应这一逐渐的变化，实现了行政中心布局由传统运输、商业中心向铁路、工业中心的转移。

一、因铁路而兴

河南因铁路而兴的城市，有郑州、新乡、漯河、驻马店、信阳等，它们基本上都位于京广线沿线。京广线的修筑使这些城市迎来了前所未有的大机遇，影响及于今日。

郑州

清代时期，郑州还只是隶属于开封府被称为"郑县"的一个县级城镇，人口不多，规模不大。郑州的快速发展源于清末铁路的修筑。甲午战后，中国向比利时借款修筑由卢沟桥至汉口的卢汉铁

路和开封经郑州至洛阳的汴洛铁路，1906年4月，由卢汉铁路改称的京汉铁路建成通车；1908年年底，汴洛铁路通车。后汴洛铁路向东西延伸，改称陇海铁路。坐拥京汉、陇海交会处的郑州，成为全中国连接东西、沟通南北的重要交通枢纽。清政府已然注意到郑州在全国地位的提升，设立郑州直隶州，领荥泽、荥阳、汜水3县[4]。民国时期，郑州一跃而成为第一区行政督察署驻地，辖郑县、开封、中牟、尉氏、通许、密县、新郑、禹县、洧川、长葛、广武、汜水、荥阳[5]。

以此为契机，投资迅速涌向郑州，郑州一跃而成为河南工商业中心。河南著名的近代工矿企业豫丰纱厂是工业界的翘楚，围绕郑州车站形成了德化街、福寿街等繁盛的商业街[6]。

中华人民共和国成立后，河南省会仍设在开封，郑州为河南省专区之一。国家对河南的工业建设重点为开封、洛阳、郑州、新乡、安阳等地。"一五计划"时期建成了洛阳、郑州两个新的工业基地[7]，郑州工业基础得到大力发展。

考虑到郑州方便的地理位置和交通优势，1951年经中央批准，中共河南省委、河南省人民政府初步决定将省会由开封迁往郑州。1954年10月30日，中共河南省委、河南省人民政府及省一级群众团体迁往郑州，郑州正式成为河南省省会[8]。

新乡

清末以前，新乡县只是豫北一个普通小县城，虽然有卫河之利，但偏离传统陆路商路中心，商贸方面主要依靠道口镇与外界发生联系，商品经济在明清时期长期处于缓慢的状态。清末，虽然新乡政治中心在今卫辉，京汉铁路与道清铁路却在新乡交会，新乡成为新的交通中心，取代了之前豫北经济中心道口镇，改变了传统交通过度依赖水运的状况。

铁路使近代经济在新乡逐渐出现，首先出现的是初级蛋加工业。1909年天津人赵忠发在新乡北关兴办裕兴蛋厂，工人15人。1913年，新乡人张殿臣与当地商绅在裕兴蛋厂旧址兴办了裕丰蛋厂。该厂业务兴隆，于1916年、1917年又在周口、道口、漯河三处设厂。1914年至1919年，新乡蛋厂继裕丰蛋厂而起的有中本、祥泰卿、恒裕、德昌、裕新、福义、慎康、三和成、顺记、隆骡、祥盛魁等，运销于天津、汉口等地。1919年，上海阜新面粉公司、北平通惠实业公司在新乡成立通丰面粉公司，该公司固定资本50万元，流动资本50万元，大量采用机器制作面粉，每日生产5000袋，由豫东及江苏、湖北、安徽等省采购粮食，面粉销往河南省内平汉路、陇海路沿线。1919年，孙中和等人在新乡京汉路西创办炼铁厂，占地百余亩，采用近代机器，雇佣工人数百名，日产铁25吨。1927年，新乡同和裕商行投资15万元在新乡保安街创办万顺机器制造厂，有机器加工设备20余台，聘用工人约150人。

1906年，新乡成立邮政分局，办理汇兑、储金、包裹、平邮、挂号、航空、快信等业务。1919年，新乡电报局成立，线路60里。1931年，新乡长途电话局成立，后逐渐发展，可通电话19处，190里地。

随着民族工商业的发展，闲置的货币资本需要有其投资渠道，民族资本则需要资本的支持，因此汇兑、借贷等新业务在银号中出现，同时也出现了一些新式银行。从清末至"七七事变"期间，新乡先后出现振予银号、同城银号、日升银号等13家近代银行，其中以同和裕最具代表性。同和裕兴盛时期，其分支机构北达北平、天津，南至上海、南京，东至连云港，西至西安，共有分号和办事处41处，店员达850人，存款达1000万元以上。

铁路推动了城市突破原来的界限。铁路通车前，临近卫河的新乡城北门是这一地区最发达的街区。铁路通车后，县城与铁路之间的地区开始出现商号、企业，北门外沿河街、经石榴园、姜庄街、中山大街到火车站开辟为新的商业街。到民国时，第四区专区驻新乡，替代了卫辉在当地的行政中心地位。1935年，新乡城关车站面积达到5平方公里，人口将近4万，新修了十字马路、专员公署大楼、农林学校、监狱、飞机场、运动场等[9]。

漯河

漯河在晚清时期是郾城县治下的一个渡口，因沙河、澧河交汇，水运便利，此地因以发展为一个集镇。但与辐射广泛的豫东商贸中心周口镇比起来，漯河只能算作低一级别的市场，仅有少量手工业作坊和商业店铺。漯河发展轨迹的根本转变在于1906年京汉铁路通车后，在漯河设站。铁路有量大、速快、安全、便利的特点，豫中南的铁路运输迅速取代淮河水运。1913年，漯河火车站客货总收入占京汉路4.4%，在各站中排名第7位，客运收入占京汉路的6.6%，在各站中排名第4位。

漯河周边农贸市场日趋繁荣，农民开始进行经济作物的产业化种植，农副产品的商品化水平迅速提高，漯河逐步发展为省内较大的粮油集散市场和城乡物资交流的中转市场，以囤积货物和食宿客商为主要内容的行栈和转运业相应建立起来，带动了卷烟、畜产品、蛋业、面粉加工发电等行业出现。到1947年，漯河居民已经达到11473户，54829人。到1948年，漯河升级为县级市，1986年漯河升级为地级市，将周边的郾城、舞阳、临颍等地归入辖地[10]。

驻马店

驻马店在清代是汝宁府确山县的一个镇，因设为驿站，供往来信使、官宦驻驿歇马，因名驻马店。虽然驻马店为确山八大镇之一，但由于战乱和自然灾害的影响，直至晚清时期，驻马店仍属非常封闭的农业社会，当地经济条件较差，没有资本主义萌芽的出现，自给自足的封建小农经济占绝对主导地位。驻马店社会状况的彻底改变源于京广铁路的修通和在驻马店设站。驻马店车站设在原驻马店镇东北3里处，该车站建成后，附近地区迅速吸引了人口、商铺集聚，除战乱时期，客运量持续增加，1910年达到7万多人次，超过卫辉、许州、郾城、信阳、新乡等车站。货运方面，1932年，由驻马店火车站每年输出芝麻约50000吨，黄豆10000吨，小麦10000吨，牛羊皮500吨，棉花200吨；由外地通过铁路，每年运入淮盐约20万包，纸烟约4000箱，洋广货约60万元，煤油约3万箱。驻马店成为周边地区的货物集散中心[11]。

京汉铁路通车后，车站附近餐馆、旅社、浴池、百货成批出现，街市不断扩展，手工业作坊如雨后春笋般出现，有22个行业、308户、700多人。打蛋业、卷烟业、银行业从无到有。1923年，驻马店商业营业总收入已经达到1000多万元。1910年，驻马店人口已达60000左右，20世纪30年代一度达到100000人左右。

信阳

三国以来，今信阳地区的行政中心长期位于光州（今潢川县），今信阳市区分属于今驻马店地区。清末时期信阳分属于光州直隶州、汝宁府之信阳州。当时州相当于县一级行政单位，直隶州则为府一级行政单位，今信阳市区在清末时是信阳州驻地，潢川县为光州直隶州驻地。民国时期，第九区管辖今信阳大部分地区，驻地在潢川县。

京汉铁路修通前，信阳由于地处内陆地区，多丘陵起伏，故大道较少、交通不便，相对较为闭塞。境内主要依靠淮河水系与外界联系，向北通往周家口，向南通往江南地区。京汉铁路建成后，信阳境内有5个车站——明港、长台关、信阳、柳林、鸡公山，为当地农产品的运输提供了巨大便利。

信阳地区水土丰美，适合水稻种植，自古就是产米之乡，品种有百日占、二期早、麻壳占、粳稻等10余种。铁路开通以后，粮食大量外卖，1916年，由信阳站运出的大米已有3000吨、黄豆1000吨，面粉2000~3000吨；1934年，由信阳站运往汉口等地的大米已达30000余吨。由于外部市场的扩大，外销便利，经济作物利润较高，刺激了农民进行经济作物种植的积极性，他们改进农业品种，改进生产技术，农业商品化大幅度提高。1935年，潢川、信阳、罗山、息县、固始、光山、经扶7县已种植棉花143773亩，总产243004市担。1946年，仅商城一县，种棉面积已达243004亩，总产41585市担。当地农户纷纷开山种茶，形成了八大茶社。到1932年，信阳4个产茶县产量为3800担，1937年达到5个产茶县，产量为6000担。

信阳本地的手工业也迅速繁盛起来。为便于运输，一些商户将芝麻、大豆就地榨油，仅明港站旁边的中山街两侧就有11家私人油坊。京汉铁路带来了新的缫丝技艺，信阳地区传统的丝织业不断扩大，商城县有10余家专门收购和销售商绢原材料的黄丝行，其中最大的庆隆和号年贸易额达到7000公斤。1915年商城"黄丝"参加巴拿马国际商品博览会获得好评，信阳产的丝织品净白绢、青灰绢畅销国内外。1931年，潢川城关缫丝作坊达11家之多，最大的缫丝作坊年缫丝千斤以上。

近代新式工业亦相继出现。1916年到1919年间，信阳、潢川、商城等地开办了贫民工厂，这些工厂引进机器进行纺织业生产。1921年上海松茂、森元两家公司在乌龙集南街开办打蛋厂，制作蛋黄、蛋清等食品原料。有厂房70余间，工人200余名。1918年，英美烟草公司在罗山开设卷烟厂，有工人300余名，主要产品为"火车头牌"低档卷烟。1939年，罗山当地兴办了强华烟厂，有手摇卷烟机、切烟机，工人600余名。到1945年，罗山当地烟厂已经增至14个，从业人员1300多名，生产品种多样。1918年，当地官员袁家骥出资20000元招股集资创办信阳光华电灯公司，该厂安装三相交流发电机一台，容量为75千瓦，动力设备为蒸汽机，发出来的电主要供应信阳火车站。

由于火车站成为物资、人流的聚集地，信阳城市商业圈也逐渐形成并不断扩展。昔日信阳商业以城内南门大街最为繁盛，铁路修筑后，商业中心逐渐转移到车站以西的共和里一带，即今天大马路和横马路一带。1904年到1926年二十余年间，信阳商号如雨后春笋，日渐增多。信阳城内出现了东、西、南、北、小南门五条商业街[12]。

二、因矿产开采而兴

焦作

清代时期，今焦作市区主要为怀庆府（今沁阳市）属下修武县辖地。该地有悠久的煤矿开发史，但一直为手工开采。清末，英商福公司窃取了焦作煤炭的开采权，在当地进行机器采煤，相应地建立了铁路、煤炭学校等，使当地迅速半殖民地半封建化，相应地，也促使焦作现代化的开启。

福公司1906年开始出煤，1908年产煤24600吨，1909年猛增至231721吨，1910年增至357205吨。1915年，为了垄断当地煤炭行业，福公司与后成立的中原公司合作，成立福中总公司，进行分采合销。1924年，总产量已达1620174吨，福中公司跃居国内第三大煤矿。1902年，福公司的哲美森厂已经雇用工人3000人，辛亥革命前，增至8400人，占全国当时500名以上外资厂矿工人总数的7.7%，1920年，焦作已有工人20200人[13]。

为满足煤炭外运需要，福公司谋求修建一条由焦作清化镇通往道口的铁路，连接卫河，开拓出煤炭销往京津等地的便捷路径。义和团运动被镇压后，福公司代表柯瑞与河北矿务局总办韩国钧就道清铁路修筑问题进行谈判，签订了《河南道口至宁郭驿议建运矿支路章程》，《章程》经河南巡抚批准，并报清政府外务部立案。福公司不等清政府照准，便开始分段修筑铁路，并且起点由武陟县的宁郭驿改为河内县的道口镇。1904年正月，道清铁路正式修通，全长154公里。道清铁路是帝国主义为了掠夺中国矿产而修建的，但在客观上，大大推进了焦作与外部世界的联系。

由于煤矿开采带来的矿工数量及其他从业人员的不断增多，焦作商业随之兴起，哲美森街（中国人称"盐店街"）有百货店、布店、粮坊、日用杂货、修配服务业等数十家。道清铁路修通后，晋冀商人陆续将京津杂货、苏杭绸缎等运来焦作，日本丝绸、百货也进入焦作市场，英孚、美孚、俄国大华三家石油集团相继在焦作设点。1922年，焦作的中山大街（今解放西路从百货大楼至新华街口段）、东马市街（今新华街）基本形成，从与西马市街（今胜利街）、斜街（今生产街）、粮坊街（今和平街）相呼应，另外还有商会街（今福豫街）、花园街等。这些街道构成了焦作最初的城市中心和商业中心。这时，较大的店铺有德茂成、顺德祥、同兴德等二十余家，较大的饭店有同庆楼、四海春、福增轩等，较大的旅店有新宾旅店、招商客栈等，还有宝光照相馆、玉清楼澡堂等，摊贩、加工作坊、服务业、修理业等有二百多家，相当繁荣。

焦作煤矿开采的另一个副产品是焦作路矿学堂的成立。1909年2月25日签订的《河南交涉局与福公司见煤后办事专条》第8条规定："矿路学费，议定本年春季开办，除饭食由学生自备外，所有堂中宿息、舍宇、游戏场以及教习员司、夫役薪工、书籍、文具、仪器、标本、灯火、煤水统归福公司筹给。"1909年3月1日，福公司根据上述规定，在哲美森厂附近创办焦作路矿学堂，河南交涉局派田程总理其事。首届招收20名学生，聘请英籍教师李恒礼等4人和华人陈筱波为教习。焦作路矿学堂是我国第一所矿业高等学校和河南第一所近代高等学校，以后陆续改称福中矿务学校、焦作工学院等，是中国矿业大学和河南理工大学的前身，为我国矿业发展培养了大量师资和技术人才。与此同时，焦作的中小学也陆续兴办起来，先后成立有福中中学、太行中学、福中学校、抚轮中学、同志学校、普济学校、育坤女校、老亚学校、淑义女校等，开启了焦作教育事业近代化的进程[14]。

平顶山

清代时期今平顶山地区主要为汝州府辖地，民国时期，汝州府辖地被周围第十区（专署驻洛阳县）、第五区（专署驻许昌县）、第六区（专署驻南阳县）分割。

中华人民共和国成立后，平顶山分属于洛阳、许昌专区。1953年，平顶山煤矿开始大规模勘探开发，是新中国第一个自主开发的大型煤炭基地[15]。该矿区接近中南缺煤地区，有矿区自营铁路与京广、焦枝两大干线相连，向南可达长江黄金水道，交通运输非常方便。矿区含煤面积1000多平方公里，平均可采总厚度15～21米，预测储量140多亿吨，肥煤占43%，系全国少有，是炼焦的良好骨架。重点供应武钢、二汽、青山电厂、姚孟电厂、华东电网、中南地区各大水泥厂等1000多家大、中型骨干企业，以及城乡群众生活用煤[16]。

1954年成立平顶山煤矿筹备处。1957年3月，设立平顶山市，直辖于河南省。1964年3月，平顶山市改为平顶山特区，实行双重领导，以煤炭部领导为主，河南省领导为辅。1968年恢复为省直辖市，仍为省辖市。

由于煤矿的开发，围绕煤炭生产、加工等形成相关产业，涌入大量工业人口，各企业在给职工建设家属楼时大多在生产区附近，相关的商业等也在职工生活区范围内产生，今天平顶山市区由此奠定。

鹤壁

清末，鹤壁的淇县、浚县归卫辉府管辖，市区归彰德府的汤阴县管辖。民国时期，归第三区（专署驻安阳县）管辖。新中国成立后，今鹤壁地区归安阳专区管辖。1957年，在汤阴县划出一部分成立鹤壁市，经历了安阳专署管辖、省辖、新乡专署管辖等数次变动。1986年，浚县、淇县划归鹤壁管辖，今天鹤壁的大致范围在这时基本确定。

与平顶山相似，鹤壁也是因煤而兴。鹤壁煤田呈单斜构造，南北长约34公里，勘探深度为1000米，平均宽度约4公里，面积约126平方公里，地质储量约13亿吨。1954年以前当地仅有小窑开采，1954年国家开始矿区建设。

因此，鹤壁市区的扩展也因矿区的建设而不断扩展。因一矿的建设，鹤壁集镇发育成为最初的市区；二矿、三矿的兴建，使鹤壁市区扩展到中山地区；随五矿、六矿的建设，市区扩展到山城区；后由于市区地下因采煤成为塌陷区，鹤壁开始向淇滨区扩展[17]。

濮阳

清末，濮阳县、清丰县、南乐县属直隶大名府，范县属山东曹州府，台前县属兖州府。民国时期，濮阳县、南乐县、清丰县属第十七专署（驻濮阳，后改称第十专署），濮县、范县属山东第十专署（驻聊城）。1945年10月以后，中共冀鲁豫党政军机关进驻濮阳。中华人民共和国成立后，冀鲁豫边区撤销，建立平原省，平原省设濮阳专署，辖清丰、南乐、范县、濮县、濮阳城区。（台前县属山东）1952年12月，撤销平原省，濮阳专署划归河南省。1954年9月，濮阳专署和安阳专署合并为安阳专署。1958年3月，安阳专署与新乡专署合并为新乡专署。1961年，安阳专署、新乡专署分设，濮阳主要地区仍属安阳专署管辖。1964年4月，范县由山东聊城专署划归安阳专署。1983年9月，安阳地区撤销，成立濮阳市、安阳市等。

由该地区行政沿革我们大致可以看出，除土地革命时期冀鲁豫边区以濮阳为当地政治中心外，其他大部分时期，濮阳或分属或合属于周边的地级行政中心。直到20世纪70年代末，随着中原油田的开发，濮阳单独立市的条件逐渐成熟。1979年，中原油田投入开发建设。1988年，油、气产量分别达到721.99万吨和12.89亿吨，濮阳成为河南省明确建设的重点石油化工基地。2001年到2010年濮阳市探明的石油资源保有量为12.37亿吨，天然气资源量3675亿立方米。建市以来，以石油化工为基础的中原乙烯、中原大化等大型化工企业成为濮阳的经济支柱[18]。

清末、民国至今，河南多地行政中心转移，深深打上了时代变迁的烙印，这种变化主要是铁路和矿业引起的经济格局的转变而逐渐在政治上反映的结果。全省除洛阳、开封、商丘、安阳、南阳六地行政中心未发生根本性变革外，其余各地区均有更易。这些历史变迁为我们进行行政规划和经济建设布局提供了丰富经验。

[1] 马义平. 近代铁路通行对中原城镇格局变动的影响[J]. 中州学刊, 2016 (8).
[2] 尚珊珊. 京汉铁路与沿线河南经济变迁[D]. 武汉：华中师范大学, 2008.
[3] 袁中金. 河南近代铁路建设与经济发展[J]. 史学月刊, 1993 (4).
[4] 傅林祥, 林涓, 任玉雪. 中国行政区划通史（清代卷）[M]. 上海：复旦大学出版社, 2013.
[5] 傅林祥, 郑宝恒. 中国行政区划通史（中华民国卷）[M]. 上海：复旦大学出版社, 2007.
[6] 宋谦. 铁路与郑州城市的兴起（1904—1954）[D]. 郑州：郑州大学, 2007.
[7] 齐付安. 建国初河南省承接工业产业转移：1949—1957年[D]. 开封：河南大学, 2015.
[8] 谢晓鹏. 1954年河南省会由汴迁郑的历史考察[J]. 当代中国史研究, 2011 (6).
[9] 毛勇. 铁路与新乡城市的兴起（1905—1937）[D]. 郑州：郑州大学, 2010.
[10] 江沛, 陈夏琼. 京汉铁路与近代漯河城市的初兴[J]. 中州学刊, 2014 (2).
[11] 张子君. 京汉铁路与近代驻马店城市发展研究[D]. 郑州：郑州大学, 2018.
[12] 方平. 京汉铁路与近代信阳地区经济发展研究（1902—1949）[D]. 郑州：郑州大学, 2016.
[13] 王敬平. 英商福公司与焦作近代煤炭工业城市的形成[J]. 焦作工学院学报（社会科学版）, 2000 (2).
[14] 衡芳珍. 焦作近代工矿业与焦作的早期近代化[J]. 焦作师范高等专科学校学报, 2010 (4).
[15] 梁尤平, 中原煤仓平顶山——新中国自力更生发展煤炭工业的缩影[J]. 湘潭矿业学院学报, 1992 (S1).
[16] 梁尤平, 黄伯儒. 中原煤仓——平顶山[J]. 煤炭科学技术, 1988 (9).
[17] 舒仁安. 浅谈鹤壁矿区煤炭资源的开发与利用[J]. 煤矿设计, 1982 (12).
[18] 尚成成. 石油资源枯竭型城市转型发展研究——以濮阳市为例[D]. 开封：河南大学, 2014.

博物馆继续教育工作研究

司秀琳

河南博物院

摘要：近年来，继续教育在我省各个领域如火如荼地开展，从理论到实践效果显著。但从另一个角度讲，还存有很多提升空间。通过对博物馆从业人员继续教育工作现状分析和探讨，我们试图找到一条适合博物馆工作人员继续教育、持续提升的最佳途径。

关键词：博物馆；继续教育

本文以博物馆从业人员为研究对象，谈谈博物馆人的继续教育工作问题。这里所说的博物馆继续教育即博物馆人以完善知识体系、提升专业水平为目的不断获取新知识、新理论、新方法及新技术的学习过程，是一种专业知识和技能的补充和拓展。在博物馆事业进入黄金发展时期的当下，科学技术的迅猛发展，各类知识更新周期变短，博物馆从业人员提升文物保护、利用和管理以及服务公众水平的关键因素是不断提升博物馆从业人员的技术能力、知识结构及管理水平。因此，博物馆继续教育工作已成为博物馆工作的重中之重。

一、博物馆继续教育工作的现状

1.博物馆人才现状。随着事业单位岗位设置管理的推行，博物馆按照相关规定实行事业单位岗位管理，以专业技术岗位占主体。笔者翻阅《全国文物业统计资料》获悉，全国博物馆从业人员93431人，其中专业技术人员34177人，正高级职称1680人，占专业技术总人数的4.9%，副高级职称4463人，占专业技术总人数的13.1%。[1] 一级博物馆普遍缺乏高端人才，单一性、事务性人才多，复合型、开拓性人才少；二、三级博物馆专业技术人才占比较低，个别博物馆没有专业技术人员队伍；未定级中小博物馆占全国博物馆总量的80%，其中以县级博物馆占比较大，普遍存在人员不足、学术研究能力欠缺、人员严重匮乏和工作量大的矛盾，并且作为基层文博单位，县级博物馆担负着博物馆的运营和管理及所在辖区的文物管理、保护修复工作[2]，从业人员不得不身兼数职。综上所述，各级博物馆均存在人才短缺问题，近些年整体上高学历人才流入比例增大，但专业技术人员中高端人才减少较多。目前人才队伍相对稳定，流动相对较小，现有人才可长期培养利用。

2. 博物馆采取继续教育举措。笔者对河南博物院、南京博物院、上海博物馆、首都博物馆进行调研，其中，河南博物院和日本奈良国立博物馆、故宫博物院、北京大学、郑州大学等进行培训交流合作，选派青年业务骨干交流学习，成效显著。南京博物院与国外学术单位的科研合作交流频繁，外聘国家博物馆、北京大学、浙江省博物馆、南京大学等多家单位的国内知名专家对新员工进行岗前培训；为保障其传统优势领域、技能技艺和经验技能的延续与传承，在2017年12月启动传帮带活动。上海博物馆创办"博物馆与世界文明"系列讲座，启动开放一线职工文博专业业务学习培训；承办"全国博物馆系统新入职员工培训班"及上海市文物工程班继续教育培训工作，加强对博物馆从业人员的继续教育；首都博物馆开设"蓟下博谈"，组织专业技术人员参加学术交流，并与沈阳故宫博物院开展协同发展战略合作，在人才培养工作、联合打造学术研究平台等七大领域达成协同发展战略合作共识，促进两地博物馆事业的协同发展。

笔者对博物馆网络继续教育也进行了调研。目前在中国大学MOOC国家精品课程在线学习平台，结合475家高校推出心理学、文化、历史、管理等19类开放网络直播课程，课程以视频为主，结合题库、论坛，设置同伴作业互评，学习结束可获取教师签名证书，为感兴趣的公众提供多学科基础学习平台，但对博物馆从业人员来说针对性不强。中国博物馆协会网站下面设立了一个基于中国知网平台的博物馆知识服务平台和考古所知识服务平台，里面相关内容需要注册知网账户付费阅读。河南博物院根据河南省专业技术人员继续教育管理规定开发网上专业课课程，自2018年起开通了网上专业课培训平台，目前是试运行阶段，仅对河南省文化和旅游厅下属的部分单位的专业技术人员开放，专业技术人员通过身份信息注册登录培训平台，课程囊括博物馆经营管理、中国历史地理、古代工艺美术、文物与考古技术、文物保护等方面知识；上海博物馆网站设置远程教育栏目，精选了全国各地文博机构、高校专家进行授课，免费向公众开放，课程包含课程视频、资源包、课后作业及互评环节等，类似中国大学MOOC课程设计，内容涉及陶器、漆器、碑刻、壁画等方面。

各级博物馆努力调配自身内部资源，采取各种举措提升内部人才素质，或以博物馆学会、博物馆联盟为平台，加强交流沟通；或与高校、科研机构加强合作，优化教育资源配置，建设高水平的培训教育系统，全面推进各类人才培养和管理，为人才成长发展提供空间。各级文物行政主管部门也积极推进文博人才培养"金鼎工程"，将人才培养纳入国家"千人计划""万人计划""文化名家"暨"四个一批"等项目，加强对行业急需专业技术人才、技能型人才和复合型管理人才的培养。对经济欠发达地区的基层文博单位人员培训予以重点倾斜，加大力度推广国有博物馆对口帮扶非国有博物馆，加强专业指导和技术扶持。创新人才培养模式[3]，加强文博人才培训基地建设和队伍建设。

3. 博物馆继续教育面临的问题

一是在建设学习型社会的大背景下，近些年

继续教育工作越来越被重视，但是博物馆继续教育工作以开办培训班为主要方式，其他方式运用不足。整体上12天以下的短期培训和国内培训较多，中长期和境外培训较少；在从业人员学历层次逐渐提升的大背景下，以提高学历层次为目的的继续教育较前些年减少，以提升职业能力素质的继续教育占据主导；员工继续教育开展职务类型培训较多，缺少适岗型、转岗型、针对性培训；继续教育培训与人员的职业规划不挂钩，不能为博物馆人才提供职业前景设计。

二是整体针对从业人员的培训不足。翻阅2016年度《全国文物行业统计资料》，我国2016年度注册备案博物馆4109座，从业人员93461人，参与行政主管部门举办培训班人才53786人次，参训人次仅占从业人数的58%，年度内人均培训达不到一次。

三是参与继续教育机会不均衡。根据笔者的统计，在编人员学历层次高、职称层级高，参与培训的机会多；从参训机会方面讲，专业技术人员机会多，工勤技能人员及管理人员机会少；博物馆针对编制内从业人员参训比例大，编制外从业人员参训机会较少。

四是继续教育投入不足。翻阅《全国文物行业统计资料》，全国各类博物馆教育与科研支出3.03亿元，工资福利支出56.5亿元，总支出228.7亿元，教育与科研支出费用占工资福利支出的1.8%，占总支出的1.3%，占比较低，大部分省份占比不足1%。在2002年8月国务院颁布的《关于大力推进职业教育改革与发展的决定》中明确规定："一般企业按职工工资总额的1.5%足额提取职工教育经费，对从业人员技术素质要求高、培训任务重、经济效益较好的企业可按职工工资总额的2.5%提取，列入成本开支。"[4]全国各省博物馆教育与科研投入占职工工资总额的比例都不大，有十几个省份不足2.5%，并且由于数据统计口径为培训科研费，其中用于人才教育培训费能占到多大比例并不显见，占比只能更少。

五是继续教育工作标准化程度低。继续教育相关的法制化不到位，规划不到位，各个博物馆未能将继续教育工作和博物馆的整体战略部署相结合，缺少继续教育需求分析，过程缺少及时跟踪，培训后期缺少考核；培训重形式，培训成果考核形式单一，整体继续教育工作没有和工作绩效、晋升及薪酬有效结合，至于员工通过继续教育获得了什么，提升了什么，没有总结；继续教育的成效没有现成的方法确认，需要研究建立和健全继续教育的政策、规章制度，确定学业成绩考核、评定和颁发文凭、证书等办法，以保证把继续教育工作纳入对人才的培训和使用相结合的正确轨道。继续教育的法制化在逐渐推进，在管理上存在部门分割、资源分散、重复建设等浪费和低效现象；制度化、法制化建设滞后于继续教育发展的要求；继续教育的经费投入、管理质量保障机制亟待进一步建立和完善[5]；缺少中长期规划，或者有中长期规划但仅仅流于纸面，未付诸行动，相关单位、文物行政机关、高校及其他培训机构缺乏有机联系，尚未步入良性循环的轨道。

六是继续教育没有和博物馆的准入制度及从业资格制度相结合。博物馆在人员的专业从业资格、对公众开放、藏品的不可让渡性及藏品的获得、保护、修复和管理等方面都必须达到法定的最低标准。良性的人才培养和引进机制是博物馆持续发展的保证，但博物馆人才的引进有时会受到编制限制，因此博物馆需加大力度培养现有员工，造就一批业务精湛、结构合理、充满活力的高素质专业化队伍。作为知识密集型文化教育机构，在博物馆继续教育和博物馆准入资格上，实行持证上岗、资质认证和年度审核制度，将有效地推进在岗人员继续教育工作。

二、推进博物馆继续教育工作的对策

1. 充分利用互联网技术推进"互联网+"继续教育模式。目前全国有很多网络继续教育平台，有国家、省级、市级的公务员继续教育平台，专业技术人员继续教育平台，有相关门类的如水利工程、会计、中小学教师、注册建造师、医师等专业继续教育平台，但是对博物馆、文物、历史、考古等继续教育平台不多。作为公共文化设施并拥有大量教育资源的博物馆，可以充分利用现有的资源构建文博网络继续教育平台，推动互联网技术和继续教育的深度融合，进而推进从业人员的自主选学，有效地运用"互联网+"对从业人员进行分众化继续教育，形成一种新型的继续教育模式。

2. 继续教育措施多元化。要扩大社会广泛参与，重视文物保护社会组织、行业协会、学会和文物保护基金会等社会组织在博物馆继续教育工作中的作用。

坚持继续教育分层次、分众化进行，针对新入职的从业人员，主要以2到10周的入职教育为主，围绕博物馆事业进行爱国、爱馆、爱岗教育，有目的地就博物馆工作的性质、程序、任务、方法、相关国家法律法规和方针政策以及博物馆工作人员应具有的专业素质和职业操守进行学习[6]，通过集中授课、现场教学、参观考察等方式，了解单位的历史、现状，掌握将要从事的工作的知识技能，补充相关业务知识，树立守纪律、担责任、强使命的意识，使其尽快独当一面、投入工作。在此类继续教育中要发挥在岗人员传、帮、带作用，增加实践操作内容。

针对有一定博物馆工作经验人员的继续教育，以知识更新、补充、提高为主，学习新理论、新方法，了解业界动态，进而提升业务能力；从事业务管理及转岗而进行的教育，采用以项目代培的方式，或者通过讲座、参加讨论及学术报告会的方式提升个人能力。专业培训从内容和方式上应与单位的重大项目、重点工程、重点工作相衔接，与博物馆工作岗位职责相对接，增强培训的针对性、实用性和有效性，结合展览、项目、工程[7]、工作涉及的专业，将专业课程设计与博物馆事业发展需求相结合。这部分继续教育要兼顾学历、职级较低的人员，提高普训轮训的比例。

针对博物馆人的思想素养培养，以提高职工的政治思想素质为主，多以自学为主，通过研讨、讨论、听党课、专题讲座、调查研究等形式，了解学习法律法规、政令以及政策等，培养员工刻苦钻研、务实创新、团结协作的精神。

3. 规范博物馆继续教育的管理。建立博物馆系统与高校、科研机构人才合作交流和定期培养的长效机制，实施科研课题社会化，共同承担课题和培养紧缺人才。吸取国外继续教育经验，建立在职继续教育和高校高等教育的联系，设置学分银行，当达到专业学分要求时，由高校授予相应的学位。培训效果上要注重质量保障，采取多渠道的评价和监控，用卷面考试和实际操作考核、培训总结相结合的方法，了解学员培训后掌握和应用知识的水平及实际动手操作的能力。建立动态管理和定期考核相结合的岗位能力标准，并将岗位能力标准作为人才培训的目标，建立科学可行的继续教育成果考核办法。

4. 推进博物馆从业人员职业资格建设，完善博物馆继续教育法制化。需要建立一套独立于现行文博职称体系之外的博物馆从业人员的准入制度，这一准入机制所确定的是博物馆重要岗位从业人员素质的最低标准，国家级、省级、市县级、乡镇级博物馆以及一些协会下属的博物馆，实行有效的分级、分类管理，重要岗位从业人员在上岗前必须达到准入机制所规定的标准，相应级别的博物馆必须拥有一定数量符合准入标准的从业人员。不同的博物馆专业分别进行资格认证，执证上岗，可借鉴会计从业资格证管理模式建立博物馆分专业的职业资格证书，并对从业人员职业资格进行年检，不断推进博物馆继续教育法制化进程。

5. 加大博物馆继续教育资金投入。落实博物馆继续教育经费，将之纳入财政预算，可采用财政补、单位筹、个人担的原则，持续推进博物馆继续教育。建立健全继续教育体制机制，针对紧缺人才、特殊人才及有突出贡献人才设立人才专项基金，用于引进补贴、奖励及培养资助等。

---

[1] 国家文物局编. 全国文物业统计资料 [M]. 2016.

[2] 王炯. 对区县博物馆科研工作的几点认识 [J]. 长春教育学院学报，2015（5）.

[3] 北京市文物局，中国文物信息咨询中心编. 可移动文物保护与利用工作手册 [M]. 北京：学苑出版社，2017.

[4] 关于大力推进职业教育改革与发展的决定 [R]. 2002年8月起施行.

[5] 郑金魁. 继续教育发展过程中存在的问题和对策浅析 [J]. 湖北函授大学学报，2011（2）.

[6] 第八期全国博物馆系统新入职员工培训班结业 [N]. 中国文物报. 2018-8-10.

[7] 国家文物局关于印发《国家文物博物馆事业发展"十二五"规划》的通知.

博物馆陈展职能发挥的基础功效

赵 乐
河南博物院

摘要：本文通过研析博物馆陈展职能的重要性、法则、规律与陈列目的，分析陈列与藏品之间的关系。通过研究藏品的陈列作用与陈展语境的创意，阐述了藏品转型为展品的角色转换过程。按照展览传播的途径与方向，认为做好社会市场和观众心理调查是陈列职能的首要任务。论述陈列艺术设计在特定的展示空间发挥拓展空间的基础作用，并有效呈现传播展览信息的功效。通过搭建博物馆面向社会宣传展示优秀传统文化的公共平台，说明博物馆是符合博物馆学、历史学、考古学及其他跨学科进行宣传教育、科研交流、展示成果的文化共享空间。强调陈展职能的特殊性，分析了展览所蕴含着新的意识形态和社会服务的基本属性。

关键词：文物藏品；陈列设计；共享空间；社会价值

博物馆陈展职能所研究的对象是"陈列环境"，即展览的陈列形式空间，这种空间氛围是以文物藏品为物质核心构建成的，"历史遗留下来的在文化发展史上有价值的东西，如建筑、碑刻、工具、武器、生活器皿和各种艺术品"[1]。文物藏品被陈列在展厅中，能够准确展示与传递出不同区域的不同文化风貌即人类社会文明发展的轨迹。通过应用陈展技术将展品展示在展厅中，能够反映出有史以来人们为了生存追求进步的传承精神与创造力。所谓"凡国之玉镇大宝器藏焉"，就包括了博物馆存在的基本要素，即"藏"与"陈"。当然，我们不能说这时已有了博物馆，但通过最原始的"藏"与"陈"，我们可以看出二者之间的规律[2]。博物馆作为传播历史知识、传统文化信息的宣传机构即特定的共享空间，其职能理念始终坚持注重贴近社会，满足观众的欣赏需求。陈列设计的职责是将陈展的主题与陈列大纲整理规划后设计在立体的陈列空间中，陈列藏品时通过科学适宜的技术手段，将藏品信息以多维的艺术陈设形式展现给观众。室内主题空间设计作为一种思维模式与其他艺术领域中主题概念本质是相同的,但作为一种空间语言的构思方式,又有着独特性[3]。博物馆研究文物藏品的目的是为了准确传播历史文化信息,合理设计出展览的陈列形式,可以充分展示出博物馆陈展的主题意图,更好地普及传统文化知识,可见传承与创造是陈列设计的基本职能。

一、博物馆陈列设计是筹办展览的重要职责

(一)陈列与藏品的必然联系

陈列设计的目的是将陈展的主题思想通过艺术的陈列形式科学立体地展示给观众。陈列设计包括内容与形式两大部分,内容即是藏品,形式则是艺术设计。在设计思维方式上,室内风格设计采用某种风格多为预先设定,然后通过对风格特点的发掘展开设计[4]。藏品是博物馆筹办展览的物质基础,藏品根据陈展的需要被转型成为"展品",经过了严谨的角色转换后,被陈列在展厅中发挥着"主角"的作用。展品由陈列大纲贯穿起来,形成有实物、背景、文字、画面的文案,通过陈列艺术设计的形式将平面的文案展示在特定的空间,形成立体的场景形态,也就是展览的形态。特定的展场是博物馆建筑结构与功能的固有应用空间,通过陈列设计后构成"展览的陈列空间",通常由展品、辅助展具与展场的面积构成多维的陈列形式组合成的空间,以实现满足观众的视觉与参观舒适度为陈列目的空间设计。陈展职能注重研究展示空间与藏品的内在联系,以研究展品承载的内容信息为基础,只有不断深入研究与了解藏品的历史背景、使用功能、文化价值,拓宽陈展效果的设计视野,才能更加精准地拣选所需要展出的藏品,将其转化成展品后打造出环境优美适宜的陈展语境,从而准确地展示出博物馆藏品的原生信息。陈列设计需要不断延伸研究与技术创新其方法,才能提高展览的社会功效和可视性,使得藏品在博物馆的陈列空间中发挥宣传教育、文化交流的巨大作用。

陈列空间即选定的展厅空间,就是说陈列设计研究与应用藏品特殊的质能,将其展示在立体的展示空间,营造出了符合陈列主题的陈列环境,这种具有现实意义的陈列环境正是博物馆特有的文化共享空间。陈列职能需要不断研究藏品的使用功能和工艺技艺,在进行展示布置的过程中,应用合理的辅助设计手法,将展品醒目适度地展现出来。陈展职能不仅要熟知藏品的来源、类型、功用,还要延伸研究藏品所处的年代以及社会背景。因为要让文物活起来,展览中就必须具有陈列的情节,即物与人、人与景之间的陈列关系情景。营造出具有人文情境的展示空间,陈展语境是展览向观众展示的完整的陈列形态。藏品数字化管理体系的应运而生,为陈展职能提供了研究藏品的捷径,为藏品转型为展品即陈展体量的科学依据提供了翔实的陈展保障。陈列空间为藏品提供适宜的展示场地,按照陈列大纲的主线将藏品序列规整地陈设在展厅中,突出展品的展示效果是陈列艺术设计的主要目的。使广大观众在陈列展厅中对每一件展品加深了解,有效地传递出藏品的原生信息,让每一个展览形态都呈现出生动活化的动人场面。博物馆始终遵循以物证史的筹展原则,陈列设计始终坚持以藏品为本的陈列理念,展览的形态离不开文物藏品的研究、科学

保护、陈列、宣传教育的职能作用。

(二) 陈展职能中的"角色"转换

藏品角色功能转化为陈列展品是陈列艺术设计的创意过程。陈列设计应具备对藏品转型、陈列情节、环境氛围、展览形态的设计把控，做好市场调查，研究观众审美情趣与受众群体。藏品在陈列展览中占有核心物质的重要地位，因为陈列职能围绕着藏品进行策划展览，所以说藏品是博物馆筹办展览的实物依据。陈列设计首先将文物藏品转型为陈列展品，目的是将藏品的原生信息准确适宜地展示在陈列空间。众所周知，博物馆职能体系中的"收藏"是为了"陈列"而储备的，所以"收藏"有着很强的对应性。随着科学技术新的发展，人们对历史文化知识的学习与需求，博物馆藏品已不是简单地"藏"起来，而最终是要通过"展"出来进一步完善其职能体系，这是社会发展对博物馆机构的基本要求。藏品的转型即角色转换为其转化成陈展语境（陈列形态、共享空间）做好基础准备，说明藏品的保管、研究、保护与陈展职能有着密切的联系。通过陈展职能的运筹，藏品被转型为展品后与展示空间构成了主体性的陈列空间情节，这种陈列情节的信息是陈列的特殊语言所传递出来的。通过实物与实物的组合，实物与实物辅助材料的组合，实物与各种技术和艺术手段的结合，才形成各种陈列语言[5]。如果将藏品比喻成展览的"灵魂"，那么陈列语言则是展览中流动着的"血液"，是贯穿整个陈展主旨的"经脉"和"扬声机"。展览的展陈策划文案是依据展品的原生信息和展场条件进行定位的，然后通过运用一系列的陈列技术手段使得藏品转型在特定的展示空间中，从而构成多维立体的展示空间即展览形态，这种将藏品转型为展品的过程是科学严谨的，确保了原生信息的真实性、科研信息的准确性与陈列空间的艺术性。（图1）

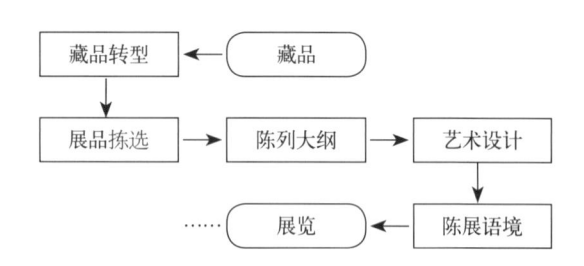

图1 陈展职能中的"角色"转换过程示意图

因为，展览的陈列形式是以藏品为物质基础转换成陈列内容的，它离不开陈展职能的精心打造，藏品转型为展品是将物质基础转化为精神层面的过程，满足社会大众的文化精神生活为己任。所以，陈展职能包括策展文案和陈列设计是建立在丰富的物质文化基础上的劳动活动。毋庸置疑，陈列以藏品为主题且具有特定性、共享性和普遍性。"藏品具有真实性、形象性、直感性等特点，能使不同文化程度和从事各种专业的人产生难以忘怀的印象。"[6] 随着科学技术的发展，藏品数字化管理体系的构建大幅度地提高了陈展职能的工作效率。文物藏品经过计算机数字化分类后更加有利于实施展览的展品转型，同样有利于策划各种情态的陈列类型展览的推广交流。由此可见，藏品转型为展品是筹办展览的基础。如果馆藏某个阶段的历史文物较多，而且独具特色，则可以举办反映那个历史阶段的断代史陈列或专题陈列史[7]。可见藏品转型为展品随后被陈列在博物馆展厅中，不仅发挥着宣传传统文化的社会功效，还决定着陈列的展陈模式。

二、博物馆陈列艺术设计形式与展陈宣传的方向

（一）展陈原则与陈列规律

展陈原则依据藏品实物揭示人类社会发展的基本规律，研究历史遗迹遗物与现实社会存在的必然联系，辅助藏品进行公共展示，具有传递人文实物信息与感染力，用艺术的展示方式，揭示传播美的形象和真实事物。陈列设计是辅助藏品进行展示的重要陈展职能手段，陈列职能的水平可以体现出博物馆藏品研究、保护、宣传乃至管理工作的效率，所以说博物馆的基本陈列展览能够综合反映出博物馆各项职能工作发展的基本状况。现今，由于科学技术的不断发展，陈列设计手段势必引进新的展示技术，以突出展示实物藏品为主要陈列形式。对于藏品的延伸研究是博物馆陈展职能的必需之备，在其被陈列的过程中不仅要遵循藏品的原生信息，还要延伸研究陈列环境的可视性（视觉传达的功能即视觉舒适度）。通常拣选藏品进行分类后组成陈展的体量即展品的内容与数量，而后进行策划与创意陈展语境，最终成为指导陈列艺术设计的陈展目标和方向。博物馆陈展法则是建立在实物史料的真实性基础之上的，就是说陈展职能必须遵循藏品的原生信息，才可以对陈列大纲计划书进行立体的空间设计，也可以说陈列艺术设计是将平面转化成立体构成的设计过程。陈展职能具有创造性，即陈列职能通过实施技术后能够创造出适宜的陈列艺术空间即陈展语境，准确展示藏品承载的信息。此处强调陈列设计效果的可视性，这是指观众对一个展览的整体形态的观后感和满意度。藏品与展厅之间的作用关系是特殊且有节奏规律的陈列角色转换过程，产生出其内在本质的必然联系，藏品的延伸研究决定着陈列活动的必然发展趋向，最终形成整齐而规则的展览形态。

陈列艺术设计的目的在于能够应用适宜的陈列方法将藏品合理有序地进行科学展示，其一般规律是通过视觉传达的美学方式，使得观众对藏品的形态加深印象和接受其信息并能对其产生共鸣的联想心理。"博物馆陈列，从不同角度，可以划分若干种类型。按陈列的内容，可分为社会历史陈列、自然历史陈列、科学技术陈列、艺术陈列。"[8]藏品的类型决定了陈列的主题即展览的类型，可见藏品与特定展示空间产生的陈列规律，即事物相互运作规律的稳定性与反复性的关系，这种必然的联系与规律决定了陈列主题的可视性即展览形态。陈列设计的职责是将藏品立体地陈列在现实的展示空间中，根据不同空间特点的展场进行有效的陈列布置，强调陈展职能注重研究观众接受藏品信息的认知程度和展场空间的实践活动。"按陈列的场地，可分为室内陈列和露天陈列。按陈列时间的长短，可分为基本陈列和临时陈列。按陈列的动态，可分为固定陈列和流动陈列。"[9]由此可见，博物馆职能的宗旨是始终遵循规律化的陈展理念，具有特定的现实意义即将陈列主题（展览）进行真实性传播推广与社会交流。展览陈列在展厅中具有鲜明的规整性，显而易见展览是经过科学研究后承袭藏品原生信息的成果，是陈列职能运用艺术设计技能将陈列思想立体陈设在展厅中的创造活动。陈列完成后，要编制陈列详目，陈列品照片与陈列形式照片要贴册，还

要整理陈列工作过程中积累的全部资料，包括陈列提纲、陈列计划、各种图式、图表资料和文字说明等[10]。总之，博物馆的陈列法则与其规律是实物研究与技能劳动融合为职能目的，陈列设计职能肩负着创造与开辟广阔共享空间的职责。

（二）藏品发挥的陈列作用与陈展语境的创意

发挥藏品的基础作用与营造生动的陈列形式，陈列艺术设计根据所需陈列的藏品和文字说明的体量，进入室内设计规划程序中，通过特有的展示美学技法，将藏品与文字说明融入特定展场中，充分展示出藏品所承载的知识信息，藏品起着最根本的基础作用即展览形态的物质基础。"藏品是人类科学和文化不断发展的历史见证，它对于人民群众认识自然、认识社会历史、提高民族的自信心和科学文化水平，有着重要的作用。博物馆的陈列，主要是以藏品为基础进行的。"[11]藏品的延伸研究即藏品转型展品的角色转换是陈列职能创意陈展语境的首要工作，实物性与艺术性相融合的陈列语言通过陈列艺术设计最终构成立体生动的展览。博物馆展厅中陈列的每一件文物藏品都是经过策展人员精心研究设定出来的。博物馆学是一项跨界科学研究与实践，其中藏品陈列组织能力一方面体现在博物馆复合型人才对陈展主旨的传承创造能力和所具备的社会责任感上。另一方面则集中表现在策展人对藏品信息深层研究的知识层面上，就是说策展者要有对不同时期、不同形制的藏品的深入研究，策展人对展品的认知与兴趣程度非常关键，这些因素能够主导筹办展览的正确方向。还要不断提高艺术品位与具备善于积极主动展示藏品知识信息的基本素质。策划展览的基本程序，是要通过数个阶段完成的。

一是对藏品的总体研究，包括藏品展示方向与展示空间的定位。二是陈列形式的研究，包括艺术效果即设计展具进行有效的辅助展示和社会服务空间的合理规划。这种过程是将藏品的原生信息、时代背景、本土特征、基本形制、社会影响力等方面内容进行融会贯通，然后真实合理地转化成博物馆公共展示空间，即由文字性的陈列语言和流畅式的展线组成陈展语境，最终构建出展览形态。

如何将藏品研究保护的成果展现出来，通过陈列设计将其大规模地进行物、文、图叙述情节的展示，可见陈展语境是由藏品和展场空间搭建出的展览形态，以特有的、丰富的陈列语言形式生动地揭示陈列的主题。可以肯定展览是博物馆藏品延伸研究的文化精神产品。许多藏品本身就蕴藏着丰富的科学技术成果和精湛的制作工艺技巧，具有重大的现时价值；许多藏品本身就是精美的艺术品，能给人以美的享受，提高人们的艺术修养和文化素质[12]。明确了陈展的宗旨即高度的思想、科学、创新、严谨、真实和可视性，才能准确陈列出藏品所承载的信息与创造出具有新时代特征的社会价值。毫无疑问，陈展职能合理拣选藏品和有效组织陈列活动的目的在于充分利用博物馆展示空间有效展示藏品的信息，这种脑力与体力的劳动价值集中体现反映在展览中。陈列内容的真实性和艺术形式的可视性是展览展示美好的事物的前提，追求展览形态的至善至美、和谐统一，是对藏品陈列原始本质真、善、美的最好诠释，也是陈展职能追求和力争达到专业技能巅峰水平的标准。博物馆展览集中体现了传承、创造与奉献的中华民族传统美德，正是所谓弘扬人类优秀文化和精神文明的高尚境界。

结语

展览的形态取决于陈展总体设计方案，展览形态是建立在藏品信息与陈列空间和谐统一的基础上。一是博物馆藏品直接或间接地带有人的"痕迹"，它是前人遗留下来的劳动产品的精华，我们在研究藏品的过程中，势必要通过藏品来分析和研究"前人"生产、生活的心态；二是博物馆保藏文物、举办陈列展览，其最终目的是要进行宣传教育，通过陈列展览产生社会效益[13]。一切相关博物馆的研究理论表明，博物馆展览最终是为"人"服务的，这里的人是指来自社会不同职业、年龄的观众。陈展职能是以服务于社会、美化生活和愉悦观众为己任。博物馆是社会主义精神文明建设的文化前沿，其陈列设计的功效是以服务于观众为目的的，以满足社会大众的物质和精神需求为宗旨。专业学科的研究，应从本馆的性质和任务出发，以藏品为基础，结合文献资料进行，研究成果应主要体现在陈列展览上；同时，也可体现在编写学术专著上[14]。陈列职能研究展览的社会可受关注度，要从观众的需求出发，所以博物馆学还包括对社会学的研究。让博物馆学的理论指导博物馆陈展职能的实践活动，策划筹办更多更好让社会大众喜闻乐见的展览；让陈列展览能够充分与观众互动、交流，成为提高人们认识社会、积累文化知识的生动课堂。树立正确的陈展理念，努力陈列出人类社会发展中遗存下来的物证，展示不同历史时期发展的轨迹。

[1] 李晓. 中国文物学概论[M]. 石家庄：河北人民出版社，1990.

[2] 田凯. 博物馆发展的内在逻辑[C] // 博物馆学论丛. 郑州：中州古籍出版社，1994.

[3][4] 回大伟. 室内设计[J]. 室内设计，2011（4）.

[5] 张锴生. 略论博物馆陈列语言[C] // 博物馆学论丛. 郑州：中州古籍出版社，1994.

[6][8][9][10][12] 博物馆编辑委员会. 中国大百科全书·文物·博物馆[M]. 北京：中国大百科全书出版社，1995.

[7][11][14] 文化部文物局. 中国博物馆学概论[M]. 北京：文物出版社，1985.

[13] 马萧林. 架起博物馆学与心理学的桥梁——博物馆心理学之管见[J]. 中原文物，1991（2）.

从微信看融媒体时代下博物馆传播方式的转型

王苏佳
河南博物院

> **摘要**：融媒体时代下，博物馆提升文化传播力的根本是跟随传播媒介的变革对其原有的传播方式进行转型。本文以微信的升级改版为切入点，通过对博物馆公众号的内容传播、写作、运营、短视频及小程序的应用等方面进行分析，对当前博物馆在微信平台上的传播方式进行探讨，让博物馆的文化传播力能够借助微信平台得到更好的提升，更好地发挥其传播教育的职能。
>
> **关键词**：媒体融合；传播；新媒体思维；微信运营；短视频

"万物皆媒"的时代背景下，任何传统传播方式都难以避免数字化浪潮的冲击。肩负着社会公共文化服务和社会教育职能的博物馆，传播是其提供教育服务的主要方式。为了提升自身的传播力，博物馆纷纷向移动类社交媒体靠拢。大批移动应用平台的产生从根本上丰富了博物馆的传播方式，但传播媒介的变革也促使其传播方式必须随之发生转变。面对新一轮技术革命，传播渠道已在逐渐更新换代，公众对于文化的需求也在日益增长，博物馆行业的传播需要找到更清晰的定位和发展思路，博物馆该如何打造自身的融媒体平台，传播方式又将如何转型？这些都是亟待解决的问题。

一、媒体融合的价值及微信的发展趋势

博物馆行业想要量身打造融媒体平台，首先要了解什么是融媒体。"融媒体"是充分利用媒介载体，把广播、电视、报纸等既有共同点，又存在互补性的不同媒体，在人力、内容、宣传等方面进行全面整合，实现"资源通融、内容兼融、宣传互融、利益共融"的新型媒体。简而言之，就是要实现传统媒体和新媒体的融合发展。在此，有必要把融媒体和"全媒体"以及新媒体区分开来。"全媒体"不是一个特有的概念，它指的是媒介信息传播采用文字、声音、影像、动画、网页等多种

媒体表现手段。而新媒体则是指在新的技术支撑体系下出现的媒体形态，是相对于报刊、广播、影视等传统媒体而言发展起来的新型媒体形态。

当下，传播规律已然发生了改变，将传播受众根据年龄、性别、收入、学历、职业领域、兴趣爱好等特征进行区分，不同的媒介形式及内容吸引着不同的受众群体。（图1）即便是同一个应用平台，不同的用户也会由于信息的精准投送而获取截然不同的内容。因此，当前阶段的传播方式已不再是普通的大众传播，不是媒体努力打造能够迎合大众口味的信息内容，而是通过投送的内容来筛选目标用户。目前，各行各业都在积极谋划布局融媒体发展。国内绝大多数著名博物馆，也早有所行动，打造不同的平台来吸引不同的受众用户。其中，微信的建设更是作为"标配"而存在。

关于博物馆微信公众号的价值意义，此前已有多位学者从不同的角度进行过论述。但笔者认为，随着今年年初微信功能花样频出的改版，博物馆的传播方式或将迎来新的发展机遇。从微信的使用界面可以看到，微信公众平台已更名为"公众号"，并有了特定的logo。微信开放公测的视频号也在"发现"界面下悄然上线。加之早先用户体验颇佳的小程序功能，不难看出，微信的发展趋势，是力图打造一个全媒介内容平台的矩阵：以公众号提供图文信息、资讯及有深度的文章；以视频号提供图片及短视频为主的短信息；以小程序提供服务与互动。此外，微信公众号还增加了"专辑""相关阅读""发现公众号""暗黑模式"等一系列功能，更新了留言可多次回复的功能，极大地增强了互动性。并在近期对订阅号消息列表进行名为"阅读效率优化"功能的灰度测试，该功能会根据用户阅读喜好，对其一定时间内接收到的订阅号内容进行排序上的优化，以提高用户对优质内容的阅读效率。

二、博物馆微信平台的运营

摸清了微信改版的意图，可以帮助博物馆微信平台的运营者更好地进行运行和维护，尤其是占据了微信内容生态半壁江山的微信公众号在文化传播中的应用。关于微信公众号的内容，有以下几点值得我们思考：

1. 思维模式的转换

想要更好地运营博物馆微信平台，新媒体思维十分重要。所谓新媒体思维就是运用互联网高效的组织方式把传统媒体的内容进行嫁接。就像博物馆的服务正逐渐从以（文）物为本向以人为本过渡一样，博物馆的文化传播也在从"我要提供什么样的内容信息给公众"转变为"公众希望在我的平台上看到什么样的内容"。简而言之，新媒体思维的核心就是用户思维。

有了用户思维，博物馆的微信平台便能准确地进行定位。通过网上调查、大数据分析和用户

图1　传播规律特征区分图

反馈等方式了解自己的用户，为用户画像。他们是谁？他们为什么要关注这个博物馆微信平台？他们希望从这个平台上得到什么样的服务？平台能够为用户提供什么样的价值？通过经验积累我们也会发现，不同的受众需求也完全不同：前来博物馆参观的观众，希望通过博物馆的微信平台获取参观信息、展览动态，进行参观预约及语音导览等相关服务；无法进行实地参观，但对文博类讯息感兴趣的粉丝则希望获取更多科普知识甚至是文物的深度解读；有消费需求的粉丝能够被激发购买欲望并通过微信平台更为便捷地找到博物馆文创产品的销售渠道进行购买……此外，博物馆微信平台还可实现在线教育、网上竞答、有奖互动、网上直播等各式各样的传播形式。只要策划得当，辅以高质量的内容输出，满足了用户的服务需求、内容需求及消费需求，自然能够牢牢抓住用户的心。

2. 博物馆微信公众号的内容传播

信息时代，一家博物馆与公众的第一次亲密接触往往不再是实地到访的初体验，而是通过网络对博物馆相关信息的初探，博物馆微信公众号已取代了官方网站成为最重要的参考指标。抛开公众想要获取的服务及信息，公众号内推送文章的质量也是能否留住用户的关键因素。博物馆公众号内的推送大致可分为文化普及、服务信息、展览信息、讲座及社会教育等文化活动推广、业内工作动态五项。从点击量和转化率来看，文化普及类推送受众面最广，公众的接受度也最高，只要提供优质的内容即可达到良好的传播效果。服务信息、展览信息及文化活动推广类推送所面对的受众有一定针对性，虽然受众面不及文化普及类推送广泛，却属于博物馆类公众号必不可少的基础项。相比之下，业内工作动态的内容如不能和公众的需求产生关联，则很难受到关注，公众号过多地推送自己的馆内业务，而不去考虑受众的阅读体验，反而会让用户产生厌恶甚至取消关注。所以，如非涉及重大热点亮点，还是建议博物馆类公众号避免频繁发布业内工作动态类文章。

3. 博物馆微信公众号的写作

读屏时代，受众的阅读方式和阅读场景都发生了很大改变，博物馆微信公众号也需要做到颠覆传统的写作习惯，不断创新，尝试各种新媒体表述方式。不要单纯把推送的内容看成一种写作，而是一种社会交往的表现形式，是以受众群体为主体的双向互动。所以在内容的提供过程中，应时刻考虑如何与受众建立联系。基于博物馆本身的研究、传播和教育职能，也可以将研究成果利用公众号的传播来进行现场教育，达到一举多得的目的。当博物馆将其学术成果进行转化向公众提供文化传播时，其内容一定不能是学术论文、官方表述或业内专业视角的复制，而是以文博知识为基础进行的二次创作，是对文化资源信息传播中的意义的解构与重构过程。只有以独特新颖的形式吸引公众，才能有效地实现传播。

写作方式上，为了满足受众快速阅读的需求，需要在文章结构、措辞和语句上进行雕琢和简练，弱化传统写作呆板的文风，语言去严肃化，写出情感味儿。打破博物馆与公众之间"教育方"和"受教方"的刻板印象，重新构建两者间的关系。

除去"内容为王"，博物馆公众号的编辑也应通晓"标题至上"的重要性。好的标题是决定文章打开率的关键，当受众丧失点开标题的欲望，再优秀的内容都无法得以呈现。一个合格的标题，或做到创造悬念、冲突、争议，或颠覆受众的固有认知，引发其兴趣。（图2）一个吸睛的标题配以相得益彰的文章封面图，可以将博物馆内容与公众兴趣、情感连接起来，极大地推动公众号的影响力。而有些标题为了骗取打开率，利用公众的猎奇心理，故意通过标题的标新立异来吸引公众的注意，推送内容却严重不匹配，反而会使其公众号形象受到影响。标题的最终目的，是为了传播推送的内容，延伸博物馆的职能。因此，博物馆公众号的文章在确定标题时，也要避免过度迎合受众而刻意夸大或曲解文章初衷。

除了标题，文章中所穿插的金句也是吸引受众将内容读下去的关键。好的文案可以快速提升整篇文章的品质，在开篇创造亮点，在末尾点明主旨。尤其是博物馆经常会推出篇幅较长的知识普及类文章，可以运用精彩的小标题总结归纳起到点题的效果，提升受众的阅读体验。需要注意的是，随着人们接收信息成本的降低，博物馆公众号在提供优质原创内容时仍需要抓住"快、准、狠"的原则，向受众呈现最核心的内容。知识普及类的长篇大论，若非文章极其精彩，能不断地刺激、抓住人心，则很难让阅读者花长时间细细品味。所以当前也有博物馆推出漫画知识类的文章形式，优质的图片配上精简的文字，可以让受众省去思考文字的过程，直达要点。而清新的画风和内容上清晰的表达又能使阅读者轻松愉悦地吸取历史文化知识。如陕西历史博物馆就将馆藏的三彩女立俑和二次元进行结合，并通过中国水墨手法打造出了动漫形象——"唐妞"，以此为基础推出的趣味历史科普漫画"唐妞驾到"系列，就是博物馆公众号利用漫画形式进行文化传播的成功案例。（图3）

图3　唐妞形象

4. 短视频在博物馆微信平台的应用

微信平台中，文章和视频有着截然不同的优势，由于媒介形式、视听语言形式的不同，不同的内容也有自己适合的媒介平台。在微信视频号产生以前，微信中的短视频多是伴随着公众号文章出现的，后来也逐步出现单独推送的短视频。虽然微信前期一直偏向于通过公众号发布文章这类有较高要求的媒介形式，鲜少呈现"短内容"。但仍有博物馆类公众号做出了大胆的尝试并通过短视频的投放取得了不俗的成绩。如河南博物院策划的文物系列短视频《中原藏珍》，将院藏文物以纪录片的形式通过微信公众号定期推送，每集短视频不过三分钟左右的时长，却能让用户随时随地打开手机就能实现与文物的"零接触"，因此获得了不俗的口碑。（图4）

图2　好标题特质图

图4 《中原藏珍》系列纪录片片头

微信视频号的出现应该给博物馆类短视频内容的打造提供了更多向外延展的灵感。视频号所具备的优势是微信的社交关系，视频号同时拥有算法推荐和社交推荐两种推荐机制，两者协同共融，用户看到的内容多来自微信好友发布、观看、点赞、评论、转发过的视频。从这一点可以看出，视频号的内容组成一定程度上取决于用户微信好友圈的口味，这种推荐机制显然十分有利于博物馆等专业性明显的短视频类型的传播。5G业务登场后，短视频的战争日益火热，此时推出的视频号不管是产品形态还是内容生态，目前均呈现出"新物种"的状态，没有直接的竞争对手出现。遗憾的是，目前国内知名的博物馆入驻视频号的数量很少，仅有广东省博物馆、苏州博物馆、湖南省博物馆几家，发布内容也和其他平台并无差异。在笔者看来，博物馆的文化传播想要更好地依托媒体融合，不妨对视频号的运营加大投入，尽早布局。

5. 微信小程序在博物馆微信平台的应用

微信小程序凭借即用即开，方便快捷的用户体验，为博物馆的文化传播提供了崭新的思路和机遇。博物馆较为常见的微信小程序是博物馆导览，截至2020年5月，博物馆导览类的微信小程序有70多个，绝大多数都能提供完善的基础导览功能。这种智能导览系统大多免费或收取较低的费用就能为观众提供服务。满足了用户对不同场景的体验需求，丰富了文化供给。但也存在着用户留存率较低、缺乏场景适配等一些共性问题。目前看来，对博物馆类小程序的开发仍有着巨大的提升空间。

三、结语

曾有人断言，微信公众号的红利期已过。但作为国民级的移动通信工具，微信依然牢牢掌握着整个移动互联网中最大的流量，其内容方面的互联互通所形成的流量闭环，优势远远超过了其他平台。尤其是今年上半年因"新冠肺炎"疫情的缘故，观众实地参观博物馆受到了很大限制，而多家博物馆类公众号通过内容的推送间接满足了观众的需求。所以只要运营得当，公众号依然是"广阔天地，大有可为"，能够成为博物馆持续吸引观众的亮点。

文博类学术期刊与新媒体融合初探

宋 锐
河南博物院

摘要：互联网时代，学术期刊与新媒体融合势在必行，文博类学术期刊与新媒体融合有优势也有不足，本文从文博类学术期刊新媒体融合现状进行探讨与分析，展示《中原文物》在新媒体融合方面的实践，从而对学术期刊与新媒体融合的现状引发思考。

关键词：学术期刊；新媒体融合；探讨与分析

所谓新媒体，是相对于报纸、期刊、广播、电视等传统媒体而言的新型媒体，它们利用数字、网络技术，通过互联网、电脑、手机、数字电视等，向用户提供信息和服务的传播形态。实际上，新媒体可以被视为新技术的产物，数字化、多媒体、网络等新技术均是新媒体出现的必要条件。新媒体诞生以后，媒介传播的形态就发生了翻天覆地的变化。

新媒体产生以后，以其独特的优势，对传统媒体产生了极大的冲击，使传统媒体的发展陷入困境。目前互联网时代，传统期刊怎样充分发挥自身的优势，让自己在激烈的竞争中立于不败之地，应引起期刊工作者的深入思考。

一、与新媒体融合发展是传统期刊的必由之路

1. 新媒体给大众带来了新的阅读方式，使得传统期刊的读者逐渐减少。

一直以来，人们的阅读方式比较固定，即通过阅读报纸、杂志这些纸质的出版物，来获取知识和信息。但是，由于互联网的普及和各种新媒体的出现，人们的阅读方式也在发生着巨大的变化。我们获取信息不再仅仅依靠纸质出版物，互联网给广大读者带来了多种阅读方式，利用电脑、手机、电子阅读器等多种电子设备在线阅读使得人们的阅读量更大，阅读效率更高。

另外，传统阅读方式提供给读者的阅读内容比

较单一，仅限于文字和图片，而多媒体阅读方式除了给读者提供文字和图片外，还有更为吸引人的声音和视频等形式，这些无疑让读者特别是青年读者，更乐于接受形式多样的、新颖的新媒体阅读方式。新媒体的明显优势使得传统期刊的读者逐年减少。

2. 传统期刊无法满足读者的个性化需求。

互联网改变着人们的生活，它让信息的传递更加方便与快捷，也让信息的传播更加精确。传统媒体的读者只能被动地接受信息，而新媒体可以满足读者在信息内容、形式等方面的个性化需求。读者可以在阅读平台，利用关键字、作者或者期刊名称等搜索出自己需要的相关内容，这对于传统期刊来说是难以想象的。传统期刊无法满足读者个性化需求这一弱点，也让更多的读者选择了多媒体阅读方式。

3. 严峻的市场竞争和数字化阅读的压力正考验着传统期刊。

中国互联网络信息中心调查数据显示：目前，我国网络普及率和网民规模已经超过亚洲和全球水平。同时，调查中还显示：网民中台式电脑、笔记本电脑和平板电脑的使用率明显下降，而使用手机上网人群所占的比例明显上升。

以上信息让我们看到传统期刊现在所面临的巨大压力，其中来自新媒体的压力更为突出。由于现代科技的迅速发展，新媒体的形式日渐多样化：网站、博客、微博、微信等，同时，网络和智能手机的普及，让更多的普通人接触到这些新媒体形式，使人们的阅读方式有了极大的改变，从而也改变了人们的思维方式和生活方式。更为传统期刊敲响了警钟：改变自己固有的阅读模式，寻求新的发展之路成为传统期刊必须思考的问题。

二、文博刊物与新媒体融合的优势与不足

随着新媒体的快速发展，文博期刊与新媒体融合发展是毋庸置疑的事实。

我们先来看看文博期刊与新媒体融合的优势：文博刊物与新媒体融合有其独特的优势，首先由于文博刊物具有较强的专业性，文博类期刊的从业者和读者也具有相当的专业性，这是区别于其他期刊的地方。其次，传统纸质文博刊物通过纸质媒体和官网，传播上有自己固有的内容，是单向地向读者传递信息，而且内容固定，即使单本期刊的内容很丰富，也不能满足读者所需的全部信息，读者为了获取更多的信息，往往需要借助搜索引擎或者数据库，进行查询。而新媒体则不受期刊版面的限制，可以获取更大的信息量，同时由于现代科技的支持，多媒体平台可以实现编辑、作者、审稿人以及读者之间的多方互动交流。新媒体还能够提供相关链接，对于读者而言可以更高效、更便捷地获取更多的信息。

文博期刊与新媒体融合也有不足之处：首先是缺乏专业的网络编辑人员。目前文博刊物的负责人员都是由传统编辑兼任，由于专业领域的不同，在业务推广和实施上也存在一定的局限性。其次没有专业的新媒体运营团队，成功的新媒体运营离不开专业高效的团队合作，文博刊物目前在这一方面的准备尚显不足。

文博刊物能够与新媒体融合的前提条件是当前数字技术和网络技术的高速发展，技术的发展变革为文博期刊拓宽了可传播渠道、提升了传播的速度和效率。在现在多媒体时代，多种在线阅读形式为

读者获取信息提供了更多的选择和方便。现在越来越多的出版社也开始注重三维技术的运用，AR、VR等技术给读者新的体验。其次，多样化的网络终端为文博期刊提供了更多的发展平台。微博可以放大声量，微信能够连接服务。另外，庞大的网络用户群体习惯于线上获取信息，这些都为文博刊物与新媒体融合带来了前所未有的机遇。

三、文博类学术期刊新媒体融合现状

国内，包括文博刊物在内的学术刊物的新媒体融合渠道即数字化形式多是通过学术数据运营商来实现，如中国知网、维普期刊网、万方数据库等。他们是目前国内专业的学术服务平台，致力于对海量的报刊数据进行科学严谨的研究、分析、采集、加工等深层次开发和推广应用。

近年来，随着微信、微博和客户端不断涌现，作为网络时代新媒体的重要代表，"微信、微博和客户端"成为多数期刊"媒体融合"的主要载体。作为期刊的重要组成部分——学术期刊也积极融入新媒体融合的创新发展中，由于学术期刊很少有自己的独立网站，学术期刊微博关注度又很低，因此学术期刊在新媒体融合中还是出现了一些问题。

据调查，目前注册的微信公众号中推介度较好，用户持续关注的微信公众号仅占总量的10%，超过9成的微信公众号文章推送量少，用户关注度低，长期处于"闲置"状态。

文博类学术期刊的微信公众号也存在以上问题。经对文博类核心期刊的微信公众号进行专项调查分析，在16种文博类核心期刊中，有10种期刊有自己的微信公众号，其中《考古与文物》有公众号，但无文章推送。其余9种期刊定期或不定期通过微信公众号推送文章。这9种期刊中，《考古》《考古学报》《江汉考古》《敦煌研究》《东南文化》和《四川文物》6种期刊均是2017年才注册的微信公众号并开始运营，《中原文物》《北方文物》2018年注册了微信公众号，《故宫博物院院刊》稍晚，于2019年注册了微信公众号。

通过对这些期刊微信公众号推送的文章进行比较分析，主要存在以下问题：

（1）微信公众号推送的内容比较单一，推送的文章大多为纸质版内容的简单复制或者将原文进行缩减。采用微信全文推送形式的不多，因为这种形式内容过长，阅读起来占用时间，不易吸引读者的阅读兴趣；有些微信推送时，只进行简单的处理，缺少二次编辑，使得微信文章质量不高；还有些微信文章处理时不能准确把握文章的精华，对纸质文章的信息内容把握不够全面，也影响微信的质量。

（2）图文编排的形式比较单调，融合不够彻底。多采用图文为主要形式的平面编排方式，极少使用音频、视频或者动画等多媒体素材，新颖性、趣味性有待提高。

（3）与读者的互动性不够，由于人员问题和技术问题，使得这些文博类学术期刊没有专门的技术人员负责与读者的交流与互动。

之所以存在以上问题，究其原因：

（1）期刊前期在新媒体方面准备工作不充分，没有很好地理解和把握新媒体概念，对于微信的服务对象、推送内容和管理方式等不够明确。

（2）期刊单位的条件有限，人才、技术两方面都显得不足。学术期刊不熟悉新媒体技术、网络化信息管理，编辑人员少，没有专业的技术人员。

学术期刊多附属于科研单位和高校，没有专人负责新媒体运营，导致微信运营问题重重。

四、《中原文物》在媒体融合方面的实践

《中原文物》创刊于1977年，是国内颇具影响的文物考古类学术期刊，发展至今已有40余年的历史。重点报道中原乃至全国考古新发现以及文物考古研究新成果。主要栏目有考古发现、考古研究、博物馆学研究、古文字研究、古建筑研究、文物保护与科技、学术动态等。读者对象为文物考古及博物馆专业人员、相关专业大中专院校师生、研究院所科研人员和国外同行。

作为文博类学术期刊，《中原文物》在国内外学术界一直享有盛誉，办刊的过程中我们不断思考自己的发展与定位，在日新月异的网络时代寻找新的发展之路。为了适应时代发展的需要，不断提高期刊质量，我们充分发挥编辑委员会的指导监督作用，编辑部聘请国内文物考古研究、文物研究、文博教学等领域的领军人物和学术精英，组成了中原文物编委会；编委们亲自为我们撰写研究文章，推荐优质稿件，审读专业稿件，极大地提高了中原文物的期刊质量。另外，在刊物印刷上，采用全彩色印刷，改版后的中原文物图片质量有了质的飞跃，版面更加新颖活泼，受到了专家和读者的一致好评。

努力提高期刊自身质量的同时，我们逐步推进《中原文物》的数字化、网络化转型，以使期刊更好地适应时代发展。从2010年开始，我们同中国知网合作，签订独家代理协议，尤其在"中国知网"与"中国期刊网"上，为《中原文物》单独开辟出版频道，专门出版《中原文物》期刊文献及预印本，并专门出版《中原文物》期刊全文数据库光盘版，一直延续到今天。读者可以从知网上检索、下载所有刊期的文章。同时，知网提供相关的统计与评价，包括期刊年度出版概况（年度总文献量、年度基金资助文献量、期刊文献所属栏目的分布）和学术热点动态（期刊近十年的学科分布和关键词分布）。

我们从2016年提出建立《中原文物》网站、微博和微信，但是由于各种原因，启动速度比较慢，直到2017年下半年，我们才在河南博物院网站开通《中原文物》专刊，设有最新目录、学术活动、学者访谈、考古发现、考古研究、文物研究等栏目，不定时将《中原文物》的最新文章发至网站上。

微信公众号于2017年年底开始申请，2018年11月开始推送文章。设置有：学术动态、期刊目录、专题研究、学术争鸣、考古与文物研究、会议资讯等栏目。每周两篇。内容为纸质期刊中的重点文章，再经编辑整理，提炼文章的精华，引起读者对期刊原文的阅读兴趣。目前微信的关注度还不太高，需要我们积极推广。

在期刊发展的艰辛历程中，我们没有为了迎合公众的喜好而降低刊物的专业性，更没有为了市场的需要而偏离专业道路，我们给自己更高的行业定位，用我们的努力走在学术的前沿，成为行业的领跑者。

期刊与新媒体的融合，我们一直在实践着，尽管早已意识到与新媒体融合发展是转型发展的必然趋势，但是效果并不理想。时至今日，在新媒体坐标中文博学术期刊如何找到合适的定位？在学术期刊与新媒体融合的实践中我们有哪些经验和教训？学术期刊与新媒体融合，今后的路我们应该如何走？这些都需要我们不断地思考与探索。

以新理念提升博物馆的展示水平
——"周风虢韵：虢国历史文化陈列"的策展思路

李清丽
三门峡市虢国博物馆

> **摘要**："周风虢韵——虢国历史文化陈列"是三门峡市虢国博物馆全面改造提升后的基本陈列。本文围绕新时期博物馆陈展新理念，从展览主题定位、展览结构设计、展品选择、展览文字编排、展览形式设计等方面详细解读了该陈列的策展思路。
>
> **关键词**：博物馆；展览；理念；定位；设计

三门峡市虢国博物馆（以下简称"虢国博物馆"）（图1）是依托全国重点文物保护单位——虢国墓地而建立的一座专题性遗址博物馆，于2001年4月21日正式对社会开放。基本陈列"虢国墓地遗址及出土文物陈列"，曾获第五届"全国博物馆陈列展览精品奖"。

随着时代的发展，作为公共文化服务机构，博物馆教育功能越来越重要。"展览是博物馆发挥教育这一首要功能的主要手段，是博物馆满足公众精神文化需求的重要途径"[1]，是体现博物馆个性特色，考察博物馆能否得到公众喜爱的最重要因素。近年来，博物馆陈展理念发生了很大变化，展览内容更注重知识普及和文化传播，形式上更注重公众参与和互动体验。虢国博物馆基本陈列逐渐显现出展示内容单薄、展示手段落后、设施设备老化、参观环境不佳等诸多问题，不能很好地为社会公众提供优质的精神文化服务，急需进行提升改造。经过前期筹备，虢国博物馆陈展提升项目工程于2017年7月开始实施，新改陈后的"周风虢韵——虢国历史文化陈列"于2018年5月18日正式全面对公众开放。

此次陈展提升工程是虢国博物馆基本陈列的全面提升，是在原有基本陈列的基础上进行充实、提高和完善，是博物馆陈展理论应用于实践的完美体现，也是对我们博物馆陈列工作的一次检验。

图1　三门峡市虢国博物馆外景

一、展览主题定位：
围绕时代主旋律确立主题

虢国，是周代的一个诸侯国，起初分封于陕西宝鸡一带，后迁徙至河南三门峡，存在了四百年左右（其中在三门峡一带存在了大约两百年），最后于公元前655年被晋国所灭。位于三门峡市的虢国墓地和虢都上阳城遗址是虢国留给后人最主要的文化遗产，尤其是虢国墓地，先后经过两次大规模考古发掘，清理各类墓葬260多座、车马坑9座、马坑3座，出土各类文物3万余件。丰富的考古资料反映了虢国的社会面貌和物质文化，折射出了文明的辉煌。

习近平总书记指出，中华优秀传统文化是我们最深厚的文化软实力，也是中国特色社会主义植根的文化沃土。在新时代大力"弘扬中华优秀传统文化"的重要思想指导下，根据虢国在古代历史长河中的地位，结合虢国博物馆藏品以考古发掘品为主的特点，在征求专家意见的基础上，我们紧扣"优秀传统文化"的时代主旋律，对此次提升的基本陈列做了明确的定位：它是一个以丰富的考古资料为依托，以实物和遗址展示为基础，以中国古代历史文明发展为背景，展示虢国文化为目的的、具有地域特征和文化特色的原创展览。也就是说，展览定位为"文化展"，而不只是"文物展"。鉴于该展览属于长期展出的基本陈列，面向最大范围的社会公众，故其性质定为历史文化普及展，要兼顾各类观众的需求，专业性与大众化、知识性与趣味性相结合，力争融艺术性、专业性、知识性、趣味性为一体，雅俗共赏。

主题是陈列展览的灵魂，关系到陈展的影响力和生命力，决定了陈展的结构、内容和表达形式。因此，要策划一个展览，首先要确定展览主题。习近平总书记2014年2月25日在首都博物馆参观北京历史文化展览时强调，"搞历史博物展览，为的

图2 "周风虢韵"主标题

虢国是两周时期的一个诸侯封国，虢国文化不是绝世而独立的，而是以周文化为主体，融合当地土著文化和外来文化的一种具有自身特色的地域文化，是周文化的先进代表。这个标题既高度概括了陈展主题，又简洁明朗，通俗易懂，比"虢风遗韵""虢国春秋"等更胜一筹。

是见证历史、以史鉴今、启迪后人"[2]。因此，对于历史类博物馆举办的文物展览来说，不仅仅是把文物摆出来，更重要的是通过深入挖掘文物的内涵，让观众了解其背后蕴含的精神和文化，从而感知智慧，受到启迪，以古鉴今。简单地说，就是要做到"透物见史、见人、见精神"。因此，我们组织专业人员对原来的陈列进行研讨，吸取先进经验，摒弃不足之处；对虢国博物馆新入藏的文物藏品进行研究，确定陈展主题和大纲。最终将此次展览的主题定为："通过展示虢国墓地出土的文物，挖掘文物背后蕴藏的内涵和故事，体现虢国灿烂辉煌的文化，让公众在领略虢国风采的同时，感受古代优秀历史文化，传承中华文明，增强文化自信。"

展览主标题的确立也颇费心思。主标题是展览的眼睛，既要与主题保持一致，高度概括展览内容，简洁明了，还要具有一定艺术性，能引起观众的情感共鸣。故经过听取多位专家的意见，我们将此次展览的主标题定为"周风虢韵"（图2），表明

二、展览结构设计：
结合文物藏品确定结构

在展览主题的指引下，陈展结构的设计要结合展览的物质基础——文物展品来铺排。虢国博物馆原有陈列分为五个展览，分别是"虢国春秋——虢国文化史展""虢宝撷英——虢国墓地出土文物精华展""车辚马萧——虢国车马坑遗址展""虢君觅踪——虢季墓遗址展"和"梁姬风韵——虢季夫人墓出土文物展"，有综合文物展，有遗址展，也有专题展，不仅给人各自独立、互不关联的感觉，而且展示中间有很多重复的地方。经过多次研讨后，我们认为虢国文化是一个整体，应该把文化元素综合起来展示，做成一个内容丰富、多层次展示的大型文化展览。

虢国博物馆的藏品既有可移动文物，又有不可移动文物（遗址）。可移动文物门类众多，但占比不均衡，青铜器、玉器数量多，种类全，品质优；

陶器、铁器、纺织品、骨角牙器虽数量不多，但很有特色。不可移动文物包括车马坑遗址和墓葬遗址，具有典型性，是两周时期墓葬和车马坑遗址的代表。故我们以不同的文物为线索来划分展览结构，将整个展览分为六个部分：

第一部分"虢旗猎猎"。（图3）通过迎风招展的旗帜，展示虢国跌宕起伏的历史、赫赫有名的人物和历史故事，以及震惊世界的虢国墓地及虢国都城的考古发现，分为三个单元，分别从虢国历史演变、虢国人物与故事、虢国考古发现三个方面，展示虢国无论是过去还是现在的文化遗产，都是十分灿烂辉煌的。第二部分"吉金灿灿"。（图4）通过端庄厚重的青铜器，挖掘青铜器背后蕴含的政治、外交、军事等方面的文化内涵，分为三个单元，分别从虢系器铭、礼乐制度、虢之国力三个方面表现青铜器承载的历史文化，体现了虢国崇文尚武、恪守礼制、国力强盛等文化特质。第三部分"美玉灼灼"。（图5）通过瑰丽璀璨的玉器，展示玉器背后蕴含的宗法、礼仪、丧葬等方面的文化，分为四个单元，分别从礼仪用玉、佩饰用玉、丧葬用玉、制玉工艺等方面表现玉器承载的历史文化，体现了虢国敬天法祖、注重品德、祈望永生等精神追求。第四部分"奇珍熠熠"。（图6）通过其他小众材质的文物，展示文物背后蕴含的经济、丧葬等方面的文化，分为陶器组合、复合铁器、骨角牙器、纺织品四个单元，体现虢国精于制造、勇于创新的文化特质。第五部分"车马辚辚"。（图7）通过展示紧密相连的三座车马坑遗址，并在周边墙上辅以虢国墓地车马坑陪葬情况、发掘图片以及先秦时期车马文化图片，虢国古车模型复原，以及视频专题片《虢国车马文化》等，体现虢国

图3 "虢旗猎猎"厅实景

图4 "吉金灿灿"厅实景

图5 "美玉灼灼"厅实景

图6 "奇珍熠熠"厅实景

图7 "车马辚辚"厅实景

图8 "古墓秩秩"厅实景

军事力量的强大以及先秦时期的车马文化。第六部分"古墓秩秩"。(图8)通过展示虢季组墓群的四座身份不同的墓葬及两座陪葬马坑，辅助以虢季组墓群发掘情况、出土文物图片等，体现虢国聚族而葬的埋葬制度和丧葬文化。

这六个部分的划分，既充分利用了馆内藏品，做到了重点突出，兼顾全面；又紧紧围绕主题，彰显了中心思想，可谓特色鲜明，内容丰富。

三、展品选择：既契合主题 又精品纷呈

展品是一个展览的物质基础，是用来体现展览主题思想的重要载体。展品分为实物展品和辅助展品，历史文化类陈列的实物展品就是文物藏品。博物馆收藏的每一件文物都印刻了人类生产生活的印迹，记录着当时的社会风貌，反映文明进程和人类智慧。文物藏品阐述展览主题，传达知识信息，它的质量很大程度上决定了展览的品质，故展品的选择十分重要，须经过严谨考证后慎重选择。

"周风虢韵——虢国历史文化陈列"中所展出的文物，首先很好地契合了陈列展览的主题。该陈列的主题是表现灿烂辉煌的虢国文化，故文物展品大多选择了虢国相关遗址出土的文物，如虢国墓地的出土文物；部分挑选了公安机关打击走私移交的但与虢国密切相关的文物，如虢硕父簠、虢姜鼎等，均是虢国墓地被盗后追缴回来的器物，均有铭文表明与虢国历史人物相关。其次，文物具有代表性和独特性。比如要表现周代森严的等级制度，那么列鼎列簋是不可或缺的，我们就选取了七鼎八簋、五鼎四簋、三鼎四簋等三组不同数量的鼎簋鬲（图9），放在大型中心柜中集中展示，通过强烈的对比让观众理解周代严格分明的宗法等级制度。想表现周代的乐悬制度，铜编钟是重中之重，那就把虢仲墓出土的一套甬编钟和一套钮编钟（图10）全部展出，不仅能很好地展示乐悬制度，而且还能告诉观众甬钟和钮钟的区别，形象而生动，易于理解。对于独特的而无法直接展出的代表性文物，必要时以复制品形式进行展示，如M2001虢季墓出土的玉柄铁剑（图11），是目前我国考古发现的时代最早的人工冶铁制品，将中国人工冶铁史向前推进了近两个世纪，但这件文物调拨给了河南博物院，所以我们就以

复制品的形式进行展示，让公众直观地了解它的重要价值，感受虢国社会生产力的发达。再次，文物具有较好的观赏性。展览是面对社会大众开放的，在具备独特性、代表性的同时，也要具有艺术性，故展品要在能表现主题的情况下，尽可能选择品相好、颜值高的文物，比如形制、纹饰、做工上皆属精绝的人龙纹玉璋（图12），代表了当时社会最高制玉水平，堪称镇馆之宝，所以我们选择把它作为重点文物放在中心柜中展示；栩栩如生、惟妙惟肖的仿生动物玉雕（图13—图24），我们分门别类集中展示，给观众带来愉悦感；色彩艳丽、串联方式独特的由多件玉器组成的六璜联珠组玉佩（图25），更是让人叹为观止，

图9　鼎簋鬲展柜

图10　编钟展柜

图11　玉柄铁剑

图14　玉虎

图12　人龙纹玉璋

图13　玉猪龙

图15　玉凤

图 16　玉鹿

图 19　玉蜻蜓

图 17　玉象

图 20　玉羊

图 18　玉鹅

图 21　玉龟

图 22　玉蛇

图 24　玉鸮

图 23　玉鼠

图 25　六璜联珠组玉佩

故也安排在中心柜单独展示。该展览共展出文物583件套，其中一、二、三级珍贵文物358件套，占比61.4%，多件国宝级文物为首次惊艳亮相，可谓精品多多，美妙绝伦。

辅助展品是用来帮助展品表达主题思想的，故它的选择要围绕展品展开，合理设置，避免喧宾夺主。首先，我们借助文物图片、拓片、纹饰、铭文及小说明等，对展品本身加以诠释，让观众全方位了解展品本身。比如在第二部分"虢系器铭"单元中，因为这组展品均为带铭文的青铜器，我们就采取将铭文拓片和铭文释读做成图版悬挂柜中，让观众在参观文物外观的同时，了解文物所表达的深层思想。其次，我们借助壁画、影像视频以及多媒体手段，让观众从视觉、听觉、触觉等感官上参与到展览中来，加深对展览主题的理解。如在序厅设计了大型壁画《虢颂图》（图26），展示了周代社会祭祀、宴享、征伐、农耕等不同社会风貌，气势恢宏，内容丰富，给观众留下了深刻的印象，既抓住了观众的眼球，又增加了观众参观的兴趣。

图26 大型壁画《虢颂图》

四、展览文字编排：艺术与通俗兼顾

展览文字是一个展览的重要组成部分，是以文字形式传达展览信息的媒介。展品蕴藏的丰富信息主要靠恰到好处的展览文字来阐释。具体内容包含前言、大小标题、部分说明、单元说明、组说明、相关解读说明及展品说明等。不同类型的展览文字，编写的要求和风格也不尽相同。

"前言"主要是点明展览的缘由、主题和目的等，引导观众进入展览，激发观众的参观欲望，因此要控制在300字左右，高屋建瓴，精练简洁。大小标题构成展览的框架，旨在揭示相应部分的主要内容，为主题服务。我们认为在点题的同时要讲究语言艺术，毕竟博物馆是文化殿堂，虽面向普通大众，但也要彰显文化底蕴。"周风虢韵"前言部分我们采用了古典诗序的形式，一首优美隽永的《虢颂》将人们带入优美的历史画卷中。（图27）展览设计的各类标题均分为正、副标题，正标题多来源于古典文学作品，语言优美，副标题则点明主要内容，直截了当。如部分标题"吉金灿灿——虢国青铜器""美玉灼灼——虢国玉器""奇珍熠熠——虢国多种工艺""车马辚辚——虢国车马坑遗址""古墓秩秩——虢季组墓葬遗址"，主标题结构相同，文学色彩浓厚，铿锵有力，朗朗上口。单元标题如"吉金灿灿"下设的三个单元："熔经铸史 王侯政治——虢系器铭""崇文循礼 钟鼎享祀——礼乐制度""尚武谋伐 扬威图势——虢之国力"；"美玉灼灼"下设的三个单元："六器礼祭 天地四方——礼玉""君

图27 《虢颂》诗序

子踥步 玎玲作响——佩玉""视死如生 以玉殓葬——殓玉""理剖琢磨 琅琅玱玱——玉器制作工艺";"奇珍熠熠"下设的四个单元:"有虞合土 盆甄瓴䰴——虢国陶器组合""铜铁更章 人冶始昌——复合工艺铁器""家居善帮 琢骨出坊——骨角牙及贝蚌器""九机难纺 绩麻为裳——中国最早麻织成衣"等。标题不但讲究对仗、押韵,而且还融进了历史典故,如"有虞合土"出自乾隆的诗《陶尊》,"有虞"指的是舜帝,他的后代虞阏父在周代担任"陶正",也暗合了本单元的"陶器"主题,具有很高的文学艺术性,给人以美的享受。

展品蕴藏的丰富信息主要靠恰到好处的说明文字来阐释,展品能否"开口说话"取决于展览传达的信息是否为观众所接受。版面上的相关解读,字数不宜过多,力求凝练缜密,科学准确,重点突出,通俗易懂;展品说明、图表介绍则应客观严谨,科学准确,精练朴实。总之,展览的文字说明应融专业性、艺术性、知识性、趣味性为一体,适应不同层次观众的需求。

五、展览形式设计:渲染氛围揭示主题

陈列是将文物藏品利用艺术设计展示于立体空间的结合体,是内容与形式相结合的产物。好的展览形式设计应坚持内容与形式的统一,整体与局部的统一,科学与艺术的统一,继承与创新的统一。

"周风虢韵"展览的形式设计坚持一流标准,充分利用现代科技,突出地域文化特色,将历史人文与艺术有机结合,以全新的陈展理念,展现虢国的历史脉络和文化遗存。此次陈展设计中不仅适度运用壁画、场景、模型、灯箱、多媒体等手段来揭示主题,而且根据陈列内容需要,在空间、色调、造型等方面营造与主题一致的艺术氛围来感染观众。

在空间布局上,调整各部分的入口、楼梯、隔墙等,使展厅布局开合有致,张弛有度,展线既曲径通幽,又自然流畅。如拆除了原来位于序厅中心位置从二楼下一楼的旋转楼梯,将下楼阶梯移至墙边,这样既扩大了空间又开阔了视野;可移动文物展厅中拆除原来隔开的独立小展厅空间,根据内容需要做了相应的隔断,使整个展厅看起来是一个整体,而不会给人割裂感。在装饰色调上,设计的各部分装饰色调既有区分又衔接自然,将内容结构划分得一目了然。如第二部分展示虢国青铜器,主色调为暖黄色,利用反差衬托青铜的颜色和历史的厚重。第三部分展示虢国玉器,主色调为绛紫色,衬托玉器的温润和主人的高贵。第五和第六部分展示土遗址,主色调为米白,提亮展厅的色彩,减少墓葬和车马坑带给人的阴森感。在造型设计上,巧妙地利用空间立柱和文化元素,营造和陈展主题一致的艺术氛围。如在第二部分"礼乐制度"单元,利用空间中两根粗大的承重立柱,设计了一个长6.2米、宽2.8米、高21.6米的大展柜用来放置三套不同数量的鼎、簋、鬲,通过区分高低层次的方式,将七鼎八簋放置在中间凸起的最高层,五鼎四簋和三鼎四簋放置在两边低层,给人一种磅礴的气势和视觉冲击力,使观众更为深刻地理解周代的列鼎制度和森严的等级制度;为了突出虢国文化中独具特色的玉器,专门设计了一个相对独立的六边形

图28 精品玉器空间

图29 玉柄形器仿制造型

图30 《虢国车马文化》大屏幕投影视频

展示空间（图28），顶面设计为玉璧式灯箱，周围放置四个独立柜围成六边形展示玉器精品，中心位置采用中心柜加地台的方式展示镇馆之宝"人龙纹玉璋"，凸显了该文物的至高地位。在各部分的入口，也设计了不同的艺术造型。如"美玉灼灼"部分，采用凤鸟纹玉柄形器的仿制造型（图29），优美的纹饰把观众带入美玉的世界；在可移动文物展示向遗址展示过渡的入口处，设计了夯土层，让观众明白即将进入土遗址的世界。此外，还充分利用现代技术手段，在不同位置设计制作不同的视频内容，对陈展内容加以诠释深化，使观众在动静结合中加深对虢国文化的理解。如在序厅设计了虢国历史演变短视频，让观众进入展厅后首先对虢国有一个大致的了解；在车马坑遗址厅制作了长16.8米、宽3.8米的投影屏幕，滚动播出4K高清专题片《虢国车马文化》，既为空旷的展厅增加热烈的气氛，也有利于观众加深对车马文化的理解。（图30）

"周风虢韵"陈展总体艺术风格简约、明快、庄重、素雅，避免烦琐的装饰，整体呈现恬静、高雅的氛围，为观众提供自由多样化的视点，体验多维的参观感受。

---

[1] 陆建松. 增强博物馆的公共服务能力：理念、路径与措施[J]. 东南文化，2017（3）.
[2] 图文故事、真情实景，习近平这样讲解文物[OL]. 新华网，2018-05-28.

浙江衢州庙山尖土墩墓出土青铜器初步检测分析

王志雄[1] 姚 兰[2] 王海明[3] 李存信[2] 余金玲[4] 王 晓[5] 黄昊德[3]

1. 北京科技大学科技史与文化遗产研究院；2. 中国社会科学院考古研究所
3. 浙江省文物考古研究所；4. 萧山博物馆；5. 衢江区文物保护管理所

摘要：本文对浙江衢州庙山尖土墩墓出土的部分铜器进行了金相和成分检测。结果显示，经分析的18件样品均为铸造成型，铜器的材质主要为锡青铜，兼有少量铅锡青铜和含砷铜器。铜管饰、铜泡等器物形制相同，合金成分接近且锡含量相对较高，应为相同批次的制品。铜剑和小铜泡等器物砷含量显著，显示较为特殊的成分特点，其金属物料可能与皖南沿江地带同时期矿冶生产活动有关。

关键词：庙山尖土墩墓；青铜器；检测分析

庙山尖位于浙江省衢州市云溪乡棠陵邵村，地处衢江北岸的山前丘陵地带。2017年9月庙山尖山顶发现盗墓迹象，2018年3月浙江省文物考古研究所及衢江区文化广电新闻出版局对其进行抢救性发掘。经发掘清理显示，该墓为熟土堆筑的浅坑木室墓，墓向朝西，墓坑西端有墓道，南、北、东三面坑壁由鹅卵石垒成，坑壁外侧坡面用鹅卵石铺砌，墓底平铺鹅卵石。墓室为两面坡的"人"字形木结构，形制特殊，分为前、后两室。随葬品包括青铜器、玉器和少量陶瓷器。2018年10月，墓葬部分遗存经套箱提取，在中国社会科学院考古研究所开展实验室考古工作。在此过程中，我们对部分铜器进行了科学检测分析。本文将报道本次分析获取的金相与成分检测结果及一些初步认识，以期为出土遗存的保护和相关问题的深入研究提供有益的信息。

一、材料与方法

本次检测的标本均出自套箱提取的庙山尖土墩墓遗存，样品取自器物的残损或断裂处，在保证分析需求的情况下取样尽可能小。本次分析共取得样品18件，涉及的器物类型主要为管饰与铜泡等装饰小件，另有少量样品为铜剑、铜镞等兵器。取样信息见表1。

所有样品取部分进行金相与成分分析，切割后使用冷镶树脂立面镶样。经过磨样、抛光，使用氯化铁盐酸乙醇溶液浸蚀，使用Leica DM4000M观察并记录金相组织。样品经重新抛光并做喷碳处理后，使用扫描电子显微镜及配备的能谱仪（SEM-EDS）进行成分分析，所用仪器型号TescanVegaⅢ扫描电子显微镜，配备BrukerXFLASH610型号能谱仪。分析条件设定为：加速电压20kV，激发时间一般大于60秒。每件样品一般在低倍下测量数次，取平均值作为样品的整体成分。由于腐蚀过程中金属元素的流失，锈蚀样品的成分结果仅作定性参考。

二、分析结果

由SEM-EDS分析结果可知（表2），本次分析的18件铜器样品的材质以锡青铜为主，共计13件，占经分析样品总数的72.2%；此外，还包括铅锡青铜1件、铅砷铜3件以及含砷的铅锡青铜1件。锡青铜样品的锡含量整体偏高，变化范围在19.9%～22.6%之间；1件铅锡青铜（WZ-06，铜镞）的锡含量则达20.7%，含砷的铅锡青铜样品（WZ-39，扁平小铜泡）的锡含量为10.4%。与之相对，铜剑（WZ-01）、兽首形四通（WZ-12）和泡形四通（WZ-37）样品均检测出含量较为显

表1 庙山尖土墩墓铜器取样信息表

实验编号	器物名	出土号	套箱号	备注
WZ-01	铜剑	ZQMM1-1-1	1号	剑柄部残块，完全腐蚀
WZ-06	箭镞	ZQMM1-8-C4	8号	镞翼残损处，有金属基体
WZ-08	当户（条形饰件）	ZQMM1-4-1	4号	残损处，有金属基体
WZ-22	铜管饰	ZQMM1-8-2-19	8号	端部残损处，有金属基体
WZ-24	铜管饰	ZQMM1-8-2-38	8号	端部残损处，有金属基体
WZ-25	铜管饰	ZQMM1-8-2-33	8号	端部残损处，有金属基体
WZ-26	铜管饰	ZQMM1-8-2-27	8号	端部残损处，有金属基体
WZ-41	铜管饰（V形）	ZQMM1-8-2-B	8号	铸造毛刺，有金属基体
WZ-29	中铜泡	ZQMM1-8-1-25	8号	泡身残损处，有金属基体
WZ-30	中铜泡	ZQMM1-8-1-35	8号	泡身残损处，有金属基体
WZ-31	中铜泡	ZQMM1-8-1-5	8号	泡身残损处，有金属基体
WZ-27	小铜泡	ZQMM1-8-1-29	8号	穿过断裂处，有金属基体
WZ-33	小铜泡	ZQMM1-4-2-11	4号	泡身残损处，有金属基体
WZ-34	小铜泡	ZQMM1-4-1-21	4号	泡身残损处，有金属基体
WZ-36	小铜泡	ZQMM1-4-1-22	4号	穿过断裂处，有金属基体
WZ-39	小铜泡	ZQMM1-4-4-174	4号	泡身残损处，有金属基体
WZ-12	四通（兽首形）	ZQMM1-4-2-44	4号	兽首部位残块，完全锈蚀
WZ-37	四通（泡形）	ZQMM1-4-2-42	4号	泡身残损处，有金属基体

表2 庙山尖土墩墓铜器 SEM-EDS 分析结果表

实验编号	器名	元素含量（wt%）					材质
		Cu	Sn	Pb	As	其他	
WZ-01*	铜剑	20.5	n.d.	31.5	16.1	P: 0.5 Si: 1.5 O: 29.8	Cu-Pb-As
WZ-06	箭镞	76.5	20.7	2.3	n.d.	O: 0.5	Cu-Sn-Pb
WZ-08	当卢	79.6	18.2	n.d.	n.d.	O: 2.2	Cu-Sn
WZ-22	管饰	80.0	17.6	0.8	n.d.	S: 0.3 O: 1.3	Cu-Sn
WZ-24	管饰	81.8	16.4	n.d.	n.d.	S: 0.4 O: 1.3	Cu-Sn
WZ-25	管饰	80.7	17.5	0.7	n.d.	S: 0.3 O: 0.9	Cu-Sn
WZ-26	管饰	80.2	17.2	0.2	n.d.	Fe: 0.4 O: 2.0	Cu-Sn
WZ-41	管饰	85.1	12.6	0.3	n.d.	O: 1.5	Cu-Sn
WZ-29	中铜泡	84.7	14.2	n.d.	n.d.	S: 0.2 O: 0.9	Cu-Sn
WZ-30	中铜泡	78.2	19.9	n.d.	n.d.	S: 0.3 O: 1.6	Cu-Sn
WZ-31	中铜泡	83.1	14.7	n.d.	n.d.	S: 0.2 Fe: 0.9 O: 1.1	Cu-Sn
WZ-27	小铜泡	83.2	14.2	n.d.	n.d.	Fe: 1.5 O: 1.1	Cu-Sn
WZ-33	小铜泡	80.1	18.8	n.d.	n.d.	O: 1.1	Cu-Sn
WZ-34	小铜泡	81.1	17.6	n.d.	n.d.	S: 0.2 O: 1.1	Cu-Sn
WZ-36	小铜泡	83.2	14.4	1.3	n.d.	O: 1.1	Cu-Sn
WZ-39	小铜泡	76.0	10.4	10.3	2.1	O: 1.2	Cu-Sn-Pb-As
WZ-12*	四通	42.9	n.d.	30.9	15.2	O: 10.1	Cu-Pb-As
WZ-37	四通	83.3	n.d.	2.9	10.4	O: 3.4	Cu-Pb-As

注：带*样品为完全锈蚀或锈蚀严重，分析数据仅作为定性判断合金材质的依据；n.d. 表示该元素含量低于 EDS 检出限。

著的砷元素（10.4%～16.1%），而锡含量则均低于设备的检出限。不同样品的铅含量变化较大，由于部分样品腐蚀较为严重，其成分分析结果仅具定性的参考意义。即便如此，仍可看出铅砷铜样品似乎有高铅的趋势。

此外，在个别样品的腐蚀区域（如铜泡 WZ-33）可检测出少量的砷（～1%），但金属基体中却不见砷元素存在。（图1）考虑到随葬品中砷铜器物的存在，以及铜器腐蚀过程中可能与环境发生的物质交换，本文倾向于认为这些样品腐蚀区域中少量的砷元素应与腐蚀过程的污染有关。

锡青铜样品多保存有金属基体。金相组织显示为 α 相与（α+δ）相共析体，由于锡含量不同，组织略有差异。样品 WZ-31 铜泡基体组织为 α 固溶体，枝晶偏析较为明显，（α+δ）共析体连

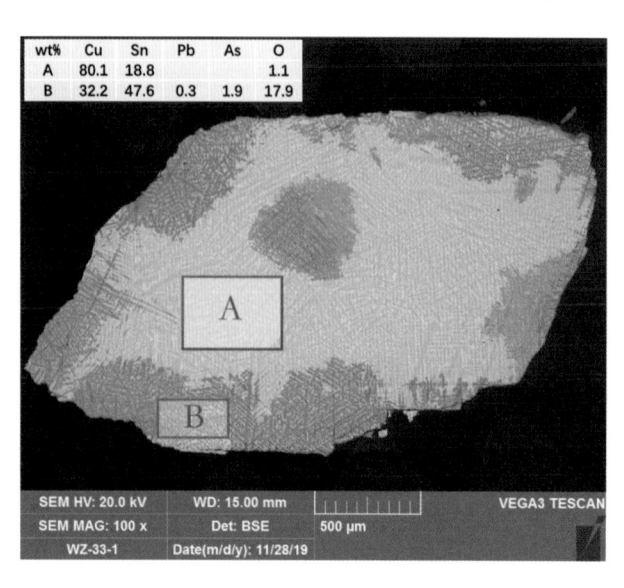

图1 铜泡 WZ-33 背散射电子相及微区分析数据

图2 铜泡 WZ-31 金相照片

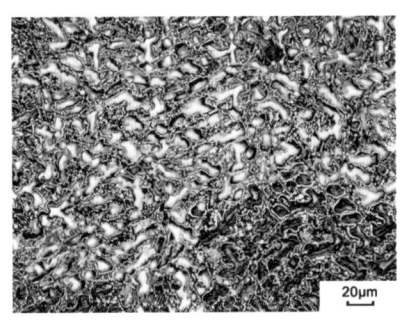

图3 铜镞 WZ-06 金相照片

图4 铜剑 WZ-01 金相照片

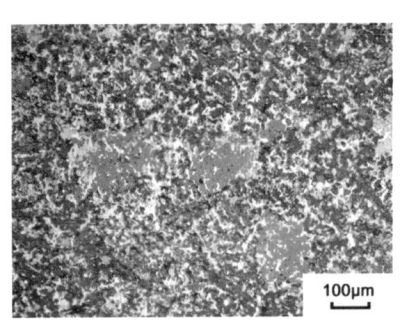

图6 四通 WZ-12 金相照片

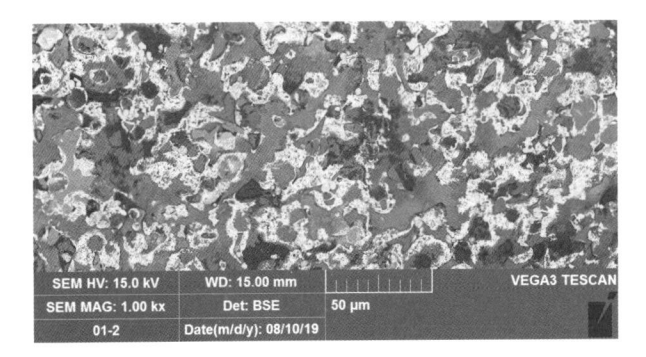

图5 铜剑 WZ-01 背散射电子图像

图7 四通 WZ-12 背散射电子图像

成网状，共析体组织较为细密。（图2）铜镞 WZ-06 金相组织与之类似，由于更高的锡含量，（α+δ）共析体组织较为粗大，少量铅颗粒弥散分布，主要存在于共析体间。（图3）

铜剑样品 WZ-01 已完全腐蚀，金相显微镜下观察可见锈蚀产物仍保持树枝晶形态（图4），背散射电子图像显示，树枝晶间隙可见高铅相，推测应为原始铅颗粒的分布区域。（图5）兽首形四通样品 WZ-12 与之类似，组织内可见到较为明显的岛屿状高砷相（γ相）残余；（图6）虽然腐蚀严重，背散射电子相下观察，仍可见到较大的铅颗粒团聚分布。（图7）

三、相关问题讨论

一般认为，两周时期苏南、浙江、皖南、赣东北等地的土墩墓遗存与吴越古国关系密切[1]。该地区的青铜文化深受中原地区影响，但也存在一定的自身风格，学界常根据类型学特点将出土铜器划分为"中原型""融合型"和"土著型"[2]。从铜器生产的角度而言，"融合型"和"土著型"铜器均应为本地生产无疑，而所谓"中原型"铜器也不能完全排除本地仿制的可能。曾琳等分析了苏南地区出土的百余件青铜器，指出其铅锡含量呈现早期铅高锡低，晚期锡逐渐增高而铅逐渐降低的趋势，不同风格的器物铅锡比例不同[3]。商志醰亦有相似的认识，并强调以合金成分鉴定铜器类型的共同性和规律性[4]。

本文对庙山尖土墩墓出土器物的分析发现，铜器的成分以锡青铜为主，少见铅锡青铜，这与以往吴越地区西周至春秋时期的分析结果似乎显示出一定区别。与此同时，庙山尖铜器的锡含量有较高的趋势，其中铜镞样品WZ-06锡含量已达20%以上。相对较高的锡含量和合金化程度，与同时期吴越地区其他出土的分析结果显示出较强的一致性。

庙山尖土墩墓的发掘资料尚未完全公布，学者们对其随葬品的年代和文化属性等存在不同看法。从本文初步的分析结果来看，似与苏南地区铜器的分析结果有所区别。苏南地区西周至春秋时期铜器虽然也表现出锡含量相对较高的趋势，但其材质多以铜锡铅三元合金为主，与庙山尖铜器中锡青铜占据主导地位的材质特点区别明显。此外，经分析的4件铜管饰（WZ-22、24～26），均为锡青铜，且其锡含量非常接近（16.4%～17.6%），其他元素的含量均不显著，在形制、成分和成型工艺等多方面表现出的强烈一致性，显示这些器物很有可能是相同批次的产品。正面饰同心圆的中型铜泡也有类型的现象。

除中国先秦铜器常见的铜锡（铅）合金以外，庙山尖出土的铜器样品中还包括3件铜砷（铅）合金样品。砷铜是人类历史上最早使用的铜合金，曾在西亚、欧洲和欧亚草原地带得到过广泛应用。中国早期砷铜制品多见于西北地区[5]，在稍晚阶段辽西地区的夏家店上层文化铜器也有使用砷铜的传统[6]，关中地区的西安老牛坡和皖南地区的铜陵师姑墩等地发现有与砷铜生产相关的遗存[7]。在以往江南地区先秦铜器的分析中，以砷作为主要合金元素的铜器甚为少见。仅镇江丹阳司徒乡窖藏（鼎1，鬲1）、镇江大港母子墩墓葬（鬲1）、南京青龙山墓葬（尊1）、南京溧水乌山（M2，方鼎1）等见有砷元素含量达到合金元素的水平（>2%）[8]。值得注意的是，丹阳司徒乡窖藏的鼎、大港母子墩墓鬲以及溧水乌山方鼎等器物，均显示极低的锡含量（<1%）和极高的铅含量（20%～30%），与庙山尖的3件含砷铜器的成分显示出相似的趋势。

庙山尖土墩墓所在金衢盆地与北部的皖南屯溪地区关系密切，在杨楠先生对商周土墩墓遗存的分区研究中，两地同属土墩墓遗存分布的南区[9]。庙山尖出土两柄铜剑，剑身较短，最宽处约在中部，前部明显狭窄，剑首饰同心圆，与黄山屯溪M3：10铜剑非常接近[10]。庙山尖出土的两把铜剑的材质分别为锡青铜和铅砷铜，遗憾的是屯溪出土器物尚未经过科学检测分析，难以进行更直接的对比，但近期铜岭地区古代矿冶遗址的发现和研究为探讨庙山尖砷铜的来源提供了可资对比的对象。

皖南的池州、铜陵一线是长江中下游地区重要的金属成矿带，也是古代冶炼遗存集中分布的区域[11]。2010年发掘的铜陵师姑墩遗址是近年江南地区矿冶考古的重要收获。遗址出土大量矿石、炉渣、炉壁等与铜冶铸生产相关的遗物，年代集中分布于西周中期至两周之际[12]。值得注意的是，师姑墩遗址出现大量含砷铜器、铜块和炉渣，且砷的引入与铜和铅的冶炼并未显示出直接的相关性，因而其应是代表了有意添加砷硫化物生产砷铜制品的合金熔炼过程[13]。师姑墩遗址与吴越地区有着密切的联系，如发掘简报指出师姑墩发现的原始瓷及印纹硬陶数量明显多于周边其他遗址，且似与南方及东南原始瓷生产体系有关[14]。再考虑到其砷铜冶炼生产的年代相对较早且与庙山尖出土器物的年代相当，其冶炼产品很有可能成为后者铜器生产的原料来源。这种金属资源与原始瓷（印纹硬陶）的交换与流通模式，或许就是稍后时期所谓"吴越之间资源互动"的前奏[15]。当然，基于合金成分对物料来源的观察存在很多不确定因素，有待铅同位素比值等物料示踪研究予以支持或修正。

四、结论

金相与SEM-EDS分析显示，浙江衢州庙山尖土墩墓出土的18件铜器样品均为铸造成型，铜器的材质以锡青铜为主（14件），兼有少量铅锡青铜（1件）和含砷铜器（3件）。锡青铜的金相显示为α相与（α+δ）相共析体组织，由于锡含量不同而略有差异，部分含铅样品中可见铅颗粒弥散分布。铅砷铜样品多腐蚀严重，残余金属相保留铸造组织形态。铜管饰、铜泡等器物形制相同，合金成分接近可能是相同批次的制品。铜剑和小铜泡等器物砷含量显著，显示较为特殊的成分特点，其金属物料可能与皖南沿江地带同时期矿冶生产活动有关。

[1] 林留根. 土墩墓的渊源及其葬俗[J]. 东南文化, 1988(5); 杨楠. 商周时期江南地区土墩遗存的分区研究[J]. 考古学报, 1999 (1); 郑小炉. 吴越和百越地区周代青铜器研究[M]. 北京: 科学出版社, 2007.

[2] 郑小炉. 吴越和百越地区周代青铜器研究[M]. 北京: 科学出版社, 2007.

[3][8] 曾琳, 夏峰, 肖梦龙等. 苏南地区古代青铜器合金成分的测定[M]//肖梦龙. 吴国青铜器综合研究. 北京: 科学出版社, 2004.

[4] 商志覃. 苏南地区青铜器合金成分的特色及相关问题[J]. 文物, 1990 (9).

[5] 孙淑云, 潜伟, 王辉. 火烧沟四坝文化铜器成分分析及制作技术的研究[J]. 文物, 2003 (8); 潜伟, 孙淑云, 韩汝玢. 古代砷铜研究综述[J]. 文物保护与考古科学, 2000(2).

[6] 李延祥, 朱延平, 贾海新等. 辽西地区早期冶铜技术[J]. 广西民族学院学报(自然科学版), 2004 (2).

[7] Chen K, Liu S, Li Y, et al. Evidence of arsenicalcopper smelting in Bronze Age China: a study of metallurgical slag from the Laoniupo site, central Shaanxi[J]. *Journal of Archaeological Science*, 2017; 长孙樱子, 吴晓桐, 金正耀等. 关中东部地区商代冶金遗物的科学分析研究[J]. 文物, 2020 (2).

[9] 杨楠. 商周时期江南地区土墩遗存的分区研究[J]. 考古学报, 1999 (1); 付琳. 江南地区周代墓葬的分期分区及相关问题[J]. 考古学报, 2019 (3).

[10] 田伟. 试论两周时期的青铜剑[J]. 考古学报, 2013(4); 支小勇. 皖南地区出土商周青铜器研究[D]. 南京: 南京大学, 2008.

[11] 刘诗中. 中国先秦铜矿[M]. 南昌: 江西人民出版社, 2003.

[12][14] 朔知, 王冬冬, 罗汝鹏. 安徽铜陵县师姑墩遗址发掘简报[J]. 考古, 2013 (6).

[13] 王开, 陈建立, 朔知. 安徽铜陵县师姑墩遗址出土青铜冶铸遗物的相关问题[J]. 考古, 2013 (7).

[15] 张敏. 陶冶吴越——简论两周时期吴越的生业形态[J]. 东南文化, 2019 (3).

一批征集雕版的防虫防霉保护
——RP保护系统在文物防虫防霉保护中的应用

申艾君
河南博物院

摘要：从民间征集的雕版由于原来保存环境比较差，表面积尘和污染物比较多，容易携带和发生虫霉病害，入库前应该进行清理和消毒杀虫工作。对本批雕版进行防虫防霉保护时，由于雕版数量多，受当时条件和时间所限，采取对表面简单清理后，再使用RP保护系统脱氧密封包装处理的保护措施。实践证明，在没有专用消毒设备的情况下，RP保护系统作为一种临时的预防性防虫、防霉保护措施是简单易行和切实有效的，同时用RP保护系统也可以作为珍贵文物防虫、防霉的预防性保护措施之一。

关键词：征集雕版，防虫防霉，预防性保护

雕版印刷是最早在中国出现的印刷形式，在印刷史上有"活化石"之称，2006年雕版印刷技艺经国务院批准列入第一批国家级非物质文化遗产名录，2009年雕版印刷技艺正式入选《世界人类非物质文化遗产代表作名录》。由于雕版材质——木材的特殊性，容易受环境中各种不利因素的影响，如果保存环境不适合，就容易发生霉害、虫蛀、开裂、变形、腐烂糟朽等病害。因此，做好雕版的消毒防虫防霉预防性保护工作，具有重要的意义。

河南博物院于2010年从滑县征集了一批雕版，运送到我院后暂时放置在文物库房内的临时库房，还没有命名和定级建档。2012年2月底由于文物库房马上要开始改造，文物需要临时集中存放，该批雕版需要和漆木器库房的文物集中一起存放在一个库房。由于木质文物容易发生虫害和霉害，该批雕版在民间保存时环境状况比较差，表面积尘等污染物比较多，为了雕版自身和同库房其他文物的安全，要求尽快采取防虫防霉保护措施。当时一方面因为库房改造工程在即，需要尽快搬入漆木器临时库房，一方面博物院消毒室还正在筹建中，缺乏文物消毒基础设备，只能采取简便易行但安全有效的防虫防霉保护措施。当时采用的保护措施通过3年多的检验，确认防虫防霉效果是有效的。

一、雕版基本情况及价值

（一）基本情况

这批雕版是2010年从滑县征集的，包括清代至现代各类雕版，共520块，大小、形状、各异，最大一块的尺寸170cm×76cm。（图1、图2）由于征集后还没有命名和定级建档，缺乏尺寸、重量和图像等基本资料。

（二）文物价值

我国的木版画，比较知名的有天津的杨柳青、开封的朱仙镇等中国传统木版画。木版画是中国绘画的一种形式，是伴随着农历春节喜庆新春和祛凶避邪的民间活动而产生的。

河南是我国木版年画发展最早的地区，宋代就有记载。同时，河南也是木版年画的制作中心，在全国占有重要的地位。据调查河南木版年画的制作是以朱仙镇为中心，南到汝南，西至卢氏，东达周口，北到滑县。滑县木版画无论是体裁、题材还是绘画风格、制作工艺，都与其他年画有很大不同。滑县木版年画的制作从影响看，虽不及朱仙镇有名，但是滑县却是木版年画的刻版中心。2006年11月，我国抢救民间文化遗产专家委员会主任、著名作家冯骥才说："滑县木版画是新中国成立以来从未发现的一个新的木版画品种。""它是一种失落的文化、中州大地上一个被遗忘的历史辉煌。"滑县木版画对研究中国木版画的历史、传承和发展都具有十分重要的意义。滑县雕版不仅有自身的风格，而且汇集了河南、山东、河北的风格。2010年我院征集的这批滑县雕版充分反映了这些特征，包括清代至现代各类雕版，题材非常丰富。这批雕版由于在民间长期保存不善和自身材质容易受环境中各种因素的不利影响，已经出现不同程度的损坏，阻止和减缓环境因素对它们的伤害，尽可能延长雕版的寿命具有重要的意义。

图1　大型雕版

图2　部分小型雕版

二、雕版病害情况

该批雕版文物征集到河南博物院之后，临时放置在库房一层的临时库房中，部分尺寸较大的倚靠在架旁，大部分尺寸较小的平放在简易的架子上，因为数量较多，部分小型的成组捆扎在一起后放在地面上。

本批雕版在被征集到河南博物院之前，属于民间私人祖传物品，保存环境条件比较差，在长期的保存过程中造成绝大多数文物表面被大量浮尘和硬质积垢覆盖；（图3）由于木质文物材质的特性，容易受保存环境中各种因素的影响，特别容易遭受微生物的损害，部分雕版发现有虫蛀（图4、图5）、霉害现象（图6），这些病害既影响了雕版的本来面貌，也不利于文物的长期保存。

从文物的浮尘、积垢、裂隙、虫蛀、霉变和糟朽等病害现象可以确定雕版征集到博物院之前，长期放置在非常差的保存环境中。浮尘和积垢不但严重影响文物的外观，内含大量微生物，会给文物安全保存带来隐患，虫蛀、霉变也严重影响文物的安全保存，这些病害需要尽可能去除，或者采取措施抑制病害的发生。

三、保护处理

本批雕版的主要保护步骤包括霉害检查、去除雕版表面清理和防虫防霉保护处理等。

（一）清理工作

霉害检查：仔细检查文物表面有无霉斑和虫害。

霉斑去除：对有霉菌的文物用药棉和酒精擦去，更换棉球至擦干净为止。

清理积尘：用软排笔刷和毛笔等工具清理积尘

图3　浮尘和积垢完全覆盖表面

图4　虫蛀和糟朽

图5　虫蛀

图6　霉害痕迹

(图7、图8)，同时用吸尘器吸尘，保持环境清洁，以免污染环境和其他文物，影响工作人员健康。

（二）防霉防虫保护处理

1. 杀虫灭菌和防霉措施的选择

杀灭害虫分为物理方法和化学方法两大类。物理方法有紫外线、低温冷冻、微波、脱氧保存和真空充氮法等；化学方法用臭氧、甲醛、环氧乙烷、溴甲烷、硫酰氟等广谱杀虫剂做熏蒸剂，通过密闭熏蒸的方法将害虫杀灭。对文物来说，虽然经过熏蒸处理可将害虫彻底杀灭，但这些药剂都是毒性很强的化学气体，有的药物会残留于藏品上使其受损或引起藏品材质的劣化；有的易燃易爆，对工作场地有严格的要求，不利安全防护，使用中对工作人员和环境都具有一定的威胁；还有的破坏臭氧层等，不利于环境保护。1997年的"蒙特利尔议定书"规定，自2015年起，全球将全面禁止溴甲烷等有毒气体的使用。硫酰氟是溴甲烷杀虫剂被禁止使用后在全球被广泛采用的一种熏蒸杀虫剂，但是现在科学家经过研究发现，硫酰氟其实是一种强效温室气体，其危害大于科学家先前的判断。随着环境保护工作在文物保护领域的愈加重视，对文物保护新技术和材料的应用首先要有利于文物的安全和有效保护，同时还要兼顾人员健康和环境保护。

文物上使用的主要防霉保护措施有传统防虫方法，化学试剂方法如熏蒸法，物理方法如充氮、除氧封存等。特别介绍一下充氮、除氧封存方法。

氧气是需氧微生物和昆虫生长的必要条件之一。当氧气的含量小于2%时，需养微生物和昆虫体内的物质分解、新陈代谢及酶的活性都会受到破坏，从而使这些微生物和昆虫因为缺氧窒息而死。根据这一原理，科研人员研制充氮和除氧的设备和材料，对有机质地文物进行杀虫消毒和预防性保护处理。

真空充氮杀虫消毒技术是纯物理的过程，不会产生二次污染，既不会污染环境，也不会对文物造成化学损伤。真空充氮是目前世界上比较流行的方法，它较微波、臭氧、低温、紫外线、放射、化学药剂消毒的方法更为环保和安全。对有机质文物的质地、颜色等也没有发现不良影响，已在

图7 雕版清理前后对比　左：清理前；右：清理后

图8 雕版清理前后对比　左：清理前；右：清理后

文博、档案、图书等单位广泛应用。

除氧剂灭虫原理与充氮灭虫一样，除氧剂为含铁物质，与氧作用生成氧化铁，除去氧气，导致害虫呼吸窒息而死亡。

RP保护系统，是由高性能的"专用脱氧剂"与可高度隔绝外部环境的"专用保护袋"组合在一起，形成"无氧、无水分、无有害气体"的文物保护空间（对非金属文物需要注意保持湿度）。根据被封存的物品形状和大小做成合适的外包装，然后按照外包装的容积计算出应该放入的除氧剂数量，将物品、除氧剂、氧指示剂一起放入，将外包装封好口，即可长期保存。

本批雕版的杀虫灭菌防霉保护措施因为设备条件不足，时间紧张，当时采取的临时措施是消除表面隐患，对虫霉病害起到一定的预防作用；根据对文物、人员、不污染环境，经济、简便、易行的原则，保护处理后的雕版容易存放等因素选择防霉防虫保护措施，计划待消毒室建成后再进行文物的整体杀虫灭菌工作和预防性防霉防虫措施。综合考虑后，确定根据雕版大小，对大块雕版采用RP保护系统，小块雕版成套放置在存储箱中，放置樟脑丸后密封处理。

2. 防霉防虫操作步骤

大块雕版，采用RP保护系统。

（1）根据待包装的大型雕版的尺寸截取RP保护膜，制作合适的保护袋；

（2）大型雕版用泡沫垫等缓冲材料局部或整体包裹，避免文物的棱角刺穿包装袋，造成漏气，然后装入RP保护袋；

（3）按照外包装的容积计算出应该放入的除氧剂数量，将RP保护剂[K型]和氧气指示剂

图9 大块雕版RP保护中

一起放入后，封口机密封处理。（图9）

对小型雕版和不规则雕版文物用缓冲材料包装后，放入整理箱内放置适量樟脑丸后密封处理。

结语

这批雕版保护处理后，期间经常检查雕版状况，观察氧气指示剂颜色显示内部无氧状态，三年多的时间没有发现有生虫发霉现象，说明RP保护系统作为一种临时的预防性防虫防霉保护措施是有效的。这批雕版后来因为文物普查工作的需要打开RP保护包装，完成了信息采集和定级工作，目前存放在漆木器库房文物储藏柜内。实践证明，在没有专用消毒设备的情况下，RP保护系统作为一种临时的预防性防虫防霉保护措施是简单易行和切实有效的，同时用RP保护系统也可以作为珍贵文物防虫防霉的预防性保护措施之一。

这批雕版当时采取临时的防虫防霉密封措施，由于当时清理雕版的时间紧张，清理可能不够彻底，以及雕版自身材质和保存环境的影响，在雕版的长期保存中可能还有生虫发霉的隐患。为了雕版文物的长期保存安全，需要经常对雕版文物进行表面检查，发现有生虫发霉的现象，及时采取有效的杀虫除霉和整体消毒工作，做好防虫防霉预防性保护措施。

油画的加固保护与加固剂的运用研究

陈晓琳[1]　王 诺[2]
1.河南博物院　2.上海视觉艺术学院

摘要：本文从一幅近现代油画存在的病害类型及保护措施入手，通过选择合适的加固剂和加固方法，来加强颜料对基底层的黏结力，从而起到加固画层的作用，这是油画保护和修复当中最基本、也是最重要的步骤之一。通过本次修复以期为我国大量近现代馆藏油画的保护修复提供借鉴。

关键词：油画；病害类型；研究；加固

引言

本次油画修复作品《沙发上的女孩》是由对象写生和照片对接完成的。画面表面平整，采用直接画法。高126.5厘米，宽100.5厘米，布面油画。此作品有两大主要问题，一是作品长时期以画卷形式卷曲保存，导致颜料层的脱离与画布的不平整；二是在旧画上作画，如果不及时修复，画面颜料层将随着时间推移逐渐与底色层（即旧画颜料层）全部脱落。因此通过选择合适的加固剂和加固方法，来加强颜料层对基底层的黏结力，从而起到加固画层的作用，这也是油画保护和修复过程中最基本、也是最重要的步骤之一。（图1、图2）

一、测试

（一）状况检查报告

导致该作品分层的原因有湿度变化引起织物支撑的运动、不当的绘画技巧、各层面的老化以及机械影响。

首先，《沙发上的女孩》的支撑物是棉布，并且该作品在很长一段时间没有辅助支撑，是长期以卷筒状保存的。众所周知，棉布相对易受到周围空气中的湿度影响，由于没有辅助支撑固定，随着湿度的变化它会进行收缩和膨胀运动，从而造成不均匀的尺寸变化以及显著的画布平面变形。而长期的卷筒状的放置，在展开的同时所造成的

图1 修复前正面

图2 修复前背面

应力会引起作品结构上的剧烈变化，其上的绘画层，尤其是柔韧性相对较弱的颜料层因无法适应支撑物的大幅度运动而产生开裂、挤压，从而出现大面积的分层、碗状变形、松动，甚至剥落。通过对作品正面、背面擦射光照射，从图3、图4可以看到画布背面明显的平面变形，并且形成没有规则的起伏。正面明显有因卷曲导致压力而形成绘画层的裂痕，并伴随着颜料剥落与缺失。

通过肉眼观察，可以明显看到表面颜料层剥落透露出底下的基底层或旧色层。基底层在油画结构中具有稳定、连接支撑物和颜料层的独特作用。然而，作为有色画底的旧油画平整光滑，已经干透、变硬的旧颜料层没有吸收性和柔韧性，对覆盖其上的新绘制的颜料层缺乏咬合力，丧失黏附力。可以确定有色画底缺乏咬合力，实际上是造成该作品色层之间分层的重要客观原因之一。通常，颜料层的各层次的损坏影响和因素在颜料层上会特别明显地呈现。作品中的颜料层由于与下层旧油画黏附不良，导致出现大片浮起、颜料起翘、剥落缺失等状况，而颜料层的黏结力和柔韧性是极其重要的，这直接决定了颜料层的寿命。此外，该作品颜料层的厚薄程度不同，作者在画面上的有些区域大面积薄涂罩染，而在画面下部区域运用了厚涂方式表现，在颜料层的干燥过程中，进而引起了画面上严重的表面张力不匀。颜料层中的薄色层比厚色层部分有更多的膨胀，从而加剧了对画布的应力不匀，导致其明显的不平整。再者，在织物支撑的油画作品上，画面前后湿度的直接交替会产生明显的压力。而空气中任何相对湿

图3 背面擦射光

图4 正面擦射光

度的变化，使得织物支撑物上的每个裂缝会造成画作前后的湿度变化的交替。由于在老化龟裂的区域内，整个画面层的横截面经受湿度的扩散，这些水分可能会在颜料层之间、绘画层和画底间，或绘画层和画布支撑物间积聚。这也会导致浮起和分层。

由于画面所涂光油不均匀、颜料层对光油层的吸收程度不同，该作品的画面在光线下呈现光亮度不一致的效果。光油层略微发黄，在随后的光油层的可溶性检测中发现，诸多有机溶剂在表层没有清晰被洗下的痕迹，说明作品很有可能在颜料未干时直接上光油，使颜料与光油融合，在使用二甲苯去除光油的测试的同时，颜料也会存在被洗下来的风险，因此本次修复处理不做去除光油的考量。

综上所述，该作品严重的开裂分层状况主要是由于支撑物、基底层、颜料层之间的收缩膨胀的运动幅度的巨大差异造成的；而在基底层和颜料层之间、色层和色层之间存在严重的黏附力失效；环境因素进而影响层次的运动，加之材料本身的性能因素造成了严重的碗状变形。作品的受损状况在结构上是复杂的并且是极不稳定的。要解决以上问题，首先需要做的是加固分离层次，使其恢复黏合力。

1. 支撑物

支撑物材料是由棉布组成，中等厚度，平纹密织，并且没有拼缝没有织边，背面左中部有标题（《沙发上的女孩》）和作者签名。画布折边都有铁钉锈迹。画布长期以画卷形式卷曲存放，因此画布没有张力，背面的折痕和平面变形也较为明显。并且，画布背面多处有渗油痕迹，其中底部边缘渗油痕迹尤为明显。

2. 基底层

由于作品是在旧油画上再次作画，因此以浆底、画底（在画面边沿四周和颜料缺失处可视）和旧油画颜料作为基底层。通过浆底测试得出，为非水溶性浆底。肌理相对光滑，与颜料层相比较薄。（图5）

3. 颜料层

现画面的新颜料层与旧颜料层黏附状况很差，因此出现大量的起翘、剥落和龟裂，使旧油画的颜料层暴露，造成画面部分形象缺失，如背景以及人物皮肤等区域的表面颜料层。通过图6正面擦射光照射，可看到颜料层的起翘和画布卷曲直接导致颜料层平面变形的折痕。

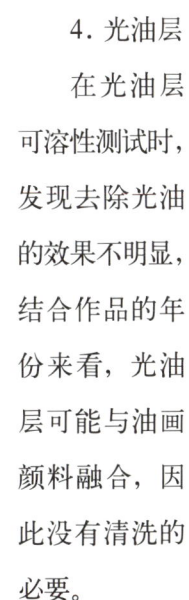

图5 基底层

4. 光油层

在光油层可溶性测试时，发现去除光油的效果不明显，结合作品的年份来看，光油层可能与油画颜料融合，因此没有清洗的必要。

图6 颜料龟裂、剥落

(二)测试报告

1. 纤维识别

显微检测：用刀片切下经纬线各一段样本放在玻璃片上，滴上少量水于样本上，再用针尖将湿水后的样本尽可能分解成单一的纤维，再覆盖玻璃片。

结论：纤维由单个细胞构成。它不规则地向两个方向扭曲，看似一根被折叠和压扁了的管子。中心的管腔贯通整个细胞长度，管壁厚实。因此，符合棉纤维特征。（图7，图8）

2. 画布对水反应测试

在画布折边边沿各取6厘米经线和2厘米纬线，浸泡水中15分钟后取出。测量其长度经线为6.3厘米，纬线2.1厘米。干燥后再次测量长度与浸水前相同。

结论：纱线遇水延长率为5%，干后复原程度明显。

3. 画底可溶性测试

在画面的破损处或边沿处取样（半粒米大小），将样本浸入水中，在显微镜下观察：有气泡，无体积变化（膨胀），水中无被溶解物质（水的颜色没有变化），取出后用棉签擦拭，无色斑留在棉签上。

结论：材料是多孔和有吸收性的油性样本。

4. 颜料层对水的反应

在不同的颜色区域分别滴一滴水珠，再用吸水纸吸干。

结论：用吸水纸吸走水珠时色层颜料不沾染吸水纸，说明颜色对水反应不敏感。

5. 颜料层对热量的反应

在色层表面局部少量湿水（硬币大小的范围），用无吸收性薄纸覆盖（如聚酯无纺纸），用袖珍熨斗或热空气枪加热至40℃，继而至70℃，触摸感觉色层是否发软，观察有无颜色转印在薄纸上。

经测试得知：在用无吸收性薄纸覆盖加热后颜料层无发软现象，在覆盖纸上无颜色转印。

6. 表面清洗测试

分别取不同色块进行点测试，试验pH5.5、pH6.5、pH8.5的缓冲剂，并按需要逐步加入螯合剂、表面活性剂和助溶剂。并且每一步操作过后应该用漂洗水进行漂洗，防止清洗试剂残留在作品表面。

结论：pH值从低到高测出的结果是pH6.5的水性溶剂清洗效果最佳且pH值适宜，不会对画面造成掉色等损伤，因此适合此画面大面积的清洗。局部区域使用pH5.5的水性溶剂清洗（脸部以及绿色浅色区域）。

7.（背面）文字媒介可溶性测试

避免画作背面字迹被除菌剂溶解，从而产生对画作的二次伤害。测试背面字迹媒介对

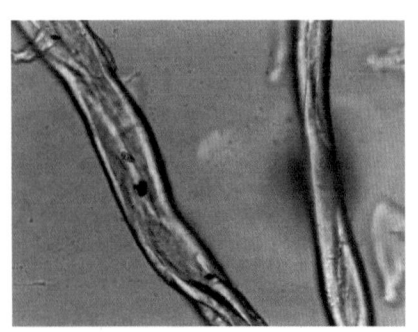

图7　高倍显微图经线　　　　图8　高倍显微图纬线

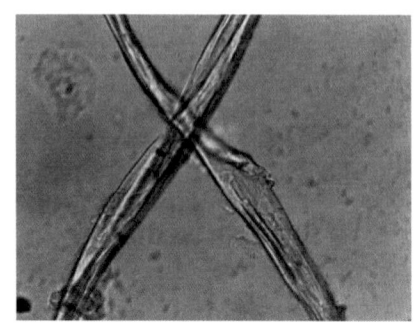

除菌剂的敏感性，使用溶剂：异丙醇、乙醇、3%过氧化氢、23ml蒸馏水，用棉签沾湿配好的除菌剂，轻轻点在签名处。

结论：背面签名对试剂无反应，没有化开的现象，可以使用除菌剂进行除菌。

二、制定修复计划和实施操作步骤

（一）制定修复计划

根据测试报告制定具体的修复计划：平整折边、画布临时定，贴面加固部分缺失和松动的颜料层，绷上临时工作框，背面杀菌和除尘，平整画布去除贴面进行表面清洗，整体衬托，重绷新内框。

（二）实施操作步骤

1. 平整折边

由于画布长期以卷画形式储存，画布折边严重卷曲，为方便绷上工作框的后续工作，故先对折边进行湿润压重平整。并进行一夜吸干。

2. 贴面加固部分缺失和松动的颜料层（表1）

首先用胶带把画布的折边固定在桌面上，临时维持平面尺寸稳定，减少画布的伸缩幅度。贴面是为了将已经脆弱和起翘的颜料固定住，避免在进一步的操作中脱落和遗失，同时恢复平整。甲基纤维素比较适合临时的贴面，但这里进行的是永久加固，因为颜料之间的分层无法再从背面加固。兔皮胶在干燥过程中收缩力较大，可帮助收平翘起的颜料。作为水性黏合剂，在后续清洗

表1 各类黏合材料的性能和特征比较

黏合剂	类型	工作温度/启动温度	可溶性	柔韧性/弹性	黏性	结膜强度	渗透性	可逆性/可去除性	兼容性
动物胶	天然水性黏合剂	溶解温度40℃，工作温度为熨斗下49℃	可溶于水，在丙酮和甲醛中软化	差、轻微发脆	高	比蜡强	渗透性佳	难（新）较易（老化）/难	弱
蜂蜡-树脂黏合剂	热塑型黏合剂	37℃软化、熔点范围：63℃~65℃	可溶，各种石油溶剂	较弱，归因于其弱的内聚力	弱	弱，无成膜结构	渗透性佳	用热量可逆，但不可去除	不兼容
比法371黏合剂	溶剂型合成树脂黏合剂	工作温度60℃~70℃，用溶剂可能低温应用和黏结	可溶，乙烷、庚烷、石油醚	作为结膜有弹性	高于动物胶	比蜡强	渗透性佳	用热量或溶剂可逆/可去除	兼容
丙烯酸分散剂（兰考斯加固媒介、Plextol B500等）	合成树脂水分散剂		干后不溶于水	没有强度和坚硬度	弱	小	渗透较好	可逆，结膜可剥离，干后需使用溶剂去除	
植物胶黏合剂(Funori)	天然水性黏合剂	30℃~40℃	水溶	没有强度和坚硬度	弱	弱	渗透较好	可去除	弱
纤维素醚（甲基纤维素等）	合成水性黏合剂	30℃~40℃	水溶	没有强度和坚硬度	弱	弱	渗透良好	可逆/可去除	

数据部分选自：Robert E. Fleux, Consolidation and lining adhesives compared.

光油时，兔皮胶加固不会受到有机溶剂的影响。先用兔皮胶进行贴面，贴面半干燥时用热熨斗加热平整颜料层，施以压力，将分层部分重新黏合起来。其中起翘严重的颜料层先用针管或小笔往颜料层下注入4%兔皮胶。（图9、图10）

加固可能会影响从表面到支撑物——油画每个层次的处理。选择一种加固黏合剂时，由于大多数材料性质是相互依赖的，适合的加固材料的选择应该基于正确的平衡而不是单一的性质。因此，必须通盘考虑作品的问题状况，并且结合随后的修复措施，来决定加固方法以及加固的材料。对于本次修复作品来说，选择使用兔皮胶来对本次修复作品进行加固，兔皮胶是现有的兼容性加固黏合剂，在目前油画修复使用上是最为广泛的。

3. 背面杀菌和除尘

在进行除菌和其他操作之前先将霉菌杀死，可防止霉菌在环境中的传播和危害人体。把配比好的杀菌剂放入喷壶，对画的背面进行喷涂杀菌，干燥后用吸尘器吸尘，反复三次，再用橡皮泥黏附背面灰尘。

4. 平整画布

用比原画布每边大10～20厘米的可扩张工作框，图钉固定，拉伸画布，利用工作框的扩张将画布拉伸平整，纠正蜷曲变形，用异丙醇和水混合溶液局部软化画布和色层，压重吸干，恢复画布的平整和尺寸稳定。

5. 去除贴面，表面清洗

为恢复画面原有色彩，需要清除表面尘污、污渍等，根据测试结果选择合适的水性溶剂进行，用毛笔蘸温水，轻轻揭去贴面纸，使画面完全露出，并清除残留的贴面黏合剂。注意，每个局部清洗结束后都需用漂洗水漂洗，洗去残留在表面的试剂（以及被溶解的尘垢等），避免沉淀日后与颜料层产生化学反应。

6. 整体衬托

为了平整画布变形，防止画布收缩。需对画面进行整体衬托。选用布纹细腻的纯亚麻布。把画布绷在比原画布每边大10～20厘米的框上，用喷水壶施水于亚麻布，待画布自然干后，重新绷画布。绷布时保持距离相等的直线，这样不会造成画布力量不平衡。在绷好的画布上贴上小于原画画心2～3厘米的聚酯薄膜夹层。将临时折边和工作框去除，画布背面、聚酯薄膜正反面以及画心背面分别刷上热密合黏合剂。画布从框上拆下，在工作台上将原画覆盖在画布中央，用熨斗进行加热至胶融化，冷却待干。

7. 重绷新内框，安装背板

在使用水性黏合剂整体加固基底和色层时维持画布平面尺寸的稳定，防止过度伸缩，需重绷内框，保护背面，抵抗来自背面的撞击、防止灰尘、减少温度和湿度等环境因素的影响。

8. 上隔离光油，填补缺失画底

图9　贴面前图

图10　贴面后图

为了将后加的补底和补色材料以及完成光油与原色层相隔离,增加日后去除的安全性和可逆性,需喷涂隔离光油,喷涂可以减低光油的渗透性,减少光油中的溶剂对加固黏合剂的影响。然后将补底材料填入缺失处,使其厚度和平整度以及肌理与画面一致,填补仅限于实际的缺失部分。局部密封填补好的底子,减少补底的吸收性,为补色做准备。

9. 补色,上完成光油

用色粉＋结合媒介(A-81乙醛树脂＋异丙醇和二丙酮醇)补色,使缺失部分的颜色与周围原色相一致,恢复画面在视觉上的完整性。上完成光油,是为了统一补色和原色的光泽,以及画面整体的光泽;保护画面,帮助画面抵抗污染和磨损以及有害气体侵蚀画面,起到保护颜料层的作用;碳氢化合亚光油具有很好的稳定性、耐久性和可逆性。

10. 加附修复标签,完成修复报告

列表注明添加在原作上的新材料,装入聚酯封套,用双面胶粘贴于背板,为日后的维护和修复提供明确的信息。

结论

对于本次修复作品来说,加固可能会影响从表面到支撑物——油画每个层次的处理。选择一种加固黏合剂时,由于大多数材料性质是相互依赖的,适合的加固材料的选择应该基于正确的平衡而不是单一的性质。因此,必须通盘考虑作品的问题状况,并且结合随后的修复措施,来决定加固方法以及加固的材料。使用动物胶来对本次修复作品作为加固剂进行加固是最为合适的,效果也是显著的。

---

[1] 上海大学美术学院油画修复中心. 油画修复基础[M]. 上海:上海大学出版社,2013.

[2] 王斌,李蕊. 油画修复原理与应用[M]. 南昌:江西美术出版社,2010.

[3] Chow W. S., Shyu J. C. and Wang K. C. Developing A Forecast System for Hotel Occupancy Rate Using Integrated ARIMA Models[J]. *Journal of International Hospitality, Leisure & Tourism Management*, 1998(2).

《河南博物院院刊》征稿启事

为适应文博事业发展的新内容、新趋势和新要求，提升文博学术研究水平，搭建学习交流的平台，推动河南文博事业的创新发展，河南博物院集结出版《河南博物院院刊》，每年两辑。现对外公开征集稿件，刊物栏目如下：

1. 考古探索（考古资料及相关理论方法研究）
2. 文物品鉴（馆藏及考古出土文物研究）
3. 史学发微（历史文化研究）
4. 博物馆学（博物馆学理论方法与实践探索研究）
5. 展览评议（以国内外原创性展览为主要研究对象）
6. 院史专题（对河南博物院早期历史研究）
7. 文化遗产与保护（物质、非物质文化遗产的保护研究）
8. 艺文园地（艺术史、艺术作品等方面研究）

现将投稿要求和具体格式启事如下：

1. 投稿文章，敬请提供电子文本，提供文章的关键词、中文摘要及作者简介（工作单位、职称、主要研究方向、邮政编码、联系方式等）。投稿时请标明"投稿《河南博物院院刊》"。

2. 来稿要求文字精炼、标题准确、层次清晰、观点鲜明、图文并茂。引文核对准确，注释一律放在文末并注明出处，注释的格式参照国家标准；图片请提供600dpi以上的清晰大图，图表请注明名称、来源。

3. 自收稿之日起，编辑部将在3个月内给作者答复来稿处理意见，如在此期限内未收到采用通知，作者可另行处理稿件并告知我刊。稿件恕不退还，请自留底稿。

4. 凡向本刊投稿，稿件录用后即视为授权本刊，并包括本刊关联的出版物、网站及其他合作出版物和网站。

5. 在不改变原意的前提下，本刊有权对来稿进行必要的文字处理。

6. 所有稿件应为作者独创，不得侵犯他人著作权或其他权利，如有侵权，由稿件署名人负责。

热烈欢迎各专家、学者及同人积极踊跃投稿，支持《河南博物院院刊》发展与学术繁荣。

通讯地址：河南省郑州市农业路8号河南博物院研究部　　邮编：450002
电话：0371-63511064　　　　　　　　　　　　　　　　电子信箱：hnbwyyk@163.com

《河南博物院院刊》编辑部